Stadtbücherei Sankt Augustin

60942111

AUSGESCHIEDEN

Irmela Erckenbrecht

So schmeckt's Kindern vegetarisch

Irmela Erckenbrecht

So schmeckt's Kindern vegetarisch

fachkundiger Rat • praktische Tipps • 150 köstliche Rezepte

Für Lewis und Jerry

Inhaltsverzeichnis

Kleiner Vorgeschmack 7

Freundlicher Hinweis 8

Erst die bunte Theorie 9

Warum vegetarische Kinder
so gesund und munter sind 9

Diese Nährstoffe braucht Ihr Kind 21

Und was ist mit den leidigen Süßigkeiten? 44

Kleiner Einkaufsführer:
bewährte Zutaten aus der vegetarischen Vollwertkost 54

Wie vermitteln wir unseren Kindern
ein gesundes Ernährungsbewusstsein? 73

Mother's little helpers: Kinder an die (Küchen-)Macht 86

Essen zu Hause: Spaß und Freude an gemeinsamen Mahlzeiten 90

Essen im Restaurant:
Das MacDonald's-Phänomen und was wir daraus lernen können .. 101

Essstörungen und Gewichtsprobleme 106

... dann die leckere Küchenpraxis 115

Frühstück und Pausenbrot 115

Müsli und Getreidebreie 115

Süße und herzhafte Brotaufstriche 119

Brote für zu Hause, Kindergarten oder Schule 121

Suppen und Salate 124

Hauptgerichte: bewährte Leib- und Königsspeisen 132

Süßes und Desserts 163

Kindergeburtstag 172

Durstlöscher und Schlürfgetränke 182

Die Autorin 188

Register 189

Rezepte von A bis Z 191

Rezepte nach Sachgruppen 194

Kleiner Vorgeschmack

Sie suchen nach fleischfreien Ernährungsalternativen für sich und Ihr Kind? Das ist ein guter Entschluss, denn vegetarische Kinder sind ganz besonders gesund, munter und mobil. Ganz nebenbei werden Sie feststellen, dass es tatsächlich kinderleicht ist, sich vegetarisch und gesund zu ernähren.

Die vegetarische Vollwertkost bietet gerade für Kinder viele Vorzüge. Die Einhaltung einiger weniger Grundregeln vorausgesetzt, lassen sich nicht nur Ernährungsmängel zuverlässig vermeiden. Wer seine Kinder möglichst früh auf die vegetarische Fährte lockt, nutzt außerdem alle gesundheitlichen Vorteile, die mit dieser Kostform verbunden sind, vor allem den nachgewiesenen Schutz vor vielen Zivilisationskrankheiten, die zwar erst im Erwachsenenalter auftreten, aber schon in der Kindheit angelegt werden. Ähnliches gilt für die Ernährungsgewohnheiten, die im ersten Lebensjahrzehnt herausgebildet und dann oft ein Leben lang beibehalten werden. Indem Sie gleich zu Anfang die Weichen richtig stellen, geben Sie Ihren Kindern einen gesunden, richtungsweisenden Start ins Leben.

Dieses Buch möchte Ihnen bei der Weichenstellung helfen. Es beginnt mit vielen guten Nachrichten über die Gesundheit vegetarischer Kinder. Es erklärt, welche Nährstoffe gerade in der Kindheit mit ihren vielen Wachstums- und Entwicklungsschüben nötig sind und wie sich Mangelerscheinungen wirksam vermeiden lassen. Mit Hilfe der anschaulichen »Ernährungspyramide« können schon Grundschulkinder erkennen, worauf es bei der Auswahl der Lebensmittel ankommt und wie sich die vegetarische Vollwertkost zusammensetzt.

Neben ernährungswissenschaftlichen Fragen geht es aber auch um die sogenannte Ernährungserziehung. Wollen/können/sollen wir unsere Kinder zum gesunden Essen/zur vegetarischen Ernährung erziehen? Welche Chancen haben wir überhaupt, ihr Ernährungsverhalten dauerhaft zu beeinflussen? Und wie sollen wir reagieren, wenn sie trotz aller Bemühungen bei nächstbester Gelegenheit mit ihren Freunden doch wieder in ihren Lieblings-Fast-Food-Schuppen rennen?

Warum gerade diese »etwas anderen« Restaurants für Kinder eine so magnetische Anziehungskraft besitzen, soll uns ebenso beschäftigen wie die Frage, wie wir unseren Kindern sowohl außer Haus als auch am heimischen Esstisch Spaß und Freude an gemeinsamen Mahlzeiten vermitteln können. Dazu kommen zahlreiche Tipps, wie sich auch Körner- und Gemüsemuffel überlisten und zu gesunden Mahlzeiten verlocken lassen. Schließlich finden Sie Hinweise für den Umgang mit Essstörungen und Gewichtsproblemen.

Dann kommt endlich die Küchenpraxis. Eine Sammlung leckerer, kindererprobter Rezepte steht für Sie bereit. Wählen Sie aus zwischen Frühstücksmüslis und Pausenbroten, Suppen und Salaten, bewährten Hauptgerichten, kleinen Naschereien, erfrischenden Getränken und Köstlichkeiten für die Kindergeburtstagstafel.

Ich hoffe, Sie werden staunen, was die vegetarische Vollwertküche an Leib- und Götterspeisen für Sie und Ihre Kinder zu bieten hat. Eines ist sicher: Es gibt ein Leben jenseits von Hamburgern und Pommes frites ...

Lassen Sie es sich schmecken!

Irmela Erckenbrecht

Freundlicher Hinweis

Ich selbst bin Ovo-Lakto-Vegetarierin (esse also weder Fleisch noch Fisch, aber in Maßen Milchprodukte und Eier) und kann guten Gewissens auch nur für diese Form der vegetarischen Ernährung sprechen. Sollten Sie und Ihre Familie sich vegan ernähren, also auch auf Milchprodukte und Eier verzichten, lassen Sie sich bitte von kompetenter Seite individuell beraten.

Bedenken Sie außerdem, dass die in diesem Buch gegebenen Hinweise und Ratschläge für *gesunde* Kinder im Alter von 2 bis etwa 14 Jahren gelten. Bei besonderen Gesundheits- und Ernährungsproblemen wenden Sie sich bitte an Ihre Kinderärztin oder Ihren Kinderarzt.

Erst die bunte Theorie ...

Warum vegetarische Kinder so gesund und munter sind

Wer sich vegetarisch ernährt, lebt gesünder! Je mehr zu diesem Thema geforscht und veröffentlicht wird, desto deutlicher wird diese Tatsache. Für alle, die sich aus ethischen oder ökologischen Motiven für den Vegetarismus entschieden haben, ist dies ein höchst willkommener Nebeneffekt. Wer vor allem gesundheitliche Gründe hatte, darf sich zu Recht bestätigt fühlen.

Die vielen Vorteile der vegetarischen Ernährung

Denn eines machen alle wissenschaftlichen Studien klar: Das Risiko, einer der sogenannten Zivilisationskrankheiten zu erliegen, wird durch eine vegetarische Ernährung erheblich gemindert. Die Entstehung dieser Krankheiten geht nämlich vor allem auf die veränderten Ernährungsgewohnheiten in den Industrieländern zurück: Die ursprünglich kohlenhydratreiche, überwiegend pflanzliche Kost wurde von einer fettreichen Nahrung mit einem hohen Anteil an Lebensmitteln tierischen Ursprungs verdrängt. Diesem Trend wirkt der Vegetarismus entgegen.
So haben Vegetarierinnen und Vegetarier seltener Übergewicht als nicht-vegetarisch lebende Vergleichsgruppen. Der Kohlenhydratanteil in ihrer Nahrung ist im Allgemeinen günstiger und weist eine bessere Zusammensetzung auf, denn sie essen mehr Kohlenhydrate aus Getreide und Nährmitteln, weniger aus Süßwaren und Zucker. Außerdem ist die Fettzufuhr bei ihnen niedriger und qualitativ günstiger, weil es bei der vegetarischen Kost zu einer deutlich geringeren Cholesterinaufnahme kommt. Aus diesem Grund liegen auch die Blutfettwerte von Vegetarierinnen und Vegetariern in einem gesundheitlich günstigeren Bereich. Auf Grund der höheren Ballaststoffzufuhr leiden sie seltener an Darmerkrankungen. Und auch die sekundären Pflanzenstoffe, die Vegetarier in größeren Mengen aufnehmen als die Durchschnittsbevölkerung, scheinen dafür verantwortlich zu sein, dass viele Erkrankungen bei vegetarisch lebenden Personen weniger häufig auftreten als bei ihren nicht-vegetarischen Zeitgenossen. So haben Vegetarierinnen und Vegetarier seltener Diabetes mellitus, leiden nicht so oft an koronaren Herzerkrankungen, haben seltener Bluthochdruck, und das Risiko, an Krebs zu erkranken, ist bei ihnen deutlich geringer. Nachweislich

haben sie auch eine höhere Lebenserwartung, zumal Vegetarier in der Regel auch insgesamt auf eine gesunde Lebensweise achten.

Als besonders günstig erwies sich in allen Studien eine lakto-ovo-vegetabile Vollwertkost, die gering verarbeitete Lebensmittel bevorzugt und hauptsächlich aus Gemüse, Obst, Vollkornprodukten, Kartoffeln, Hülsenfrüchten sowie Milch, Milchprodukten und Eiern besteht. Bei dieser Art von Ernährung ist die Versorgung mit Proteinen, Vitaminen, Mineralstoffen und Spurenelementen meist höher als bei der Durchschnittsbevölkerung oder liegt zumindest im Normbereich.

All diese Vorteile einer lakto-ovo-vegetarischen Kostform fallen umso stärker aus, je länger die betreffenden Personen schon vegetarisch leben – ein gewichtiges Argument dafür, schon unseren Kindern die Chance zu einem fleischlos-gesunden Start zu geben.

Gelten diese Vorteile auch für Kinder?

Doch gelten all die oben aufgeführten Vorzüge der vegetarischen Ernährung auch für unsere Kinder? Stellt der kindliche Organismus nicht ganz besondere Anforderungen an die Ernährung? Sind für das Wachstum nicht extra große Mengen an Energie, Proteinen, Vitaminen und Mineralstoffen erforderlich? Reagiert der zarte Kinderkörper auf etwaige Mängel nicht besonders empfindlich? Und wie bekommt man Kinder dazu, vor allem Gemüse, Obst, Vollkornprodukte und andere gesunde Lebensmittel zu essen? Verantwortungsbewussten Eltern stellen sich in diesem Zusammenhang viele Fragen.

Die vegetarische Vollwertkost hat darauf eine ganz einfache Antwort: Die Beachtung einiger weniger Grundregeln vorausgesetzt, nutzt sie alle oben genannten Vorteile gerade auch für unsere Kinder, schützt sie vor schädlichen Einflüssen, beugt Ernährungsmängeln vor und schmeckt außerdem so lecker, dass sie die gesamte Familie mit einem reichlichen Angebot wertvoller Nähr- und Aufbaustoffe versorgen kann.

Schutz vor schädlichen Stoffen

Was den Schutz vor schädlichen Einflüssen betrifft, geschieht dies auf zweierlei Weise: Erstens wird durch die vegetarische Kost die Schadstoffaufnahme reduziert. Schließlich ist von allen Lebensmitteln Fleisch am meisten schadstoffbelastet, weil die Tiere durch die lange Nahrungskette zahlreiche Umweltgifte aufnehmen und zusätzlich durch die beklagenswerte Massentierhaltung mit Medikamenten, Wachstumshormonen und Ähnlichem vollgepumpt werden. Viele dieser schädlichen Stoffe landen dann mit dem Schnitzel auf dem Teller. Weil sie kein Fleisch essen, die Nahrungskette also bei ihnen um das häufig hoch belastete Fleisch verkürzt ist, nehmen Vegetarierinnen und Vegetarier erheblich weniger Schadstoffe auf. Milchprodukte enthalten nur 40, pflanzliche Öle und Fette sowie Blattgemüse nur 14, Früchte und Hülsenfrüchte nur 12,5 und Getreide nur 4 % der in Fisch und Fleisch angereicherten Pestizidrückstände; außer diesen Rückständen isst man bekanntlich mit jedem Stück Fleisch zusätzlich Reste der in der Massentierhaltung eingesetzten sogenannten Masthilfsmittel, also Medikamente wie Antibiotika, Wachstumshormone und Psychopharmaka, mit. Dies alles ersparen Sie Ihren Kindern, wenn Sie auf Fleisch und Fisch verzichten. Kinder vegetarischer Mütter genießen in dieser Hinsicht übrigens schon in den ersten Lebensmonaten erhebliche Vorteile, da die Muttermilch bei langjähriger vegetarischer Ernährung deutlich weniger schadstoffbelastet ist.
Natürlich können auch Lebensmittel pflanzlichen Ursprungs mit Pflanzenschutzmitteln, Kunstdüngern und Mitteln zur Haltbarmachung behaftet sein. Daher werden Sie in diesem Buch auch immer wieder die Empfehlung finden, regional und in kontrolliert biologischem Anbau erzeugte Lebensmittel zu verwenden. Der kontrolliert biologische Anbau kommt ohne Pestizide, Herbizide und Kunstdünger aus. Und was aus der Region stammt, also nicht erst von weither herangekarrt und gelagert wird, muss nicht künstlich aufgepeppt und haltbar gemacht werden. Versuchen Sie deshalb auch, sich bei der Auswahl von Obst und Gemüse stets am Angebot der jeweiligen Jahreszeit auszurichten. Gerade mit Kindern macht das großen Spaß. Ähnlich wie die Vorfreude auf Ostern oder Weihnachten, kann das Warten auf die erste reife Birne und den sonnengereiften Pfirsich oder der Genuss der ersten Erdbeere zum bewussten Erleben des Jahreskreislaufs gehören. Auch Ihre Geschmacksknospen werden es Ihnen danken – wer einmal das intensive Aroma einer erntefrischen Tomate gekostet hat, kann auf die wässrigen Treibhaustomaten im Winter gut verzichten. Vielleicht gelingt es Ihnen auch, besondere regionale Gemüse- und Obstsorten zu

bekommen. Sie werden staunen, wie unterschiedlich Äpfel oder Tomaten schmecken können.
Zweitens enthalten pflanzliche Lebensmittel reichlich sekundäre Pflanzenstoffe. Diese Stoffe sind erst in letzter Zeit in den Mittelpunkt des ernährungswissenschaftlichen Interesses gerückt. Vielleicht auch deshalb, weil sie, anders als z. B. Vitamine, nicht lebensnotwendig sind: Wenn sie fehlen, kommt es nicht zu sicht- oder messbaren Mangelerscheinungen. Dennoch besitzen sie nachweisbare gesundheitsschützende und -fördernde Eigenschaften: Sie schützen vor Krebs, vor Krankheitserregern und vor freien Radikalen, senken den Cholesterinspiegel und stärken das Immunsystem. (Weil sie eine so wichtige Funktion im Körper haben, wollen wir in dem Kapitel über die verschiedenen Nährstoffe noch einmal ausführlicher auf diese Stoffe eingehen.) Viele dieser Stoffe sorgen in Gemüse und Obst vor allem für die schönen leuchtenden Farben oder das besondere Aroma. Daher bringen Sie mit einer gezielten Auswahl auch optisch und geschmacklich viel Abwechslung auf den Familientisch

Angst vor Mängeln unbegründet

Doch wie steht es mit dem besonderen Nährstoffbedarf der noch im Wachstum befindlichen Kinder und Jugendlichen? Ist die vegetarische Kostform geeignet, diesen Bedarf auch wirklich abzudecken? Zahllose putzmuntere vegetarische Kinder auf der ganzen Welt lassen vermuten, was die Ernährungswissenschaft längst bestätigt hat: Eine gut zusammengestellte lakto-ovo-vegetarische Kost ist in allen Entwicklungsphasen für Kinder und Jugendliche geeignet, ja sogar empfehlenswert.
Die Betonung liegt auf »gut zusammengestellt«, denn sich vegetarisch zu ernähren heißt eindeutig mehr als Fisch und Fleisch wegzulassen. Wer Fisch durch süße Backwaren und Fleisch durch fettige Pommes ersetzt, nur noch Weißbrot mit Nougatcreme oder Schmelzkäse mümmelt und dazu Cola oder Limonade trinkt, ernährt sich natürlich kein bisschen gesünder. Dass die Vorteile der vegetarischen Ernährung vor allem dann gelten, wenn sie gleichzeitig vollwertig ausgerichtet ist, liegt daran, dass die einzelnen Nährstoffe nicht isoliert, sondern am besten zusammen mit ihren natürlichen Begleitstoffen ihre positive Wirkung entfalten. Ganz automatisch werden durch natürliche Lebensmittel viele verschiedene Nährstoffe aufgenommen, im Gegensatz zu hochverarbeiteten Nahrungsmitteln. Mangelerscheinungen können dadurch verhindert werden.

Nicht nur vegetarisch, sondern auch vollwertig

So kommt Zucker z. B. in vielen Früchten und Gemüsen vor, besonders natürlich im Zuckerrohr und in der Zuckerrübe. Erst die modernen Raffinadetechniken machen es möglich, ihn zu isolieren und als Süßungsmittel ohne jeden Nährstoffgehalt in Mengen anzubieten. Das Gleiche gilt für Fett, das reichlich in Samen und Nüssen oder Gemüsen wie Avocado zu finden ist. Wer ein Schälchen Studentenfutter knabbert, isst etwas Süßes und nimmt Zucker und Fett zu sich, gleichzeitig aber auch viele wertvolle Vitamine und Mineralstoffe, und hat ein ganz anderes Gefühl der Sättigung und Zufriedenheit als jemand, der einfach irgendetwas Zuckrig-Klebriges in sich hineinstopft.

Um uns und unsere Kinder vegetarisch und vollwertig zu ernähren, brauchen wir aber nicht vor jeder Mahlzeit umfangreiche Nährwerttabellen zu studieren, Milligramm Zink und Eisen oder gar Kalorien zu zählen. Im nächsten Kapitel werden wir dann sehen, welche Nährstoffe nötig sind, wo wir sie finden und welche vollwertigen Lebensmittel wir nach Herzenslust miteinander kombinieren können. An dieser Stelle soll uns erst einmal eine ganz einfache Faustregel genügen: Weder Fleisch noch Fisch, aber viel Vollkornbrot und andere Vollkornprodukte, täglich Kartoffeln, Naturreis, Getreide oder Vollkornnudeln, reichlich Obst und Gemüse, ausreichend Flüssigkeit, täglich Milch und Milchprodukte und wenig, aber wertvolle Fette – das ist die Erfolgsformel, die auch Kinder vor Mängeln schützt und ihnen alle gesundheitlichen Vorteile der vegetarischen Ernährung sichert.

Versorgung mit Eiweiß kein Problem

Dass Vegetarierinnen und Vegetarier möglicherweise nicht genug Eiweiß bekommen, ist eine längst widerlegte, leider aber weit verbreitete Mär. Früher glaubte man, eine üppige Eiweißversorgung sei das A und O einer guten Ernährung. Heute weiß man, dass gerade die Betonung tierischer Fette und Proteine bei der fleischhaltigen Durchschnittskost für die Entstehung vieler Zivilisationskrankheiten verantwortlich ist. So wirkt sich eine dauerhaft überhöhte Proteinzufuhr z. B. auf den Kalziumhaushalt nachteilig aus und begünstigt die Entstehung von Osteoporose. Die gesundheitlichen Vorteile der vegetarischen Kost wiederum scheinen gerade darauf zu beruhen, dass nicht Eiweiß und Fett, sondern Kohlenhydrate und Ballaststoffe im Vordergrund stehen.

Darüber hinaus gibt es eine Vielzahl wertvoller pflanzlicher Eiweißquellen – und zwar nicht nur Tofu! Ich weiß nicht, wie oft ich schon in seufzendem Tonfall zu hören bekam: »Ich könnte nie Vegetarier werden, Tofu schmeckt einfach grässlich!« Dahinter steckt der weit verbreitete Irrtum, wer vegetarisch lebt, müsste die übliche Fleischbeilage auf dem traditionell dreigeteilten Teller – Fleisch, Kartoffeln, Gemüse – durch Tofu ersetzen. Immerhin wird dann mal der Versuch gemacht, ein Stück Tofu (womöglich noch die besonders strohige Sorte im Glas aus dem Supermarkt) gekauft, in Scheiben geschnitten und anstelle des sonst üblichen Schnitzels angewidert heruntergequält. Von nun an heißt es: »Damit könnte ich meiner Familie niemals kommen!« Oder: »Das schmeckt so gesund, das kann ich bei meinen Kindern gleich vergessen!«

Schade, denn was den Tofu betrifft, gibt es gleich zwei gute Nachrichten. Erstens: Mit ein bisschen Übung und dem entsprechenden Know-how lassen sich aus dem an sich geschmacksneutralen Sojaprodukt die leckersten Gerichte zaubern. Zweitens: Es ist aber auch durchaus möglich, vegetarisch zu leben, ohne jemals Tofu zu essen. Es gibt so viele andere schmackhafte pflanzliche Eiweißquellen, die wir miteinander kombinieren können, dass sich der Eiweißbedarf der gesamten Familie damit spielend decken lässt. In dem Kapitel über die lebensnotwendigen Nährstoffe werden wir diese Quellen noch einmal einzeln aufführen.

Ruhig Blut beim Thema Eisenmangel

Die Versorgung mit Eiweiß wirft also durch die Verwendung entsprechender pflanzlicher Quellen in der vegetarischen Kinderernährung keine Probleme auf. Eine andere Behauptung, die von Skeptikern immer wieder gern ins Feld geführt wird, lautet, die pflanzliche Kost könne den kindlichen Bedarf an Eisen nicht decken. Leider gibt es auch immer noch Ärztinnen und Ärzte, die sich diese Bedenken zu Eigen machen und bei Eltern damit für Verunsicherung sorgen. Meist wird das ärztliche Stirnrunzeln dann von dem Ratschlag begleitet: »Sie sollten Ihrem Kind unbedingt Fleisch zu essen geben.«

Tatsächlich kann der Körper Eisen aus tierischen Lebensmitteln besser verwerten als das aus pflanzlichen Lebensmitteln. Man nimmt an, dass der Körper bei einer gemischten Kost rund 10 % des in der Nahrung enthaltenen Eisens aufnimmt. Beim Eisen aus Fleisch und Fleischprodukten liegt die Rate bei etwa 20 %, bei pflanzlichen Nahrungsmitteln bei nur 3 – 8 %. Aber nicht nur die Bioverfügbarkeit ist für die tatsächliche Aufnahme von Eisen ausschlaggebend. Sie hängt auch von der Anwesenheit aufnahmefördernder und -hemmender Faktoren ab, wobei das Eisen tierischer Her-

kunft weniger von solchen Faktoren beeinflusst wird. Mit anderen Worten: Vegetarierinnen und Vegetarier müssen stärker darauf achten, womit sie eisenhaltige Nahrungsmittel kombinieren.
Eisen ist deshalb so wichtig, weil es den Sauerstofftransport mit Hilfe der roten Blutkörperchen sicherstellt. Bei einem echten Eisenmangel kommt es zu Beeinträchtigungen des sauerstoffabhängigen Stoffwechsels, es gibt zu wenig rote Blutkörperchen oder zu wenig Hämoglobin im Blut. Erste Anzeichen sind Erschöpfung, Kopfschmerzen und Abgeschlagenheit.
Blutuntersuchungen zeigen aber, dass ein Eisenmangel bei Vegetarierinnen und Vegetariern nicht häufiger ist als bei Fleischessern. Natürlich können auch sie, ebenso wie Fleischesser, einmal unter Eisenmangel leiden. Meist ist dann aber eine falsche Zusammenstellung der Nahrung verantwortlich. Unter Beachtung einiger ganz weniger, im wahrsten Sinne kinderleichter Regeln lassen sich solche Fehler vermeiden.
Im Wesentlichen geht es darum, gleichzeitig eisen- und Vitamin-C-haltige Nahrungsmittel zu kombinieren. Schon bei kleinen Kindern ist das recht einfach zu bewerkstelligen: Etwas Obst zum Getreidebrei, eine Kiwi zum Frischkornmüsli, ein Glas Orangensaftschorle zum Brot mit Zuckerrübensirup, ein Löffel Sanddornmus ins Dressing zum Feldsalat – man muss den Trick bloß kennen. Außerdem gibt es eisenreiche Nahrungsmittel, die gleichzeitig viel Vitamin C enthalten, z. B. Trockenfrüchte oder Traubensaft. Eine Handvoll Rosinen statt des üblichen Schokoriegels zum Naschen, und schon haben Sie etwas für die Eisenversorgung Ihres Kindes getan. Wenn Ihr Kind älter wird, können Sie ihm die im nächsten Kapitel vorgestellten drei »eisernen Regeln« erklären. Im Kapitel über die einzelnen Nährstoffe und bei den Rezepten finden Sie viele Anregungen für leckere Kombinationen, die geeignet sind, die Eisenversorgung Ihres Kindes zu sichern.
Übrigens liegen inzwischen neuere wissenschaftliche Erkenntnisse vor, die in der Eisendiskussion eine Wende eingeläutet haben. Man weiß heute nämlich, dass ein zu hoher Eisenwert schädlicher ist als eine leicht reduzierte Eisenkonzentration. Eisen fördert im Körper die Entstehung von freien Radikalen und begünstigt Infektionen. Die derzeit als normal geltenden Eisenwerte sind wahrscheinlich viel zu hoch angesetzt. Eisenwerte in der unteren Hälfte des Normbereichs, wie sie bei den meisten Vegetarierinnen und Vegetariern gemessen werden, erscheinen deshalb nun in einem eher günstigen Licht. Völlig überflüssig ist daher auch die Einnahme von Eisenpräparaten, ohne dass ein wirklicher Mangel vorliegt. Gerade die immer häufiger werdende Selbstmedikation mit Eisenpräparaten kann mehr schaden als nutzen.

Bestens versorgt mit Vitaminen und Mineralstoffen

Mit den meisten Vitaminen und Mineralstoffen sind Vegetarierinnen und Vegetarier automatisch besser versorgt als Durchschnittsköstler, weil sie, um satt zu werden, automatisch mehr Körner, Obst und Gemüse essen. Lediglich bei manchen Nährstoffen wie Zink, Jod und Vitamin D können bei ihnen unter Umständen die gleichen Versorgungsprobleme auftreten wie beim Rest der Bevölkerung. Hier sind aber nicht vegetarische Essgewohnheiten, sondern andere Faktoren (z. B. Jodmangel) verantwortlich. Die Versorgung mit Vitamin B_{12}, das in nennenswerten Mengen nur in Lebensmitteln tierischen Ursprungs zu finden ist, kann vor allem bei Kindern zu echten Problemen führen, wenn auch auf Milch und Eier verzichtet wird. Bei einer ovo-lakto-vegetarischen Ernährung, die in Maßen auch Milchprodukte und Eier berücksichtigt, können keine Versorgungsengpässe entstehen.

In dem Kapitel über die einzelnen Nährstoffe finden Sie zahlreiche praktische Hinweise für eine vegetarische Rundumversorgung aller Familienmitglieder. Im Kapitel »Kleiner Einkaufsführer« ab Seite 54 werden besonders nährstoffreiche Zutaten vorgestellt, aus denen Sie und Ihre Kinder aus dem Vollen schöpfen können.

Ein weiterer Trumpf der vegetarischen Vollwertkost: seltener Übergewicht

Mängel sind bei der ovo-lakto-vegetarischen Kinderernährung also nicht zu befürchten. Im Gegenteil, viele vegetarische Kinder fallen gerade durch ihre robuste Gesundheit auf. Sie sind in jeder Hinsicht fit und abwehrkräftig und durch frühzeitig günstig gestellte Weichen gegen vielerlei Erkrankungen gefeit.

Die vegetarische Vollwertkost für Kinder hält aber noch einen weiteren Trumpf bereit. Sie wirkt einem Besorgnis erregenden Trend entgegen, der sich in immer häufiger werdenden Schreckensmeldungen in unseren Medien niederschlägt: In den vergangenen 15 Jahren hat sich die Zahl der übergewichtigen Kinder und Jugendlichen mehr als verdoppelt. Eine steigende Anzahl von Kindern und Jugendlichen leidet schon im frühen Alter unter Gefäßveränderungen, zu hohem Blutdruck und erhöhtem Cholesterinspiegel. So meldete die Uni Kiel, in den letzten 20 Jahren sei bei Kindern ein Anstieg des Fettanteils an der Körperzusammensetzung um rund 20 % beobachtet worden. Das Deutsche Diabetes-Forschungsinstitut der Universität Düsseldorf stellte fest, rund 15 – 20 % der 6- bis 18-Jährigen hätten ein zu hohes Körpergewicht für ihr Alter und ihre Größe. Und von den Schulanfängern in 44 Nürnberger Grundschulen hieß es, 20 % der 6-Jährigen hätten Übergewicht, jeder Vierte erhöhte Cholesterinwerte und fast ebenso viele Erstklässler einen zu hohen Blutdruck.

Die Folgen dieser Entwicklung sind aus medizinischer und sozialer Sicht alarmierend. Im Erwachsenenalter erwarten die Betroffenen ernsthafte Gesundheitsprobleme. Das Robert-Koch-Institut schätzt die durch Übergewicht verursachten jährlichen Kosten für das Gesundheitssystem auf 15 Milliarden Euro. (Ohnehin wird ein Drittel aller Kosten im Gesundheitswesen durch ernährungsbedingte Krankheiten verursacht.) Das Wissenschaftsmagazin »Natur« sieht gar Unterernährung und Infektionskrankheiten als Hauptursachen von Krankheit durch die Fettleibigkeit abgelöst.

Ernährungs- und Freizeitverhalten

Aber auch schon im Kinder- und Jugendalter belasten die überzähligen Pfunde das noch im Wachstum begriffene Knochengerüst. Die ständige Überbelastung schädigt Gelenke, Wirbelsäule und Sehnen. Gefäße, Herz und Leber haben mit der großen Körpermasse zu kämpfen. Und bei starkem Übergewicht muss schon im Jugendalter mit Diabetes mellitus und anderen Stoffwechselstörungen oder Herz- und Kreislauferkrankungen gerechnet werden – von der Stigmatisierung übergewichtiger Kinder und ihrem psychischen Leid einmal ganz abgesehen.

Das Nachrichtenmagazin »Spiegel« widmete der steigenden Anzahl übergewichtiger Kinder sogar eine Titelgeschichte und wies darauf hin, dass diese Kinder ihre Pfunde meist als gesundheitsgefährdenden Ballast mit ins Erwachsenenleben schleppen. Dicke Kinder im Alter von sechs bis neun Jahren werden mit einer Wahrscheinlichkeit von 55 % später auch dicke Erwachsene – im Vergleich zu normalgewichtigen Kindern ist dies ein zehnfach erhöhtes Risiko. Schwere Kids im Alter von 10 bis 14 Jahren behalten ihr Übergewicht sogar mit einer Wahrscheinlichkeit von 67 %. Gewohnheiten spielen also eine große Rolle, und in der Kindheit und Jugend werden wichtige Weichen gestellt.

Für die Besorgnis erregende Entwicklung werden in großer Übereinstimmung von allen damit befassten Fachleuten zwei gewichtige Gründe genannt: die veränderten Ernährungsgewohnheiten und das bewegungsarme Freizeitverhalten vieler Kids der XXL-Generation. Die Schere zwischen einigen wenigen, die intensiv Sport treiben, und der abgeschlafften Masse wird immer größer. Statt zu Fuß zu gehen oder mit dem Rad zu fahren, werden viele mit dem Auto durch die Gegend kutschiert, in der Schule fallen wegen Lehrermangels ihre Sportstunden aus, in den Pausen spielen sie auf ihrem Handy statt Fußball oder Gummitwist, und am Nachmittag hocken sie vor ihren Fernsehern oder Computern, anstatt draußen durch Feld und Flur zu toben. Mit allen Schikanen vermarktete Trickfilmserien locken schon die unter Dreijährigen regelmäßig vor die Glotze. Stufenlos wachsen diese dann hinein in die stundenlang vor hektischen Cartoons, hirnlosen Soaps und dusseligen Talkshows hockende Fernseh-Fangemeinde. Laut wissenschaftlicher Studien haben in den westlichen Bundesländern sage und schreibe 38 % aller Kinder von 3 bis 13 Jahren zusätzlich zum Gerät im Wohnzimmer einen eigenen Fernseher, im Osten sogar 51 %. Und das deutsche Durchschnittskind verweilt pro Tag 167 Minuten (mehr als 2½ Stunden!) lang vor dem Fernseher. Dabei werden natürlich keine Kalorien verbrannt, sondern oft im Gegenteil noch jede Menge Chips und andere Dickmacker verdrückt.

Schwindende Esskultur

Die Abschlaffung in der Freizeit wird von einem gefährlichen Trend beim Ernährungsverhalten begleitet. In alle Schichten der Gesellschaft hat sich eine ungesunde Esskultur eingeschlichen. In den Familien wird immer weniger richtig gekocht, bei doppelverdienenden Eltern mit unterschiedlichen Arbeitszeiten entfallen die gemeinsamen Mahlzeiten. Statt des Pausenbrots wird Geld mit in die Schule gegeben, das sich im Laufe des Vormittags in Limo und Süßes verwandelt. Von der Schule viel zu früh in die elternlose Wohnung nach Hause geschickt, schieben sich die Kinder mittags alleine ein Fertiggericht in die Mikrowelle. Als Nachtisch dient der von den Eltern (vielleicht auch um das Gewissen zu beruhigen) hingelegte Schokoriegel. Chips und anderer Knabberkram oder der gemeinsame Nachmittags-Snack mit Freunden im nächsten Fast-Food-Restaurant ergänzen diesen ungesunden Ernährungsplan.
Weißmehlbrötchen, viel zu fettige und süße Brotaufstriche, Milchschnitten, Süßigkeiten aller Art sowie die vielfältigsten Formen von industriellem Fertigfutter bilden allzu oft die Grundnahrungsmittel. Fertigprodukte sind nicht bloß stark verarbeitete Lebensmittel, sondern enthalten weniger Ballaststoffe und Vitamine, dafür aber mehr Fett und Eiweiß als frisch zubereitete Gerichte – von irgendwelchen Zusatzstoffen ganz zu schweigen. Ein großer Teil der Nahrung besteht aus »wertlosen« Lebensmitteln ohne Gesundheitswert wie Zucker, Süßigkeiten, Limonade und Weißbrot. Ins-

gesamt wird zu fettreich gegessen. Vor allem werden zu viele Lebensmittel gekauft, in denen Fett versteckt ist, darunter Wurst, Sahne, Süßigkeiten, Schokolade und Fertiggebäck.
Bei Erwachsenen ist dies schlimm genug. Für Kinder hat das viel zu fette Essen oft fatale Folgen. In der Kindheit erlernte Ernährungsmuster werden im Erwachsenenleben fortgeführt. Und auch die Anzahl der Fettzellen wird schon im Baby- und Kindesalter festgelegt. Beim späteren Zunehmen vermehren sich nicht etwa die Fettzellen, die bereits vorhandenen werden bloß größer. Wer schon in jungen Jahren viele Fettzellen bildete, schleppt ein besonderes Risiko mit ins Leben – ein weiterer Grund dafür, sich von Anfang an um eine gesunde Ernährung von Kindern zu bemühen.

Zeichen gegen den Trend

Natürlich leben auch vegetarische Kinder nicht von all diesen gesellschaftlichen Trends wirksam abgeschirmt unter einer sozialen Käseglocke. Ihre Eltern unterliegen den gleichen Zwängen (wie Zeitmangel und fehlende Kinderbetreuungsmöglichkeiten). Ein Abschotten wäre auch gar nicht wünschenswert, denn auch diese Kinder sollen ja zu mündigen und aktiven Mitgliedern dieser Gesellschaft werden.
Ganz bestimmt wäre es unrealistisch sich vorzustellen, man könnte ausgerechnet die eigenen Kinder von diesen Trends völlig fernhalten. Aber man kann ganz gewiss gegensteuern. Nicht indem man auf Biegen oder Brechen die eigenen Ernährungsregeln durchsetzt, Süßigkeiten rigoros verbietet, sein Kind bestraft, weil es sich mit seinen Freunden eine Fertigpizza genehmigt, und es mit langatmigen Vorträgen über den Nährwert verschiedener Lebensmittel nervt. Sondern indem man in aller Ruhe und Gelassenheit einige Grundregeln konsequent durchzieht, immer wieder leckere Alternativen anbietet und für die Begegnung mit gesundem Essen positive Erlebnisräume schafft. Dazu gehören das fröhliche Hantieren in der Küche und die stressfreie gemeinsame Mahlzeit als täglicher Fixpunkt im Familienleben ebenso wie der Genuss wirklich leckerer Gerichte, auf die sich jedes Familienmitglied freuen kann. Wer mit verkniffener Miene eine strohtrockene, fantasielose Körnermahlzeit herunterquält, nimmt vielleicht die tollsten Nährstoffe auf, hat aber mit Sicherheit nicht mehr Lebensfreude dazugewonnen. Mit dieser Art von Lustfeindlichkeit kann man Kindern einfach nicht kommen. Nein, Genuss und Spaß müssen dabei sein. Kinder spüren deutlicher als wir Erwachsenen intuitiv: Wer nicht genießt, ist ungenießbar!

Freude an leckerem, gesundem Essen

Stellen wir also die Freude am leckeren, gesunden Essen in den Mittelpunkt all unserer Bemühungen. Dann kann sich ganz von selbst ein natürliches Verhältnis zum Essen entwickeln. Das gilt sowohl für die Menge als auch für die Qualität. Wer eine ganz unverkrampfte Freude am Essen hat, spürt sein natürliches Hunger- und Sättigungsgefühl, hört auf, wenn er genug hat, kann sich ohne schlechtes Gewissen auch einmal etwas Besonderes gönnen und bewusst genießen. Fertiggerichte werden uninteressant, wenn es viel schmackhaftere, selbst geschnipselte und gebrutzelte Alternativen gibt. Wenn Ihr Kind sich dann gelegentlich mit seinen Freunden eine Fertigpizza reinzieht, weil es eben auch einmal Spaß macht, dieses Gruppengefühl auszuleben, ist das nur noch halb so schlimm.

Indem Sie die vegetarische Vollwertkost zur Grundlage der Ernährung Ihres Kindes machen, können Sie Ausnahmen und gelegentliche Abweichungen ganz gelassen hinnehmen. Sie wissen, dass Ihr Kind durch den Verzicht auf Fleisch und Fisch weniger Schadstoffe und tierische Fette zu sich nimmt. Sie wissen, dass es mehr Ballaststoffe, Vitamine und sekundäre Pflanzenstoffe bekommt. Sie können darauf vertrauen, dass sich die vielen Ballaststoffe und komplexen Kohlenhydrate auf das Körpergewicht Ihres Kindes positiv auswirken. Und wenn Sie einige wenige Grundregeln beachten, können Sie sicher sein, dass Ihr Kind durch diese Kost alles bekommt, was es für ein gesundes Wachstum braucht.

Vegetarische Kinder sind nicht nur gesund und munter. Sie nehmen auch wichtige positive Erfahrungen mit ins Leben: Freude an gesundem Essen, genussreiche Begegnungen mit natürlichen Lebensmitteln, Achtung vor dem Leben.

Ganz egal, was Ihre Kinder später einmal daraus machen – auf diese Erfahrungen können sie, wenn sie es wollen, ein Leben lang zurückgreifen.

Diese Nährstoffe braucht Ihr Kind

Eine abwechslungsreiche vegetarische Kost liefert dem kindlichen Organismus alle Nährstoffe, die er zum Leben braucht. Viele gesundheitsfördernde Stoffe wie Vitamine und Ballaststoffe sind darin sogar viel reichlicher vorhanden als in der fleischhaltigen Durchschnittskost. Wie gut Ihre Ernährung ist, bestimmen Sie allerdings selbst. Es kommt auf die richtige Zusammenstellung an.

Auch in diesem Punkt gibt es aber gleich wieder eine gute Nachricht: Kinder essen oft intuitiv das, was sie brauchen, und zwar sowohl was die Menge als auch was die Auswahl der Nahrungsmittel betrifft – vorausgesetzt, sie sind in ihrem natürlichen Essverhalten noch nicht durch Anpassungszwänge und ein falsches Angebot verdorben. Deshalb gleich die erste Grundregel: Zwingen Sie Ihr Kind niemals zu irgendetwas. Bieten Sie stattdessen beharrlich möglichst viel Gesundes an und ermuntern Sie Ihr Kind immer wieder dazu, auf den eigenen Körper zu hören und auf Hunger, Appetit und Sättigungsgefühl zu achten.

Ganzheitliche Betrachtungsweise

Im Gegensatz zur herkömmlichen Ernährungslehre, die Kalorien und Inhaltsstoffe einzelner Lebensmittel isoliert betrachtet, gründet die Vollwerternährung ja gerade auf einer ganzheitlichen Sicht: Die Lebensmittel sollen möglichst unverarbeitet und in ihrem natürlichen Zustand mit all ihren wertvollen Bestandteilen genossen werden.

Diese ganzheitliche Sicht wollen wir auch dann nicht aus den Augen verlieren, wenn wir uns mit den Nährstoffen befassen, die für eine gesunde Entwicklung von Kindern und Jugendlichen besonders wichtig sind. Eine gesunde Ernährung ist mehr als die Summe einzelner Nährstoffe, die ja gerade erst in der Umgebung ihres natürlichen Vorkommens und im Zusammenwirken mit all ihren Begleitstoffen zur optimalen Entfaltung kommen. Sie ist Nahrung für Leib und Seele, verschafft Genuss und trägt dazu bei, dass Kinder sich wohlfühlen und stark und abwehrkräftig sind. Mit abstrakten Begriffen wie Mineralstoffen oder Vitamine können Kinder ohnehin nichts anfangen. Sie freuen sich über knackige Gemüsesticks oder einen bunten Obstteller und schlürfen mit Begeisterung die cremige Erdbeermilch. Dass darin jede Menge wertvolle Inhaltsstoffe stecken, ist zwar gut zu wissen – Ihren Kindern aber erst einmal ziemlich egal.

Das Prinzip der positiven Verstärkung

Weisen Sie Ihre Kinder ruhig gelegentlich darauf hin, welche Nahrungsmittel besonders wertvolle Inhaltsstoffe besitzen. Allerdings nicht in Form eines ernährungswissenschaftlichen Vortrags, bei dem Ihre Kinder bestenfalls auf Durchzug und schlimmstenfalls auf Abwehr schalten. Ebenso wirkungslos ist es, einem Kind, das z. B. keinen Spinat mag, zu erklären: »Aber Spinat enthält gaaanz viel Eisen und ist sooo gesund!« Sie erreichen damit eher das Gegenteil. Denn Ihr Kind lernt daraus: »Was mir nicht schmeckt, ist gesund!« oder »Gesundes schmeckt wie Spinat und Spinat mag ich nicht.« Diese Assoziation überträgt es dann vermutlich auch auf andere Lebensmittel, die es noch nicht kennt, aber angeblich auch so supergesund sein sollen. Wirksamer ist das Prinzip der positiven Verstärkung, wenn einem Kind etwas ganz besonders lecker schmeckt. Löffelt es z. B. mit Genuss eine Hirsespeise, könnten Sie sagen: »Toll, dass dir das so gut schmeckt! Hirse enthält nämlich ganz viel Eisen, und das ist für den Körper wichtig.« Das genügt. Indem Sie immer wieder mal eine solche Bemerkung fallen lassen, schaffen Sie ganz nebenbei erste Ansätze eines Ernährungswissens und geben einer Reihe von Lieblingsspeisen das Prädikat: »Gesund und schmeckt!« Zum Prinzip der positiven Verstärkung gehört auch, dass Sie Ihren Kindern vorleben, wie viel Freude es macht, eine leckere Mahlzeit auch richtig zu genießen. Wer sein Essen achtlos in sich hineinschaufelt, braucht sich nicht zu wundern, dass seine Kinder wenig Gespür für den Genuss beim Essen entwickeln. Bringen Sie Ihre Freude über ein gelungenes Gericht offen zum Ausdruck, sprechen Sie darüber, was Ihre Zunge zum Flimmern bringt, und brechen Sie in »Mms« und »Ohs« und »Ahs« aus, wenn es einen besonderen Gaumenkitzel zu loben gibt. Ihre Kinder werden es Ihnen bald nachmachen und so eine positive Beziehung zu vollwertigen Gaumenfreuden entwickeln. Die zum Ausdruck kommenden Gefühle sollten allerdings immer echt sein. Schauspielerei werden Ihnen Ihre Kinder mit Sicherheit nicht abnehmen. Wenn also einmal etwas nicht so gelungen ist oder Ihren Geschmack nicht ganz trifft, bringen Sie ruhig auch das zur Sprache. Überlegen Sie gemeinsam, was man beim nächsten Mal besser machen könnte, indem man z. B. eine ungeliebte Zutat weglässt oder auf andere Weise variiert. Auch für die komplette Ablehnung bestimmter Gerichte muss es Raum geben, ohne das daraus gleich ein Drama wird. Am besten gefällt mir bis heute der augenzwinkernde Ausspruch meines Vaters, den wir in solchen Fällen zitieren: »Schmeckt sehr gut, brauchen wir aber nicht wieder zu machen.«

Kohlenhydrate

Beginnen wir mit den Kohlenhydraten, denen in einem gesunden Ernährungsplan eine absolute Vorrangstellung gebührt.
Viel ist gewonnen, wenn Sie und Ihre Kinder sich den Grundsatz merken: Im Zweifelsfall immer zu kohlenhydrathaltigen Lebensmitteln greifen. Denn Kohlenhydrate machen nicht dick, sondern richtig satt und liefern genau die Energie, die Ihr Kind braucht, ohne seinen Organismus zu sehr zu belasten. Kohlenhydratreiche Lebensmittel wie Vollkornprodukte, Kartoffeln und Hülsenfrüchte liefern nebenbei auch noch wertvolle Ballaststoffe, Mineralstoffe und Vitamine und entsprechen in besonderem Maße der Forderung nach einer hohen Nährstoffdichte. Vollkornbrot, Vollkornnudeln, Vollkornreis, Getreide, Hirse oder Kartoffeln sollten bei allen Gerichten die Hauptzutaten sein. Bieten Sie als Zwischenmahlzeit öfter auch mal ein trockenes Vollkornbrötchen, ein Vollkorn-Rosinenbrötchen oder Vollkorn-Knäckebrot an. Und wenn es am Nachmittag etwas Süßes sein soll, erinnern Sie gar nicht erst an die Existenz von Sahnetorten, Weißmehl-Hefeteilen und Windbeuteln, sondern servieren Sie ganz selbstverständlich einen Vollkornkuchen (im Rezeptteil finden Sie dafür leckere Beispiele). Am einfachsten ist es natürlich, kleine Kinder von vornherein an Vollkornprodukte zu gewöhnen. Kinder, die nur Vollkornnudeln kennen, kommen nicht so schnell auf die Idee, weiße Nudeln zu verlangen. Das Gleiche gilt für Vollkornbrot und Vollkornkuchen. Die Gewohnheit wird sie immer wieder dahin zurückbringen, auch wenn sie bei besonderen Gelegenheiten, z.B. bei einem Verwandtenbesuch, gerne mal Kuchen aus Weißmehl verschlingen (und daraus sollten Sie kein Drama machen!).

> **»Meine Kinder mögen keine dunklen Nudeln«**
> Wenn Ihre Kinder an Weißmehl, helle Nudeln und weißen Reis gewöhnt sind und Vollkornprodukte ablehnen, weil sie »zu hart«, »zu dunkel« oder »zu mühsam zu kauen sind«, schmuggeln Sie die Vollkornvariante vorsichtig ein und erhöhen Sie langsam die Dosis. Mischen Sie beim Backen Weißmehl und Vollkornmehl im Verhältnis eins zu eins. Kombinieren Sie helle mit bunten und braunen Nudeln. Kochen Sie eine Reis-Körner-Mischung, die weicher ist als reiner Vollkornreis. Kaufen oder backen Sie Brot aus gemahlenem Vollkornmehl ohne ganze Körner. Nehmen Sie Ihre Kinder mit ins Reformhaus oder den Naturkostladen und lassen Sie sich Ihr Mehl dort frisch mahlen. Oder kaufen Sie eine eigene Getreidemühle und übertragen Sie die Aufgabe des Mahlens an Ihre Kinder. Vor allem kleine Kinder haben Spaß daran zu sehen, wie

aus Getreide Mehl wird. Schauen Sie sich im Sommer die Getreidefelder in Ihrer Umgebung etwas genauer an. Untersuchen Sie gemeinsam die Ähren und machen Sie ein Ratespiel aus dem Erkennen der Getreidesorten. Kleinere Kinder haben Spaß an Liedern und Singspielen, die sich um Mühlen und den Beruf des Müllers drehen. Ältere Kinder können Sie vielleicht für einen Besuch in einer Wind- oder Wassermühle oder in einem Mühlenmuseum begeistern. Es gibt viele Möglichkeiten, gerade zu Getreide anschaulich ein positives Verhältnis zu fördern.

Eiweiß

Auf genügend Eiweiß in der Nahrung kann der Körper unter keinen Umständen verzichten, denn es ist das Eiweiß, aus dem er seine Körpersubstanz aufbaut und erhält. Dass Vegetarierinnen und Vegetarier nicht genug Eiweiß bekommen, ist jedoch, wie bereits erwähnt, ein längst überholtes Vorurteil. In Wirklichkeit scheint die vegetarische Kost gerade auch deshalb so gesund zu sein, weil sie weniger Eiweiß und Fett, dafür aber mehr Vitamine, Ballaststoffe und andere bioaktive Substanzen enthält.
In den modernen Industrieländern wird nämlich nicht zu wenig, sondern viel zu viel Eiweiß gegessen, und eine geringere Eiweißaufnahme wäre aus medizinischer Sicht auch für Durchschnittsköstler wünschenswert. Außerdem gibt es zahlreiche pflanzliche Eiweißquellen, die Vegetarierinnen und Vegetarier für sich nutzen können. Dazu gehören Sojaprodukte, Hülsenfrüchte und Getreide ebenso wie Nüsse und Kartoffeln.
Zwar können die Proteine einzelner Pflanzen nicht den gesamten Eiweißbedarf abdecken, aber es gibt ja wohl kaum jemanden, der immer nur Kartoffeln oder Bohnen isst. Kombiniert man mehrere eiweißhaltige Nahrungsmittel, wie das bei den allermeisten vegetarischen Mahlzeiten der Fall ist, ergänzen die Proteine einander und sichern so eine ausreichende Eiweißversorgung. In Kombination mit Eiern oder Milchprodukten ist die biologische Wertigkeit pflanzlicher Eiweißquellen auch vom Fleisch kaum zu übertreffen. Besonders günstige Kombinationen sind z. B. Getreide und Milch (z. B. Milchreis), Kartoffeln und Eier (z. B. Ofenkartoffeln mit grüner Sauce), Hülsenfrüchte und Getreide (z. B. Linsen mit Nudeln).

Proteinpräparate sind auch für sportbegeisterte Kids völlig überflüssig
Auf keinen Fall sollten Sie irgendwelche teuren Eiweißdrinks oder stark eiweißhaltige »Power-Riegel« kaufen, auch wenn Ihre älteren Kids viel Sport treiben, von einer Profi-Sportler-Karriere oder einem im Fitness-

Studio gestylten Body träumen und meinen, durch Eiweißdrinks oder andere Präparate sei dies schneller zu erreichen. Eine abwechslungsreiche vegetarische Kost ist auch für Sportfreaks völlig ausreichend. Nur wer wirklich viel und hart trainiert, braucht zusätzliche Energie. Als günstige Energiequellen schwören mittlerweile auch Profisportler auf kohlenhydratreiche Lebensmittel wie Vollkornnudeln, Vollkornbrot, Müsli, Kartoffeln und Vollkornreis. Außerdem sind diverse Eiweißpräparate im Zuge der BSE-Krise in Verruf gekommen, weil sich herausstellte, dass sie tierisches Protein aus minderwertigen Schlachtabfällen enthalten, möglicherweise sogar aus sogenanntem Risikomaterial.

Sollte es darüber Diskussionen geben, versuchen Sie, Ihren von der gezielten Werbung angestachelten Spitzensportlern pflanzliche Proteinträger schmackhaft zu machen. Lassen Sie sie je nach Vorliebe ein individuelles Sortiment zusammenstellen, das Sie nun öfter auf den Familienesstisch bringen. Stellen Sie Vollkornprodukte, Linsen, Bohnen, grüne Gemüse, Nüsse und Samen zur Auswahl. Erdnussmus, Tahin (Sesammus), Hummus (Kichererbsenpaste), Weizenkeime und alle Produkte aus Sojabohnen (Sojadrink, Sojajoghurt, Tofu, Brotaufstriche) sind weitere leckere Proteinquellen.

Kaufen Sie gemeinsam eine »coole« Getränkeflasche (Ihr Kind wird Ihnen sagen, was gerade »in« ist) und geben Sie Ihrem Kind zum Training immer reichlich zu trinken mit. Kalorienfreie Durstlöscher wie Trinkwasser, Mineralwasser, kalter Früchtetee oder stark verdünnte Saftschorlen sind am besten geeignet. Die sogenannten isotonischen Sportlergetränke sind teuer, enthalten viel Zucker und steigern keinesfalls die sportlichen Leistungen Ihres Sprösslings, sondern höchstens die Umsatzzahlen der Hersteller.

> *»Meine Kinder mögen keinen Tofu«*
> Wie wir gesehen haben, ist Tofu nur eine von vielen pflanzlichen Eiweißquellen. Pur empfinden ihn viele als geschmackliche Zumutung. Aber gerade weil er keinen starken Eigengeschmack hat, kann man ihn auf die vielfältigste Weise zu pikanten oder auch süßen Gerichten verarbeiten. Der in Supermärkten im Glas angebotene, länger haltbare Tofu ist härter und strohiger als die in Plastik eingeschweißte Variante aus dem Naturkostladen mit geringerer Haltbarkeit. Inzwischen werden auch viele gewürzte und marinierte Tofuspezialitäten angeboten. Und der vielseitig verwendbare Räuchertofu verleiht vielen Gerichten eine herzhafte Note.
> Geben Sie also nicht gleich nach dem ersten Versuch auf und probieren Sie das eine oder andere Tofugericht aus dem Rezeptteil aus. Beharren

25

Sie aber auch nicht darauf, dass unbedingt Tofu gegessen werden muss. Als Hauptnahrungsmittel vegetarischer Menschen existiert er ohnehin nur in der Fantasie verächtlicher Durchschnittsköstler. Es gibt andere Sojaprodukte (z. B. Sojawürstchen oder Brotaufstriche), die Ihren Kindern vielleicht besser schmecken. Und es gibt viele andere pflanzliche Eiweißquellen, die Sie möglicherweise noch nicht kennen und die bei Kindern meiner Erfahrung nach meist viel besser ankommen.

Neues ausprobieren: Quinoa und Seitan
Zum Beispiel sollten Sie unbedingt einmal die Körner der Quinoa-Pflanze probieren, die im Reformhaus, im Naturkostladen und in Weltläden erhältlich sind. Die traditionelle Kulturpflanze der Anden enthält mehr Eiweiß als vergleichbare Pflanzen, das dazu auch noch so hochwertig ist, dass es tierisches Eiweiß praktisch vollständig ersetzen kann. Die kleinen hirseähnlichen Körner lassen sich wie Reis zubereiten und schmecken salzig wie süß gleichermaßen gut. Wohl wegen ihrer angenehmen Konsistenz gehören »Quinoa mit Sauce« und »Quinoasalat« bei unseren Kindern zu den absoluten Leib- und Königspeisen. Im Rezeptteil können Sie nachlesen, wie sie zubereitet werden.
Bei vielen Kindern sehr beliebt ist auch Seitan, ein fettarmes Weizenprodukt, das durch die Trennung von Kleie und Stärke vom Eiweiß des Vollweizens gewonnen wird. Seitan ist fertig gekocht und gewürzt und kann daher rasch und vielseitig verwendet werden. Ohne Probleme lässt sich Seitan sautieren, panieren, grillen und kochen. Wegen seines herzhaften Geschmacks bereichert er außerdem Salate und Suppen. Im Rezeptteil finden Sie Hinweise und Tipps zur Zubereitung z. B. von »Seitan Crossies« und »Seitan Geschnetzeltem«.

Fett

Fett hat von allen Nährstoffen den höchsten Energiegehalt, und weil sie noch wachsen, brauchen Kinder viel Energie. Besonders wichtig sind mehrfach ungesättigte Fettsäuren, die der Körper nicht selbst herstellen kann. Gesättigte Fettsäuren kommen nur in Nahrungsmitteln tierischer Herkunft vor. Durchschnittsköstler nehmen mit dem Fleisch, vor allem mit sehr fetthaltigen Würsten und anderen Fleischprodukten oft zu viel gesättigte Fettsäuren auf. Da solche Produkte vegetarischen Kindern nicht auf den Teller kommen, haben sie in dieser Hinsicht gleich von vornherein ein großes Plus. Nehmen sie in Maßen Milchprodukte zu sich, stellt sich

ganz von selbst ein ausgewogenes Verhältnis zwischen gesättigten und ungesättigten Fettsäuren her. Milchfett ist außerdem eine wertvolle Quelle für fettlösliche Vitamine.
Ob Ihr Kind lieber Butter oder Margarine mag, müssen Sie ausprobieren. Viele Vegetarierinnen und Vegetarier bevorzugen Margarine, weil ihnen dies die Gelegenheit gibt, ein weiteres tierisches Produkt zu meiden. Ich selbst esse lieber Butter, weil sie mir besser schmeckt und im Vergleich zum Kunstprodukt Margarine ein natürlicheres und weniger verarbeitetes Nahrungsmittel ist. Wenn Sie sich für Margarine entscheiden, sollten Sie eine Sorte wählen, die keine gehärteten Fette enthält. Weitere pflanzliche Fettquellen sind Avocados, Nüsse und Samen und natürlich Pflanzenöle.

Fett macht fett?
Natürlich gibt es auch Vegetarierinnen und Vegetarier, die zu fett essen. Und wie die Ernährungswissenschaft inzwischen klargestellt hat, sind es nicht die Kohlenhydrate, sondern fettreiche Speisen, die Menschen fett machen. Käse der Doppelrahmstufe, Sahne, Mayonnaise, süßes Gebäck und Nuss-Nougat-Creme sind Beispiele für Lebensmittel, die man lieber sparsam verwenden sollte. Eine fetttriefende Portion Pommes mit Mayo ist vegetarisch, aber natürlich nicht viel gesünder als irgendein fleischhaltiges Fast-Food-Gericht.
Nehmen Sie die Sorge um die Gesundheit Ihrer Kinder zum Anlass, noch einmal über die eigenen Ernährungsgewohnheiten nachzudenken. Durch Ihr Vorbild, Ihre Kochweise und Ihre Auswahl von Lebensmitteln prägen Sie mit, wie Ihr Kind sich jetzt und auch in seinem späteren Leben ernährt. An eine fettreiche Kost kann man sich leicht gewöhnen, zumal das Fett als Geschmacksträger viele Gerichte auf den ersten Biss geschmeidiger und schmackhafter macht. Mit viel Fett »rutscht« es bei vielen einfach besser, und es fällt ihnen schwer, von der hohen Fettdosis wieder herunterzukommen. Gehen Sie daher beim Kochen lieber sparsam mit Butter, Öl und Käse sowie saurer und süßer Sahne um. Ersetzen Sie einen Teil der süßen Sahne mit Milch, einen Teil der sauren Sahne mit Kefir oder Schwedenmilch. Informieren Sie sich über fettsparende Garmethoden wie das Dämpfen, und investieren Sie in gute Pfannen und Töpfe, in denen es sich auch ohne großzügige Zugaben aus der Ölflasche gut kochen und braten lässt. Greifen Sie eher selten zu Streichkäse der Doppelrahmstufe, wie er gerade Kindern gern aufgestrichen wird (probieren Sie es stattdessen mit Quark oder saurer Sahne), und bieten Sie verschiedene, auch weniger fetthaltige Schnittkäsesorten an.

Bei alledem sollten Sie es aber auch nicht übertreiben. Es geht nur um eine grundsätzliche Steuerung und das Einpendeln auf einen gesunden Fettgehalt. Es gibt keinen Grund, jegliches Fett zu verteufeln und sich z. B. nur noch dünne Magermilch herunterzuquälen. Wer sich so kasteit, fühlt sich mit Recht betrogen und schlägt bei der nächsten Sahnetorten-Einladung aus lauter Verzweiflung doppelt zu. Wer sich dagegen grundsätzlich eher fettarm ernährt und sich dennoch die eine oder andere Ausnahme gönnt, ist mit einem kleinen Stückchen Sahnetorte zum Probieren glücklich und zufrieden.

»Meine Kinder wollen nur Pommes und Nuss-Nougat-Creme«

Zwei besonders fettreiche Lebensmittel stehen bei vegetarischen wie nicht-vegetarischen Kindern auf der ewigen Bestenliste ganz oben: Pommes und Nuss-Nougat-Creme. Ja, die Vorliebe der Kids für die ölgetränkten, stiftförmigen Bratkartoffeln ist inzwischen so legendär, dass der Karikaturist Uli Stein in seinem Buch »Viel Spaß mit Kindern« einen Pommes-frites-Schnuller für Babys vorstellt. Ein paar Seiten später lassen Hänsel und Gretel die Hexe mitsamt Pfefferkuchenhaus schnöde abblitzen: »Wenn es nicht zu viel Umstände macht, hätten wir lieber zweimal Pommes mit Mayo.«

Diese Vorliebe gibt in vielen Familien Anlass zu ständigem Streit. Wo Sie Ihre Grenze ziehen, müssen Sie natürlich selbst entscheiden. Ich schlage vor, es nicht bei jedem Einkauf oder jedem Ausflug wieder auf eine Diskussion ankommen zu lassen, sondern eine klare Linie vorzugeben und diese dann auch durchzuhalten. Ich z. B. kaufe grundsätzlich keine Nuss-Nougat-Creme oder Fertigpommes ein. Das heißt, zu Hause gibt es diese Sachen schon einmal nicht. Wenn es bei Freunden oder in einem Hotel Nuss-Nougat-Creme gibt, darf jeder sich selbstverständlich davon nehmen, so viel er will. Auf diese Weise wird die Menge für mein Empfinden in ausreichendem Maße dosiert. Was Pommes betrifft, gibt es bei uns gelegentlich selbst gemachte Pommes aus frischen Kartoffeln, die unter begeisterter Beteiligung der Kinder mit Olivenöl bepinselt und im Ofen gebacken werden. Frittierte Pommes sind bei uns an ein festes Ritual geknüpft: Wenn wir alle paar Wochen in ein bestimmtes Schwimmbad gehen, darf sich jeder, der will, im dortigen Restaurant anschließend eine Portion Pommes bestellen.

Ab und zu genießen ist besser – und wirksamer! – als etwas ganz und gar zu verbieten. Außerdem glaube ich daran, dass Kinder Alternativen akzeptieren, wenn man sie ihnen nur unter positiven Vorzeichen anbietet und immer wieder schmackhaft macht. Es gibt so viele leckere süße Brotaufstriche wie Honig mit Haselnussmus, Marmelade mit Mandelmus, Dattelmus oder selbst gemachte Marmeladen. Und ich bin mir auch nicht sicher, ob wirklich immer nur die Kinder schuld sind, wenn sie einseitige und ungesunde Vorlieben herausbilden. Oft gehen Eltern den einfachen Weg des geringsten Widerstands. Jedenfalls habe ich es schon oft erlebt, dass Eltern von sich aus nur Nuss-Nougat-Creme aufs Schulbrot streichen oder ihrem Kind bei jedem Restaurantbesuch ungefragt eine Portion Pommes bestellen, weil sie wissen, beides wird verputzt, ohne dass es zu irgendwelchen als lästig empfundenen Diskussionen kommt.

Noch ein Vorurteil möchte ich an dieser Stelle ausräumen: Viele Menschen meinen, bei Pommes und Nuss-Nougat-Creme handele es sich um »typisch amerikanische Unsitten«. Pommes Frites kommen, wie der französische Name schon sagt, aus Frankreich und heißen in Amerika deshalb auch »French Fries«, also »französische Bratkartoffeln«. Und bei der Vorstellung, dass wir uns in Europa zum Frühstück weiche Schokolade aufs Brot schmieren, schüttelt es Amerikaner und Amerikanerinnen!

Vitamine

Die Versorgung mit Vitaminen ist bei vegetarischen Kindern, sofern sie ausreichend Obst und Gemüse essen, überhaupt kein Problem. Im Gegenteil, mit den meisten Vitaminen sind sie besser versorgt als ihre fleischessenden Altersgenossen.

Vitamine werden allgemein in wasserlösliche und fettlösliche Vitamine unterteilt. Die wasserlöslichen Vitamine, darunter Vitamin C, der Vitamin-B-Komplex und die Folsäure, können nicht im Körper gespeichert werden und müssen deshalb jeden Tag aufs Neue mit der Nahrung aufgenommen werden.

Zu den fettlöslichen Vitaminen, die vom Körper gespeichert werden können und deshalb nicht täglich aufgenommen werden müssen, gehören die Vitamine A, D und E.

Folsäure und Vitamin C

Folsäure wird zur Zellbildung und für den Gewebeaufbau gebraucht. Frische grüne Kräuter und Gemüse wie Brokkoli, Mangold, Spinat, Petersilie, Lauch, Grünkohl, Rosenkohl, Chicorée, Fenchel und Löwenzahnsalat sind

gute Folsäure-Lieferanten. Diese Kräuter und Gemüsearten sollten Sie häufiger in frischer, roher Form anbieten, da beim Erhitzen 50 bis 90 % der Folsäure zerstört werden kann. Auch Orangen und Bananen, Sojabohnen- und Linsensprossen, Hefeflocken, Weizenkeime, Datteln, Walnüsse, Mandeln, Kürbiskerne und Brote mit natürlichem Sauerteig enthalten Folsäure.
Vitamin C ist ein sogenannter Radikalfänger, regt die Immunabwehr an und sorgt für gesunde Haut, Knochen und Zähne. Es fördert die Wundheilung, stärkt das Bindegewebe und fördert die Geschmeidigkeit des Gewebes und der Blutgefäße. Außerdem fördert es die Aufnahme von Eisen und ist deshalb für vegetarische Kinder ganz besonders wichtig. Vitamin C findet sich reichlich in frischem Obst und Gemüse. Besonders viel Vitamin C enthalten Zitrusfrüchte, Mangos, Kiwis, Papaya, Guaven, Paprika, grüne Gemüse wie Brokkoli und Grünkohl, Hagebutten, Sanddornbeeren, schwarze Johannisbeeren, Erdbeeren, Äpfel und Kartoffeln.
Frisch gepresster Orangensaft hat sich als guter Folsäure- und Vitamin-C-Lieferant besonders bewährt. Anstatt einen Orangensaft zu kaufen, der angeblich schmeckt »wie selbst gepresst«, sollten Sie zur Orangensaison lieber einen ständigen Vorrat der leckeren Früchte im Haus haben. Vielen Kindern macht es Spaß, sich täglich selbst eine Orange auszupressen. Mit etwas Wasser verdünnt und einem Vollkornkeks als Zubiss wird daraus eine leckere, gern angenommene Zwischenmahlzeit.

Der Vitamin-B-Komplex

Vitamin B_1 spielt beim Kohlenhydratstoffwechsel eine wichtige Rolle und fördert Nerven- und Muskelfunktionen. Wenn Ihr Kind regelmäßig Vollkornprodukte, braunen Reis, Hülsenfrüchte und Kartoffeln isst, nimmt es spielend genug Vitamin B_1 zu sich. Weitere gute Quellen sind Hefeflocken, Erdnüsse, Sonnenblumenkerne, Weizenkeime, Blumenkohl, Erbsen, Orangen, Bananen und Steinobst.
Vitamin B_2 ist am Fett-, Eiweiß- und Kohlenhydratstoffwechsel beteiligt und schützt die Sehkraft. Die Versorgung mit Vitamin B_2 ist für vegetarische Kinder kein Problem, wenn sie regelmäßig Milch, Käse, Eier, Vollkornerzeugnisse und viel Gemüse essen. Vor allem in Mandeln, Nüssen, Champignons, Avocados, Brokkoli, Spinat, Grünkohl, Rosenkohl, Spargel, Weizenkeimen, Hirse und Hefeflocken ist reichlich Vitamin B_2 enthalten.
Mit dem am Eiweißstoffwechsel beteiligten und die körpereigene Abwehr stärkenden Vitamin B_6 sind vegetarische Kinder im Vergleich zu ihren fleischessenden Altersgenossen meist besser versorgt. Vollkornreis, Hirse, Kohl, grüne Bohnen, Linsen, Kartoffeln, Bananen, Weizenkeime, Hefe-

flocken, Honigmelone, Bananen, Avocados, Sojabohnen, Blumenkohl, Walnüsse, Paprika und Feldsalat sind gute Vitamin B$_6$-Lieferanten.
Vitamin B$_{12}$ sorgt für die Blutbildung, hilft beim Aufbau des Nervensystems und trägt zum allgemeinen Wohlbefinden bei. In der Diskussion um die vegetarische Ernährung spielt dieses Vitamin immer wieder eine besondere Rolle, da es nur in Nahrungsmitteln tierischen Ursprungs vorkommt. Weil Vitamin B$_{12}$ jedoch im Körper gespeichert wird und außerdem rückresorbiert werden kann, treten Mangelerscheinungen erst dann auf, wenn man jahrelang strikt auf alle Nahrungsmittel tierischen Ursprungs (also auch auf Eier und Milchprodukte) verzichtet und keine alternativen Vitamin-B$_{12}$-Quellen anzapft. Bei Erwachsenen reicht der Speicher bis zu zehn Jahre aus. Kinder besitzen jedoch einen kleineren Speicher, deshalb ist bei ihnen besonders auf die Versorgung zu achten. Eier und Milchprodukte sind für Kinder in Maßen empfehlenswert. Vor allem körniger Frischkäse, Edamer, Cheddar, Quark, Kefir, Schwedenmilch und Dickmilch haben sich im Hinblick auf die Versorgung mit Vitamin B$_{12}$ bewährt. Vergorene pflanzliche Lebensmittel wie Sauerkraut sind keine verlässliche Quelle für Vitamin B$_{12}$. Pflanzliche Produkte liefern kein Vitamin B$_{12}$ oder wertloses »Pseudo-B$_{12}$«.

Vitamine A, D und E
Vitamin A ist wichtig für die Abwehrkraft gegen Infektionen und fördert die Entwicklung der Zellen, Knochen, Zähne und der Sehkraft. Der Radikalenfänger Carotin ist die Vorstufe, also das »Provitamin«, aus dem der Körper selbst Vitamin A herstellen kann. Gute Quellen sind Käse, Butter und Eier sowie Obst und Gemüse wie Möhren, rote Paprika, Grünkohl, Feldsalat, Wirsing, Brokkoli, Mangold und Spinat, Rote Bete, Mango, Papaya, Sauerkirschen und frische oder getrocknete Aprikosen. Geringe Mengen Fett in Form eines guten Pflanzenöls verbessern die Aufnahme des Carotins, deshalb sollten Sie z. B. Möhrensalat stets mit etwas Öl anrichten. Vitamin D regelt den Kalziumhaushalt und ist an der Bildung von Knochen und Zähnen beteiligt. Der Vitamin-D-Gehalt ist in den meisten Lebensmitteln gering, weshalb die Versorgung sowohl bei vegetarischen als auch bei nicht-vegetarischen Personen problematisch sein kann. Am ehesten findet sich Vitamin D in Eigelb, Butter und Milch sowie in pflanzlichen Lebensmitteln wie Avocado, Steinpilzen, Margarine und Pflanzenölen. Vitamin D muss aber nicht unbedingt mit der Nahrung aufgenommen werden. Unter Einwirkung von UV-Licht ist der Körper in der Lage, das Vitamin selbst herzustellen – ein weiterer Grund dafür, gegen jeden Anflug von Stuben-

hockerei anzukämpfen, Ihre Kinder möglichst viel draußen spielen zu lassen und gemeinsame Unternehmungen im Freien zu planen.

Vitamin E fördert die Durchblutung und schützt die Zellen vor freien Radikalen, Blutverklumpungen und DNA-Schäden durch Umweltgifte. Es kommt in unraffinierten Pflanzenölen (z. B. Weizenkeim-, Sonnenblumen-, Erdnuss- und Sojaöl), Getreide und Getreideprodukten, Haselnüssen, Mandeln, Fenchel, Schwarzwurzeln, Wirsingkohl, Sojabohnen und vor allem Weizenkeimen vor. Die Vitamin-E-Versorgung liegt bei Vegetarierinnen und Vegetariern meist höher als bei der Durchschnittsbevölkerung.

»Mit Gemüse kann ich meine Kinder jagen«

Die Versorgung mit Vitaminen ist also unter Einhaltung gewisser Regeln für die vegetarische Ernährung im wahrsten Sinne des Wortes ein Kinderspiel. Was aber, wenn Kinder partout kein Gemüse essen wollen? Wer hat nicht schon erlebt, dass sein Sprössling alle auch nur an Gemüse erinnernden Bestandteile einer Mahlzeit rauspult und empört verkündet: »Das maaag ich nicht!«

Der wichtigste Ratschlag lautet: Gelassen bleiben und auf listige Abhilfe sinnen. Vorhaltungen und Drohgebärden nützen gar nichts, und dass Sie vielleicht gekränkt sind, weil Ihr liebevoll zubereiteter Gemüseauflauf auf so wenig Gegenliebe stößt, können kleinere Kinder noch gar nicht begreifen.

Zum Glück essen so gut wie alle Kinder gerne Obst, denn reifes Obst ist süß und saftig. Das sollten Sie sich unbedingt zu Nutze machen und alle erdenklichen Obstarten im Angebot halten. Manche Kinder sind stolz, wenn sie einen ganzen Apfel aufknabbern können, andere bevorzugen Schnitze oder mundgerechte Stücke. Kleineren Kindern macht es Spaß, kleine Obststücke aufzugabeln oder mit Sticks aus Zahnstochern zum Mund zu balancieren. Halten Sie immer eine gut bestückte Obstschale bereit und stellen Sie Ihren spielenden Kindern einen Teller mit Obstschnitzen hin. Mit dem Obst können Sie schon einen guten Teil des Vitaminbedarfs decken.

Auch Kartoffeln können bei der Vitaminversorgung eine wichtige Rolle übernehmen. Bei der Zubereitung sind der Fantasie keine Grenzen gesetzt. Nach meiner Erfahrung mögen die meisten Kinder allerdings am liebsten schlichte Pell- oder Ofenkartoffeln mit einer leckeren Sauce.

Aber wie bekommen Sie Ihr junges Gemüse dazu, tatsächlich auch selbiges zu verspeisen? Probieren Sie es ähnlich wie beim Obst mit einer kleinen Rohkostplatte oder bringen Sie auf dem Obstteller auch

Möhrenstifte oder ein paar Kohlrabischeiben unter. Spielen Sie Zoo und lassen Sie Ihre Kinder die Obst- und Gemüsestückchen in der Rolle verschiedener Tiere direkt aus einer zum Futternapf umfunktionierten kleinen Schüssel essen. Machen Sie einen Wettbewerb daraus, wer am lautesten in ein Stück Paprika beißen und am ähnlichsten wie ein Kaninchen Möhren mümmeln kann. Rühren Sie einen leckeren Dip an, denn Tunken und Kleckern macht allen Kindern Spaß. Gurkenstücke, Möhren, Kohlrabi, Paprika, Salat- und Spinatblätter, Fenchel, Sellerie, Weißkohl, Blumenkohl und Brokkoli – für eine Rohkostplatte sind so gut wie alle Gemüsearten geeignet.

Besonders trickreich ist es, immer gerade dann ein paar Rohkostangebote hinzustellen, wenn Ihre Kinder schon aufs Essen warten und besonders hungrig sind. Der Hunger treibt die Vitamine hinein, ohne den Appetit auf die eigentliche Mahlzeit zu verderben.

Auch gedämpftes Gemüse kann man übrigens mit einem Dip servieren. Es lässt sich außerdem in Saucen zu Nudeln und Kartoffeln (siehe Möhren-, Zucchini- oder Erbsensauce im Rezeptteil) oder Füllungen für Lasagne oder Cannelloni (siehe Spinat-Cannelloni oder Gemüselasagne) verstecken. Bei älteren Kindern können Sie es mit einem Gemüsefondue probieren und Gemüsestücke in heißer Gemüsebrühe garen. Schließlich finden Sie im Rezeptteil ein Püree mit Sahnesauce, das bisher selbst in Härtefällen noch jedes Gemüse zum Rutschen gebracht hat.

Brauchen Kinder Vitamintabletten?

Wie wir gesehen haben, lässt sich für jeden wichtigen Nährstoff mindestens ein Lebensmittel finden, das durch seinen hohen Gehalt an eben diesem Stoff die Versorgung sichert. So lange Sie also Ihre Lebensmitteleinkäufe und vegetarischen Mahlzeiten einigermaßen gezielt zusammenstellen, brauchen Sie für Ihre Kinder keine zusätzlichen Vitaminpräparate.

Trotzdem werden vegetarischen wie nicht-vegetarischen Eltern solche Präparate förmlich aufgedrängt. Es gibt Vitaminsäfte, -elixiere, -kaubonbons und -sprudeltabletten speziell für Kinder. Ja, selbst die süßeste »Cerealie« und das künstlichste »Fruchtsaftgetränk« werben mit zugesetzten Vitaminen und Mineralstoffen und suggerieren Eltern wie Kindern, nur durch den Kauf all dieser Dinge ließe sich eine ausreichende Versorgung sicherstellen. Die verständliche Sorge vieler Eltern um das Wohl ihrer Kinder verspricht offensichtlich ein gutes Geschäft. Seit neuestem wird sogar ein spezielles »Nahrungsergänzungsmittel für Vegetarier« mit Eisen, Zink und Vitamin B_{12} angeboten.

Wer sich ausgewogen ernährt, braucht jedoch keine Vitaminpillen. Bestenfalls sind sie herausgeworfenes Geld, schlimmstenfalls kann es wegen einer Überdosierung zu gesundheitlichen Schäden kommen.
Vitaminpräparate enthalten immer nur eine kleine Auswahl isolierter Stoffe. Vitamine treten in natürlichen Nahrungsmitteln aber nie isoliert auf, und der komplexe Prozess ihres Zusammenwirkens mit anderen Stoffen ist bis heute nicht vollständig erforscht. Deshalb ist es immer besser, Vitamine zusammen mit ihrem »Umfeld«, also ihren natürlichen Begleitstoffen, zu sich zu nehmen. Mehr Vitamine führen außerdem nicht zwangsläufig auch zu einer besseren Vitaminversorgung. Im Gegenteil, hohe isolierte Vitamingaben können das natürliche Gleichgewicht stören. Greifen Sie also nur unter ärztlichem Rat und bei ganz konkreten Hinweisen auf einen bestimmten Mangel zu Ergänzungspräparaten. Vertrauen Sie lieber auf die positive Wirkung eines gesunden, ausgewogenen Ernährungs-Zusammenspiels und geben Sie dieses Vertrauen und diese Zuversicht an Ihre Kinder weiter.

Bioaktive Substanzen

Erst in letzter Zeit ins Visier der Ernährungsforschung geraten sind gesundheitsfördernde und -schützende Inhaltsstoffe unserer Nahrung, die man »bioaktive« Substanzen nennt, weil sie im Stoffwechsel aktiv sind und ihn beeinflussen. Produziert werden sie von Pflanzen und Mikroorganismen, die damit ihren eigenen Stoffwechsel steuern, sich vor Schädlingen schützen oder ihr Wachstum regulieren.
Zu den bioaktiven Substanzen gehören Ballaststoffe, sekundäre Pflanzenstoffe (also die in Pflanzen vorkommenden Farb-, Duft- und Aromastoffe) und Substanzen in fermentierten Lebensmitteln (Sauerkraut, Joghurt). Bioaktive Substanzen stecken vor allem in Gemüse, Obst, Hülsenfrüchten, Kartoffeln, Kräutern und Getreide sowie Joghurt, Dickmilch und Quark. Ballaststoffe sind der große Trumpf der vegetarischen Ernährung, weil sie in der Pflanzenkost so reichlich vorkommen. Sie mindern das Risiko, an Dickdarmkrebs zu erkranken, senken den Cholesterinspiegel und wirken sich auf den Blutzuckerspiegel positiv aus.
Ein typisches Beispiel für einen sekundären Pflanzenstoff ist der rote Farbstoff Lycopin, der vor allem in Tomaten, aber auch in Wassermelonen, rosa Pampelmusen, rosa Guaven und Aprikosen enthalten ist und auf die Krebsentstehung ebenso wie auf die Tumorentwicklung hemmend wirkt. In fermentierten Lebensmitteln wie Sauerkraut, Joghurt oder Schwedenmilch finden sich Milchsäurebakterien, die für die Darmflora wichtig sind,

antimikrobiell wirken, das Krebstumorwachstum hemmen und das Immunsystem günstig beeinflussen.
All diese Stoffe kommen in der vegetarischen Ernährung reichlich vor, so dass vegetarisch ernährte Kinder aus ihnen schon in jungen Jahren den vollen gesundheitlichen Nutzen ziehen können. Damit haben sie die besten Chancen auf ein langes, gesundes Leben.

Mineralstoffe und Spurenelemente

Kalzium

Als unentbehrlicher Knochenbaustein ist Kalzium für Kinder und Jugendliche enorm wichtig. Wichtigster Kalziumlieferant für Kinder ist traditionellerweise die Milch. Ein Viertel bis ein halber Liter pro Tag werden für Vorschul- und Schulkinder für die Versorgung mit Kalzium sowie Eiweiß, Phosphor, Zink, Jod und den Vitaminen A, D, B_2 und B_{12} empfohlen. Bei einer ansonsten nicht allzu fettreichen Ernährung sollten Sie im Sinne der Vollwertigkeit eine Milch mit natürlichem Fettgehalt wählen. Wenn Sie das Gefühl haben, Fett einsparen zu müssen, ist auch frische fettarme Milch (1,5 % Fett) noch akzeptabel. Entrahmte Milch allerdings ist für Kinder ungeeignet, ihr Gehalt an den fettlöslichen Vitaminen A und D ist zu gering. Weitere Kalzium-Quellen sind Hart- und Schnittkäse (Quark und Sauermilchkäse sind weniger empfehlenswert, weil das Kalzium bei der Herstellung in die Molke übergeht), getrocknete Feigen, Datteln, Nüsse, Mohn, Grünkohl, Spinat, Mangold, Brokkoli, Sojabohnen, frischer Möhrensaft und Sonnenblumenkerne. Besonders viel Kalzium enthalten Sesamsamen und daraus hergestellte Produkte wie Tahin (Sesammus) oder Gomasio (Sesamsalz), weshalb Sie versuchen sollten, diese Produkte so oft wie möglich zum Einsatz zu bringen. Auch Tofu kann eine gute Kalziumquelle sein, vor allem, wenn er mit Kalziumsulfat hergestellt wurde (es lohnt sich, die Angaben auf der Packung zu lesen oder im Naturkostladen nachzufragen). Normale Sojamilch ist im Hinblick auf den Kalziumgehalt kein gleichwertiger Milchersatz, da sie kaum Kalzium enthält. Es gibt jedoch auch mit Kalzium angereicherte Sojadrinks. Die im Naturkostladen oder Reformhaus erhältliche Variante mit Vanille eignet sich besonders gut für selbst hergestellten Sojajoghurt. Die dafür notwendigen Joghurtkulturen können Sie im Reformhaus oder im Naturkostladen kaufen. Vanille-Sojadrink mit Kalzium lohnt sich auch dann auszuprobieren, wenn Ihr Kind den reinen Sojageschmack nicht so toll findet.

»Mein Kind mag keine Milch, soll ich ihm Kalziumtabletten geben?«
Kalzium ist für Kinder einer der wichtigsten Nährstoffe. Auf keinen Fall sollten Sie aber Ihrem Kind auf bloßen Verdacht hin freiverkäufliche Kalziumpräparate geben. Eine solche Nahrungsergänzung sollte nur im echten Bedarfsfall und nur in Absprache mit einer Ärztin oder einem Arzt erfolgen. Ein künstliches Überangebot an Kalzium kann nämlich zu einer übermäßigen »Verkalkung« von Knochen und anderen Geweben (wie z. B. der Leber) führen, das Nervensystem beeinträchtigen und die Aufnahme von Zink behindern. Außerdem kommt es bei der Verwertung von Kalzium wie bei allen anderen Nährstoffen auch auf die Begleitstoffe an. Magnesium sowie die Vitamine A, C, D und E tragen zu einer optimalen Nutzung des Kalziums bei. Darüber hinaus ist die Kalziumaufnahme von der Phosphorzufuhr abhängig. In dieser Hinsicht hat die Natur vorgesorgt, denn Kalzium und Phosphor kommen häufig in den gleichen Nahrungsmitteln vor. Wieder einmal besteht also die klügste Lösung darin, mehr Nahrungsmittel zu essen, die Kalzium enthalten, anstatt zu künstlichen Nahrungsergänzungsmitteln zu greifen. Auch die bei jungen Mädchen als mildes Abführmittel und angebliche Abnehmhilfe so beliebte Kleie hemmt die Kalziumresorption und sollte deshalb lieber nicht zum Einsatz kommen. Die vegetarische Vollwertkost ist ohnehin so ballaststoffreich, dass zusätzliche Kleiegaben gar nicht nötig sind.
Ähnlich unsinnig ist es, im Supermarktregal nach zuckersüßen Fruchtsaftgetränken mit 0,01 % Fruchtgehalt, aber reichlich Zucker und künstlichen Aromastoffen zu greifen, bloß weil die bunte Packung zusätzliches Kalzium verspricht. Mit synthetischen Zusätzen, deren gesundheitlicher Nutzen höchst fraglich ist, sollen Eltern als Käufer geködert werden. Das Gleiche gilt für die angeblich so viel gesündere Schokolade speziell für Kinder. Zugegeben, eine Tafel dieser Schokolade enthält zwar so viel Eiweiß und Kalzium wie ein Drittel Liter Milch, dafür aber auch dreimal so viel Kalorien durch Fett und Zucker.
Was aber können Sie tun, wenn Ihr Kind partout keine Milch trinken will? Bei kleinen Kindern, die eine Milchflasche bekommen haben, sollten Sie versuchen, einen gleitenden Übergang zu schaffen, indem Sie eine ähnliche Milchportion zur fläschchengewohnten Zeit aus einem anderen geeigneten Trinkgefäß anbieten, z. B. gleich am Morgen eine Tasse Milch, wenn das Kind bis dahin nach dem Aufwachen eine Milchflasche bekommen hat. Die Gewöhnung an den Milchgeschmack bleibt dann erhalten.

Viel zu vorschnell wird Kindern häufig statt Milch Kakao angeboten. Die dafür verwendeten Kakaopulver enthalten viel Zucker. Andere Pulver zum Anrühren mit Milch z. B. mit Bananen- oder Erdbeergeschmack sind ebenfalls viel zu süß und gewöhnen unnötigerweise an künstliche Fruchtaromen.
Probieren Sie es stattdessen mit Milchmischgetränken, z. B. Mandelmilch oder Bananenmilch. Im Rezeptteil finden Sie einige für Sie vielleicht neue Anregungen.
Wenn Ihr Kind keine Milch mag, können Sie es außerdem auch mit Buttermilch, Schwedenmilch oder Kefir versuchen. Pur oder mit Früchten, Marmelade oder Nussmus verrührt, stoßen sie bei vielen Kindern eher auf Gegenliebe. Ein Teil der Milch kann auch durch Joghurt oder Käse ersetzt werden. 200 ml Milch liefern so viel Kalzium wie 30 g Schnittkäse. Oder Sie steigen auf Sojadrinks mit Kalzium um. Auch kalziumreiches Mineralwasser kann zusätzlich eine gute Quelle sein.

Magnesium, Phosphor, Zink und Jod

Magnesium ist für die Blutbildung wichtig und unterstützt die Funktionen der Zellen im Nerven- und Muskelsystem. Da es ohnehin vor allem mit pflanzlichen Lebensmitteln aufgenommen wird, besteht bei vegetarischen Kindern kein Versorgungsproblem. Besonders magnesiumhaltig sind alle Vollkornprodukte und Hülsenfrüchte, Aprikosen, Mandeln, Paranüsse, Erdnüsse, Weizenkeime, Brokkoli, Kartoffeln, Bohnen, Linsen, Bananen, Sojabohnen, Hirse und Haferflocken.
Phosphor hat für den Stoffwechsel der Zellen große Bedeutung. Der Bedarf an Phosphor wird bei vegetarischen Kindern durch Milch- und Milchprodukte, Vollkornbrote und -backwaren sowie Nährmittel spielend gedeckt.
Zink wird für die Zellteilung und Zellerneuerung sowie die Entwicklung der Fortpflanzungsorgane gebraucht. Bei der Versorgung mit Zink können sowohl bei fleischessenden als auch bei vegetarischen Kindern Engpässe auftreten, deshalb sollten Sie möglichst oft zinkreiche Lebensmittel anbieten. Zink findet sich in Sonnenblumenkernen, Kürbiskernen, gekochten Hülsenfrüchten, Linsen- und Bohnensprossen, Käse, grünem Blattgemüse, Mais, Erbsen, Spargel, Mango, Hefeflocken, Pilzen, Milch, Sesamsamen und Sesammus (Tahin), Miso, Weizenkeimen und Sojabohnen.
Die ausreichende Versorgung mit Jod ist in Deutschland ein Problem, da wir in einem Jodmangelgebiet leben. Grundsätzlich ist zu empfehlen, Meersalz oder jodiertes Speisesalz zu verwenden und bei Grundnahrungsmitteln wie Brot darauf zu achten, dass sie mit einem jodhaltigen Salz hergestellt wurden.

Fluor
Das Spurenelement Fluor kommt immer dann ins Gespräch, wenn es um die Erhaltung des Zahnschmelzes und die Vorbeugung von Karies geht. Viele Zahnärzte empfehlen die Gabe von Fluorid in Tablettenform bis etwa zum sechsten Lebensjahr und anschließend die Verwendung von fluorhaltigem Speisesalz. Andere befürworten die Einnahme von Fluortabletten sogar bis ins Jugendlichenalter.

Gegnerinnen und Gegner dieses Ansatzes argumentieren, Karies sei keine Fluormangelkrankheit, sondern einzig und allein die Folge falscher Ernährung und schlechter Mundhygiene. Außerdem weisen sie darauf hin, dass zu hohe Fluorgaben möglicherweise zu Schäden an Skelett und Zähnen führen können. Befürworterinnen und Befürworter halten dagegen, dass sich nach allen aktuellen Statistiken die Karieshäufigkeit bei Kindern durch die Gabe von zahnschmelzhärtendem Fluorid in den letzten Jahren tatsächlich drastisch verringert hat.

Das Problem ist, dass Fluorid in natürlichen Nahrungsmitteln kaum in nennenswertem Ausmaß vorhanden ist. Eigentlich kommt nur das Trinkwasser als nennenswerte Fluoridquelle in Frage. Doch der Fluoridgehalt des Trinkwassers ist von Ort zu Ort sehr verschieden. Deshalb sollten Sie sich als Erstes bei Ihrem Wasserwerk über den Fluoridanteil Ihres Trinkwassers informieren. Liegt er über 0,3 mg pro Liter, ist ohnehin keine zusätzliche Fluoridzufuhr ratsam. Liegt er darunter, besprechen Sie mit Ihrer Ärztin oder Ihrem Arzt, ob Ihr Kind zusätzlich Fluorid bekommen soll. Auf keinen Fall sollten Sie aber Fluortabletten geben und gleichzeitig fluoridisiertes Speisesalz oder fluorhaltige Zahnpasta verwenden, da es dann tatsächlich zu einer schädlichen Überversorgung kommen kann.

Ganz egal, ob Sie sich für oder gegen Fluortabletten und Fluorsalz entscheiden: Achten Sie auf eine zahngesunde Ernährung Ihres Kindes, spornen Sie es zum eifrigen Zähneputzen an und gehen Sie regelmäßig mit ihm zur Zahnärztin oder zum Zahnarzt. Bringen Sie möglichst häufig Hirse auf den Tisch, die wegen ihres hohen Gehalts an Kieselsäure auf Haare, Haut und Zähne besonders aufbauend wirkt.

Jedes Kind weiß, dass Süßigkeiten für die Zähne ganz besonders schädlich sind. Wie sich mit dem Konfliktthema Süßigkeiten am geschicktesten umgehen lässt, wollen wir in einem späteren Kapitel ausführlich besprechen.

Eisen
Der Mineralstoff Eisen ist ein wichtiger Bestandteil des roten Blutfarbstoffs und hat eine besondere Bedeutung für die Speicherung und den Transport

von Sauerstoff. Zwar verfügt der Körper als buchstäblich eiserne Reserve über ein gewisses Eisendepot, doch muss ihm mit der Nahrung regelmäßig Eisen zugeführt werden, um dieses Depot immer wieder aufzustocken. Eisenmangel kann sich durch Blutarmut, Erschöpfung und geringe Belastbarkeit, Herzklopfen, Kopfschmerzen, Blässe und trockene Haut bemerkbar machen.

Dass ein solcher Eisenmangel bei Vegetarierinnen und Vegetariern jedoch nicht häufiger auftritt als bei fleischessenden Zeitgenossen und die bei ihnen gemessenen Eisenwerte im unteren Normbereich sich auf die Gesundheit eher positiv auswirken, haben wir im Eingangskapitel bereits erwähnt. Tatsächlich hat die Deutsche Gesellschaft für Ernährung (DGE) auf Grund dieser Erkenntnisse die Werte zur wünschenswerten Eisenzufuhr kürzlich um 17 % reduziert.

Lassen Sie sich also von den ewigen Skeptikern nicht irre machen, auch wenn diese gelegentlich einmal einen Arztkittel tragen. Wer behauptet, mit dem Verzicht auf Fisch und Fleisch setzten Sie die Gesundheit Ihres Kindes aufs Spiel, ist ernährungswissenschaftlich gesehen schlicht und einfach nicht up to date!

Tatsache bleibt allerdings, dass vegetarisch lebende Menschen sich ebenso wie Durchschnittsköstler aktiv um eine ausreichende Versorgung mit Eisen kümmern müssen, indem sie ihre Nahrung richtig zusammenstellen, und das gilt selbstverständlich auch für Kinder. Anfangs müssen Sie als Eltern für eine gute Zusammenstellung sorgen. Indem Sie die Verinnerlichung gesunder Gewohnheiten fördern und Ihr älter werdendes Kind mit einfachen Mitteln über die wichtigsten Grundregeln aufklären, versetzen sie es allmählich in die Lage, eigenständig für eine ausreichende Eisenzufuhr zu sorgen. Halten Sie aber bitte keine ausführlichen Vorträge mit erhobenem Zeigefinger. Ihr Kind wird genervt die Augen rollen und mit Recht auf Durchzug schalten. Machen Sie lieber bei passender Gelegenheit kurze, prägnante Bemerkungen wie: »Heute gibt's Hirse, die hat viel Eisen.« Oder: »Orangensaft zum Essen hilft, das Eisen aufzunehmen.« An solche informativen, moralisch unbefrachteten Aussagen kann sich Ihr Kind dann später viel besser erinnern.

Doppelt wichtig ist dies bei jungen Mädchen, wenn sie ihre Menstruation bekommen, denn mit dem Blutverlust ist ein Absinken des Eisenspiegels verbunden. Wenn Mädchen dann auch noch ständig Diät halten oder ohnehin nur Spatzenportionen verzehren, kann es leichter zu einem Mangel kommen. Flechten Sie deshalb in Ihre Gespräche über diese Themen den Ratschlag ein, nun noch stärker als sonst auf die drei »eisernen Regeln« zu achten.

Die drei eisernen Regeln

Regel Nummer 1: Möglichst oft Lebensmittel wählen, die viel Eisen enthalten!
Lebensmittel, die viel Eisen enthalten, sind alle dunklen Gemüsearten wie Spinat, Mangold, Brokkoli, Rote Bete und Rapunzel (Feldsalat). Auch Hülsenfrüchte wie Linsen, Erbsen, Kidneybohnen und Sojabohnen sind gute Eisen-Quellen. Von allen Körnern haben Hirse und Amarant den höchsten Eisengehalt. Auch Trockenfrüchte sind wichtige Eisenlieferanten, vor allem Aprikosen, Feigen, Datteln, Pflaumen und Rosinen. Pistazienkerne, Sonnenblumenkerne, Kürbiskerne und Sesamsamen sind ebenfalls eisenreich. Wenn Kinder rote Säfte wie Trauben- oder Beerensaft trinken, tun sie ebenfalls etwas für ihre Eisenversorgung. Ja, selbst der Süßhunger kann ihnen zu einer Extraportion Eisen verhelfen: Wenn es unbedingt etwas Süßes sein muss, dann vielleicht am ehesten Zuckerrübensirup aufs Brot oder eine Handvoll Rosinen oder Lakritz.

Regel Nummer 2: Dazu Vitamin C!
Entsprechende Studien haben ergeben, dass die Aufnahme des aus pflanzlichen Nahrungsmitteln stammenden Eisens durch Vitamin C bis zum siebenfachen gesteigert werden kann. Deshalb zum Essen verdünnten Orangen-, roten Trauben- oder Beerensaft trinken, Paprika in den Salat oder ein Vollkornreis-Gericht schneiden, Sanddorn in die Salatsauce und ins Müsli rühren, ein Haferflocken-Müsli mit Kiwis garnieren, Zitrusfrüchte, schwarze Johannisbeeren oder Erdbeeren für den Nachtisch verwenden ... Der Fantasie sind keine Grenzen gesetzt!

Regel Nummer 3: Alles meiden, was die Eisenaufnahme hemmt!
Zu den Stoffen, die die Aufnahme von Eisen hemmen, gehört die Oxalsäure, die in Rhabarber vorkommt, aber auch im Spinat, was dieses jahrelang ganzen Kindergenerationen aufgezwungene Gemüse zu einer nur eingeschränkt empfehlenswerten Eisenquelle macht. Auch die Gerbstoffe im schwarzen Tee und das Kalzium in der Milch wirken sich auf die Eisenaufnahme ungünstig aus. Deshalb Tee und Milch nicht zum Essen trinken!

Übrigens gibt es auch eisenreiche Nahrungsmittel, die gleichzeitig viel Vitamin C enthalten, z. B. Brokkoli, Rote Bete und roten Traubensaft. Im Rezeptteil finden Sie zahlreiche Beispiele für günstige Kombinationen. Lassen Sie sich von diesen Vorschlägen inspirieren und erfinden Sie neue Variationen, die dem Geschmack Ihrer Familie entsprechen. Zeigen Sie auf diese Weise Ihrem Kind, wie es den Bedürfnissen seines Körpers mit einem reichlichen Eisenangebot entgegenkommen kann. Und seien Sie beruhigt: Sein Körper wird sich nehmen, was er zum Wachsen und Gedeihen braucht.

Und hier zum Abschluss noch eine Übersicht, in welchen Nahrungsmitteln die wichtigsten Nährstoffe zu finden sind:

Eiweiß – Sojaprodukte wie Tofu, Sojajoghurt, Sojadrink und vegetarische Brotaufstriche, Vollkornprodukte, Quinoa, Linsen, Bohnen, Joghurt, Käse, körniger Frischkäse, Sonnenblumenkerne, Kürbiskerne, Sesamsamen, Tahin (Sesammus), Hummus (Kichererbsenpaste), Weizenkeime.

Fett – kalt gepresste Pflanzenöle (z. B. Olivenöl, Sonnenblumenöl, Distelöl), Avocados, Nüsse und Samen, Butter, Milch, Käse.

Kohlenhydrate – Vollkornbrot, Vollkornnudeln, Vollkorngetreide, Kartoffeln, Gemüse, Obst.

Folsäure – Hefeflocken, Weizenkeime, Brokkoli, Mangold, Spinat, Petersilie, Lauch, Grünkohl, Rosenkohl, Fenchel, Löwenzahnsalat, Orangen, Bananen, Sojabohnen- und Linsensprossen, Datteln, Walnüsse, Mandeln, Kürbiskerne, Sauerteigbrote, frischgepresster Orangensaft – hitzeempfindlich!

Vitamin C – Äpfel, Zitrusfrüchte, Kiwi, Mangos, Papaya, Guaven, Paprika, Kartoffeln, Brokkoli, Grünkohl, Hagebutten, Sanddornbeeren, schwarze Johannisbeeren, Erdbeeren.

Vitamin B_1 – Hefeflocken, Hefeextrakt, Sojadrink, Vollkornnudeln, Vollkornreis, Hülsenfrüchte, Kartoffeln, Haferflocken, Sprossen, Sonnenblumenkerne, Erdnüsse, Weizenkeime, Blumenkohl, Erbsen, Orangen, Bananen, Steinobst.

Vitamin B_2 – Hefeflocken, Hefeextrakt, Vollkornbrot, Mandeln, Nüsse, Champignons, Avocados, Brokkoli, Spinat, Grünkohl, Rosenkohl, Spargel, Weizenkeime, Hirse.

Vitamin B_6 – Hefeflocken, Hefeextrakt, Avocado, Hirse, Mais, grüne Bohnen, Linsen, Kartoffeln, Bananen, Weizenkeime, Honigmelone, Sojabohnen, Blumenkohl, Walnüsse, Paprika, Rapunzel (Feldsalat).

Vitamin B_{12} – Hefeflocken, Hefeextrakt, körniger Frischkäse, Edamer, Cheddar, Quark, Kefir, Dickmilch, Joghurt.

Vitamin A – Möhren, Brokkoli, Paprika, Grünkohl, Wirsingkohl, Mangold, Spinat, Rote Bete, Mango, Papaya, Sauerkirschen, Aprikosen, Käse, Eier, Butter.

Vitamin D – Butter oder Margarine, Eier, Milch, Käse, Avocado, Steinpilze, Pflanzenöle, Sonnenlicht – let the sunshine in!

Vitamin E – Pflanzenöle, Vollkornprodukte, Nüsse, Mandeln, Fenchel, Schwarzwurzeln, Wirsingkohl, Sojabohnen, Weizenkeime, Kürbiskerne.

Kalzium – Milch, Butter- und Schwedenmilch, Joghurt, Kefir, Hart- und Schnittkäse, Sojadrink mit Kalzium, getrocknete Feigen, Datteln, Nüsse, Kresse, Grünkohl, Spinat, Mangold, Fenchel, Brokkoli, Sojabohnen, Tofu, frischer Möhrensaft, Sonnenblumenkerne, Meeres-Algen, Sesamsamen und Tahin (Sesammus).

Magnesium – Vollkornprodukte, Hülsenfrüchte, Aprikosen, Mandeln, Paranüsse, Erdnüsse, Weizenkeime, Brokkoli, Kartoffeln, Bohnen, Linsen, Bananen, Sojabohnen, Hirse, Haferflocken.

Eisen – Hirse, Amarant, getrocknete Aprikosen, Feigen, Datteln, Backpflaumen, Rosinen, Spinat, Brokkoli, Petersilie, Rote Bete, Rapunzel (Feldsalat), Linsen, Erbsen, Kidneybohnen, Sojabohnen, Kürbiskerne, Pistazienkerne, Sonnenblumenkerne, Sesamsamen, rote Säfte (Trauben- und Beerensaft), Zuckerrübensirup, Lakritz. (Immer in Kombination mit Vitamin-C-haltigen Nahrungsmitteln!)

Phosphor – Milch, Milchprodukte, Vollkornbrot.

Zink – Weizenkeime, Sonnenblumenkerne, Kürbiskerne, Pilze, Sesamsamen, Tahin (Sesammus), Joghurt, Paranüsse, Linsensprossen, grüne Erbsen, Mais, Spargel, Mango, Hefeflocken, Miso, Käse (besonders Gouda und Cheddar).

Jod – Meersalz, Salz mit Meeres-Algen.

Und was ist mit den leidigen Süßigkeiten?

Süßigkeiten sind in vielen Familien ein Reizthema. Sie bieten Anlass zu heftigen, immer wieder neu aufflammenden Streitereien, die bei den Kindern mit Tränen und den Eltern mit Entnervung enden.
Warum ist das Thema so emotionsgeladen? Welche Rolle können Süßigkeiten in einem vegetarisch-vollwertigen Ernährungsplan spielen? Und wie können wir zu einem gelasseneren Umgang mit dem Süßkram kommen? Zuerst einmal: Die Vorliebe für Süßes ist uns angeboren. Schon unsere allererste Lieblingsspeise, die Muttermilch, hat eine unverkennbar süße Note. Und in der evolutionären Entwicklung des Menschen hatte das durchaus seinen Sinn. Unseren Vorfahren in grauer Vorzeit signalisierte der süße Geschmack: Diese Beere, diese Frucht, diese Wurzel kannst du essen, sie ist ungiftig und gut für dich. Freilich konnte die Natur nicht ahnen, dass wir Menschen eines Tages in der Lage sein würden, aus Zuckerrohr und Zuckerrübe reinen Zucker zu gewinnen.
Die Kenntnis der Zuckerrübenverarbeitung ist gerade einmal 200 Jahre alt. Erst dadurch konnte der Zuckerkonsum die ungesunden Ausmaße annehmen, die wir von der heutigen Durchschnittskost kennen. Und zu viel Zucker ist nun einmal ungesund: Er bietet nur Kalorien ohne Nährstoffe, enthält selbst weder Vitamine noch Ballaststoffe, benötigt zu seiner Verwertung im Körper aber wichtige Vitamine. Außerdem fördert der Zucker Karies und Übergewicht.

Die Vorliebe für Süßes ist menschlich

Zweitens: Süßes hebt die Stimmung. Diese Wirkung kennt jeder, und inzwischen gibt es dafür auch eine wissenschaftliche Erklärung. Zucker greift in den Stoffwechsel des Serotonins ein, das in unserem Gehirn eine große Rolle spielt. Serotonin ist ein sogenannter Neurotransmitter, also ein »Botenstoff«, der die schöne Aufgabe hat, gute Nachrichten zu überbringen. Wie viel Serotonin sich im Gehirn befindet, hängt unter anderem von unserer Nahrung ab. Essen wir Zucker, schüttet der Körper Insulin aus, und Insulin wiederum bewirkt, dass im Gehirn Serotonin entsteht. Beim Genuss von Schokolade sind zusätzlich noch körpereigene Opiate im Spiel. Kein Wunder, dass in Skandinavien und in der Schweiz, wo es im Winter und in den Alpentälern lange dunkel ist, der Pro-Kopf-Verbrauch der berühmten »Schoki« am höchsten ist. Kein Wunder auch, dass wir uns die dunkle Jahreszeit rund um Weihnachten traditionell mit allerlei Naschereien und Gebäck versüßen. So lässt sich die lange Durststrecke bis zum Frühling leichter überstehen.

Ein gewisser Süßhunger ist etwas absolut Menschliches. Es hat keinen Zweck, ihn zu verteufeln, weder bei uns noch bei unseren Kindern. Häufig stellt sich heraus, dass Eltern, die ihren Kindern den Japps auf Süßes mit aller Strenge austreiben wollen, selbst ständig innerlich gegen die süßen Verlockungen dieser Welt ankämpfen. Wer sich selbst kasteit, wird schnell verkniffen und übt umso größeren Druck auf seine Umwelt aus.

Ohnehin hat beim Umgang mit Süßigkeiten das Verhalten der Eltern große Vorbildfunktion. Wer ständig Süßigkeiten in sich hineinstopft, Frust und Kummer nur unter Schokoladenbergen begraben und einen schönen Film im Fernsehen nur in Gesellschaft einer gut gefüllten Pralinenschachtel genießen kann, braucht sich nicht zu wundern, wenn seine Kinder es ihm gleich tun und gar nicht einsehen, warum ausgerechnet sie Verzicht üben sollen.

Auf die richtige Dosierung kommt es an

Der Schlüssel für einen entspannten Umgang mit den süßen Naschereien liegt nach meiner Erfahrung – wie so oft – in der richtigen Dosis. Aus der Heilkunst wissen wir, dass die gleiche Substanz in kleiner Dosierung heilsam, in der Überdosis jedoch schädlich oder gar tödlich sein kann. Als ich selbst noch ein Kind war, hat mein Vater mir das sehr eindrücklich am Beispiel einer beim gemeinsamen Spaziergang entdeckten Fingerhutpflanze erklärt: Digitalis ist ein altbewährtes Herzmittel, obwohl der Fingerhut eine gefährliche Giftpflanze ist. Vielleicht können Sie Ihren Kindern diese Grunderkenntnis ebenfalls an diesem oder einem anderen Beispiel deutlich machen. Nicht die Fingerhutpflanzen (die Süßigkeiten) an sich sind schlecht. Es kommt darauf an, wie man sie einsetzt.

Deshalb würde ich es auch vermeiden, im Beisein der Kinder von »süßen Sünden« oder Ähnlichem zu sprechen. Es ist bemerkenswert, wie viele Menschen seufzend berichten, sie hätten »gesündigt«, wenn sie in Wirklichkeit sagen wollen, sie hätten etwas genascht. Was soll der Unsinn? Wer in Maßen immer wieder gelegentlich etwas Süßes genießt, braucht kein schlechtes Gewissen zu haben!

Vermeiden wir also in der Erziehung unserer Kinder, den Genuss von Süßigkeiten mit Verteufelungen und Schuldgefühlen zu verbinden. Arbeiten wir lieber daran, die richtige Dosis zu finden.

Einen »niedrigen Zuckerspiegel« anpeilen

Die Kunst besteht vor allem darin, die Dosis niedrig zu halten, ohne sich selbst zu kasteien. Nährt man den Süßhunger nämlich, indem man, wie dies leider allzu häufig geschieht, Kinder mit Süßigkeiten überschüttet und ihnen keinerlei Grenzen setzt, kommt es dazu, dass man die Dosis ständig steigern muss, um den gleichen Grad an Befriedigung zu erzielen. Man merkt das erst, wenn man die eigenen Essgewohnheiten umgestellt hat und nach längerer Zeit wieder einmal ein gesüßtes Getränk aus dem Supermarkt trinkt oder ein süßes Teilchen vom Bäcker isst. Wie penetrant süß ist das, was man vielleicht früher selbst einmal als ganz normal empfunden hat! Wer Süßes sparsam isst, kommt deshalb, auch wenn er sich täglich ein süßes »Schmeckewöhlerchen« gönnt, mit einem viel geringeren Süßegrad aus. Das Gleiche gilt natürlich auch für Kinder. Die große Chance für Eltern liegt deshalb darin, ihre Kindern von Anfang an einen niedrigen »Zuckerspiegel« zu gewöhnen.

Verzichten Sie deshalb schon im Breialter auf gesüßte Fertignahrung, die unweigerlich auf eine viel zu süße Geschmacksnote einstimmt. Rühren Sie lieber aus den im Naturkosthandel und Reformhaus erhältlichen Vollkorn-Instant-Flocken Breie an, denen Sie mit Mandel- oder Dattelmus eine leichte, angenehme Süße geben. Das macht nicht viel mehr Arbeit, als einen konventionellen Brei aus Pulver anzurühren, gibt den Geschmacksknospen Ihres Babys aber die Chance, auch mit feinen Süßnuancen Bekanntschaft zu schließen.

Behalten Sie diese gute Angewohnheit bei, indem Sie später zu ungesüßten Müslis und Getreidebreien überwechseln, Zucker zum Kochen oder Backen gar nicht oder sparsam verwenden und darüber hinaus eine ausreichende Auswahl ungezuckerter Getränke bereithalten.

Getränke mit Süßstoff sind keine Alternative, da sie damit zwar Kalorien sparen, die Geschmacksschwelle für Süßes aber ebenso herabsetzen wie solche mit Zucker. Kinder, die ständig süße »Light«-Getränke schlürfen, verlernen, dass ungesüßte Getränke ebenfalls schmecken, den Durst weit besser löschen und nebenbei Vitamine und Mineralstoffe im Gepäck haben.

Weder Zuckerbrot noch Peitsche

Überlegen Sie dann, wie Sie in Ihrer Familie mit dem Thema Süßigkeiten umgehen wollen. Dazu gehört als Erstes, dass Sie als Eltern einer ernst zu nehmenden Versuchung widerstehen: Setzen Sie Süßigkeiten grundsätzlich *nie* als Belohnung für besondere Leistungen oder gutes Betragen, aber auch nicht als Trösterchen bei Kummer, Schmerz, Ärger und Problemen ein. Die Gefahr besteht, dass Sie damit ein Verhalten antrainieren, das sich im Jugend- und Erwachsenenalter zu Problemen wie Kummerspeck oder Essstörungen auswachsen kann. »Ich bin traurig, also brauche ich etwas Süßes«, ist ein ebenso schnell erlernter Reflex wie »Ich tue so, als wäre ich traurig, damit ich etwas Süßes (und die Aufmerksamkeit meiner Umwelt) bekomme«. Belohnungen wiederum haben bei mangelndem Selbstvertrauen unter Umständen Schuldgefühle zur Folge: »Ich habe dieses gute Essen nicht verdient.« Das natürliche Verhältnis zum Essen wird so schnell mit allerlei emotionalem Ballast befrachtet, der vor allem jungen Mädchen zum Verhängnis werden kann.

Das Gleiche gilt natürlich auch für die Bestrafung durch den Entzug von Süßigkeiten. Die alte Drohung: »Wer sich nicht benimmt, bekommt keinen Nachtisch«, gehört auf den Schrotthaufen überkommener Erziehungsmethoden. Machen Sie stattdessen deutlich: Gutes Essen und einen gelegentlichen süßen Gaumenkitzel hat jeder verdient, unabhängig von seinem Betragen und seinen Leistungen.

Setzen Sie Süßigkeiten auch nicht ein, um Ihr Kind ruhig zu stellen, weil es quengelt oder über Langeweile klagt. Daraus kann leicht eine nicht enden wollende Spirale werden. Ihr Kind könnte es mit der gleichen Methode immer wieder versuchen. Außerdem könnte es sein, dass ihm auch im späteren Leben bei Frust und Langeweile nichts anderes einfällt, als zu Chipstüten und Schokoriegeln zu greifen.

Ein Mehrfrontenkrieg

Wenn in Ihrer Familie Süßigkeiten als Erziehungsmittel out sind, ist also schon einmal viel gewonnen. Bleibt die Frage, welche Rolle dem Naschwerk im Alltag zukommen soll. Auf jeden Fall sollte es eine begrenzte, aber bewusst genossene Rolle sein.

Bei der Verwirklichung dieses Ziels kämpfen ernährungsbewusste Eltern allerdings in einem Mehrfrontenkrieg. Sie müssen sich nicht nur gegen die Quengelei ihrer Kinder, sondern auch noch gegen einen viel mächtigeren Gegner wehren: die allgegenwärtige Werbung. Speziell auf die kindliche

Zielgruppe zugeschnittene Werbespots zeigen eine heile Welt, in die das Kind sich leicht hineinträumen kann. Gütige Opas sitzen in weich gezeichneten Wohnzimmern und verschenken Karamellbonbons. Aufmerksame Väter bringen von ihren Geschäftsreisen »etwas zu spielen und etwas zu naschen« mit. Fröhliche Cliquen teilen sich einen üppigen Vorrat an Schokoriegeln. Welches Kind sehnt sich nicht nach netten Freunden und seliger Familienharmonie?
Besonders hinterhältig ist die Süßigkeitenfalle an den Kassen der Supermärkte. Kein Wunder, dass viele Eltern trotz bester Vorsätze schwach werden und das als peinlich empfundene Gequengel ihrer Kinder in der Öffentlichkeit letztlich doch mit dem Kauf eines Riegels zum Verstummen bringen – was nur dazu führt, dass beim nächsten Einkauf das Geschrei von vorn losgeht. Ein weiterer Gegner lauert in Gestalt gutmeinender Nachbarn und Verwandten hinter jedem Gartenzaun. In letzter Zeit scheinen sich auch immer mehr Kellnerinnen und Verkäufer diesem Geschwader anschließen zu wollen. Ich bin immer wieder erstaunt, wie viele Süßigkeiten vor allem kleine Kinder von allen Seiten zugesteckt bekommen. Ostern, Geburtstage und die Adventszeit sind besondere Höhepunkte. In vielen Gegenden ziehen die Kinder außerdem an Halloween oder am Martins- oder Nikolaustag von Tür zu Tür und sammeln dabei riesige Tüten voller Naschwerk an. Ratlos stehen viele Eltern vor der fetten Beute, die ihre Sprösslinge stolz nach Hause schleppen.

Strategien gegen den Overkill

Wo bei Ihnen das Ende der Fahnenstange liegt, müssen Sie natürlich selbst bestimmen. Auf jeden Fall ratsam ist es, für den Umgang mit Süßigkeiten einige wenige Grundregeln aufzustellen und diese dann ohne große Diskussionen oder emotionales Tamtam konsequent durchzuziehen. Dann wissen Ihre Kinder, was Sie erwartet und woran Sie sich halten können. Sie wissen, dass Quengeln sinnlos ist, können sich aber auch darauf verlassen, dass ihnen die begehrten Süßigkeiten nicht völlig vorenthalten werden und sie nicht ständig gegen Verbote ankämpfen müssen.
Die wichtigste Grundregel in unserer Familie lautet, dass wir selbst keine Süßigkeiten kaufen, und zwar weder beim Einkauf im Supermarkt oder Naturkostladen noch am Kiosk, im Schwimmbad, an der Tankstelle oder sonst irgendwo. (Einzige Ausnahme: das Eis, das zu einem Ausflug im Sommer einfach dazugehört.) Das heißt, es gibt zu Hause auch keine von uns gekauften Süßvorräte, für die Kinder ebenso wenig wie für die Erwachsenen.

Die No buy-Regel

Diese enorm friedensstiftende Regel setzt voraus, dass Sie selbst auf die Schublade mit Schokolade oder das Regalfach mit Bonbons, Riegeln und anderen Naschereien verzichten. Manchen mag das hart erscheinen, aber es wirkt sich auf die Gesundheit aller Familienmitglieder äußerst positiv aus. Eines der Naturgesetze des Süßigkeitenkonsums besagt nämlich: Was gekauft wird, wird auch gegessen! Wer beim Wocheneinkauf im Supermarkt fünf Tafeln Schokolade mitnimmt und den Kampf mit dem vielzitierten »inneren Schweinehund« in die eigenen vier Wände verlegt, hat diesen Kampf schon verloren. Die fünf Tafeln rufen selbst aus dem hintersten Regalfach »Komm und lass mich auf deiner Zunge zergehen«, und ehe Sie sich versehen, sind sie aufgefuttert. Viel einfacher ist es deshalb, erst gar keine Schokolade vom Einkauf mit nach Hause zu bringen. Dann kann man bei allen anderen Gelegenheiten, die sich bei Besuchen, Ausflügen, Festen und Einladungen erfahrungsgemäß reichlich bieten, ruhig einmal zulangen, ohne sich darüber irgendwelche Gedanken machen zu müssen. Dass es zu Hause keine süße Schublade gibt, bringt auch Frieden in das Leben mit Ihren Kindern. Was es nicht gibt, kann nicht erquengelt werden. Und dass beim Einkauf keine Süßigkeiten in den Einkaufswagen wandern, werden sich alle Beteiligten schnell merken.
Damit die süße Note zu Hause nicht völlig fehlt, dürfen Trockenfrüchte (Rosinen, Aprikosen, Datteln, Feigen) geknabbert werden. Trockenfrüchte oder Studentenfutter dienen auch als süße Komponente bei Ausflügen oder in der Pausendose. Und natürlich gibt es gelegentlich Kuchen, Kekse oder süße Desserts – eine Auswahl unserer bewährten »Schmeckewöhlerchen« finden Sie im Rezeptteil dieses Buches.

Die Volle-Magen-Regel

In dem leeren Magen Ihres Kindes hallen die Gesänge der süßen Sirenen an den Kassen der Supermärkte natürlich umso lauter wider. Deshalb lautet eine nervenschonende Strategie: Niemals mit einem hungrigen Kind einkaufen gehen. Legen Sie Ihren Einkaufsbummel so, dass seit der letzten Mahlzeit noch nicht allzu viel Zeit vergangen ist. Nehmen Sie entweder etwas zu knabbern (z. B. Zwieback, eine Banane oder Vollkornknäcke) von zu Hause mit oder lassen Sie Ihr Kind gleich an der Backtheke ein trockenes Brötchen seiner Wahl aussuchen, an dem es während des Einkaufs in aller Ruhe mümmeln kann. Daraus kann ein schönes Ritual werden, das Ihrem Kind das Gefühl gibt, etwas Besonderes bekommen zu haben, sodass die

Lockungen der Süßregale es gar nicht weiter anfechten können. Eine gute Alternative ist frisches Obst. Manche Kinder lieben es, sich am Gemüsestand einen besonders schönen Apfel oder eine riesige Banane auszusuchen, einzeln abzuwiegen und mit dem Preisetikett zu bekleben. Diese können auch gleich verzehrt werden, während das Etikett auf der Bananenschale oder dem Apfelstiel zur Kasse wandert. Probieren Sie aus, was bei Ihrem Kind am besten funktioniert. Was auch immer Ihr Kind ablenken und sättigen mag – denken Sie daran: Ein leerer Magen ist der schlechteste aller Ratgeber.

Die Süßigkeitenschenker

Wer seinem Kind selbst keine Süßigkeiten kauft, hat einige, aber nicht alle Probleme gelöst. Bisher haben wir nur davon gesprochen, welches Angebot Sie von sich aus Ihrem Kind machen. Genau genommen können Sie auch nur dieses wirklich beeinflussen. Bleiben die Süßigkeitenschenker und, wenn Ihr Kind älter wird, natürlich das Taschengeld.
Freunde, Verwandte und Nachbarn meinen es gut, wenn sie einem Kind etwas Süßes schenken. Und wer möchte einem Kind schon die Freude verderben, wenn es von der Verkäuferin am Zeitungsstand strahlend einen Lutscher entgegennimmt? Wenn Sie Glück haben, decken die Geschenke in etwa den Bedarf. Wenn Ihr Kind zu Hause keine Naschsachen bekommt, brauchen Sie sich darüber keine Gedanken zu machen, können sich mit Ihrem Kind über die Geschenke freuen und es seine Beute in Ruhe genießen lassen. (»So etwas kaufen wir nicht, so etwas lassen wir uns schenken«, lautet denn auch mein Standardargument beim Einkauf im Supermarkt.)
Wird Ihnen die Schenkerei zu viel, sollten Sie sich nicht scheuen, das Thema bei Großeltern und anderen Verwandten anzusprechen. Geben Sie Anregungen für andere Mitbringsel und kleine Überraschungen, z. B. kleine Bilderbücher, ein Spielzeugauto, Holztiere oder Bastelbögen. Oder machen Sie den Vorschlag, Zeit und Aufmerksamkeit zu schenken, z. B. einen (gemalten) Gutschein – je nach Alter – für einen gemeinsamen Ausflug zu den Enten im Park, einen Nachmittag im Zoo oder einen Besuch im Schwimmbad oder im Kino.
Lassen Sie sich ebenfalls für den Adventskalender, den Nikolausstiefel und das Osternest etwas anderes einfallen als bloß immer nur die üblichen Süßigkeiten. Da Sie die Interessen Ihres Kindes am besten kennen, dürfte es Ihnen nicht schwer fallen, ein paar kleine Überraschungen zu finden. Seien Sie aber auch nicht zu streng. Ein paar richtige Schokoladeneier und ein ordentlicher Schokoladennikolaus gehören zu diesen Festen einfach dazu!

Wohin mit den Schokoladenbergen?

Manchmal sammeln sich bei Geburtstagen, Festen oder besonderen Beutezügen wie dem bereits erwähnten Martinssingen wahre Berge von Süßigkeiten an, die Ihr Kind unmöglich auf einmal bewältigen kann. Als Erstes können Sie Ihrem Kind den Vorschlag machen, einiges davon weiterzuschenken, z. B. jedem Familienmitglied oder jedem Gast eine Süßigkeit anzubieten. Der Rest sollte in einer Dose verstaut werden, die so hoch steht, dass das Kind selbst nicht herankommt, aus der es sich aber je nach Vereinbarung zu bestimmten Gelegenheiten etwas nehmen darf, z. B. einmal am Tag, so lange der Vorrat reicht. Auf diese Weise lernt es, sich seine Süßigkeiten einzuteilen. Legen Sie gemeinsam eine Tages- oder Wochenration fest. Ein Anhaltspunkt könnten dabei die Richtlinien der Deutschen Gesellschaft für Ernährung sein, die pro Tag nicht mehr als 150 bis 200 Kalorien aus Süßigkeiten empfiehlt. Das wären 2 Schokoküsse, 9 Bonbons, 50 g Gummibärchen, 50 g Lakritze oder zwei Gläser Limonade. Manchen mag das sehr viel, anderen erstaunlich wenig erscheinen. Vor allem die zwei Gläser Limonade kommen aber sehr schnell zusammen. Zahnärztinnen und -ärzte empfehlen außerdem, den Süßigkeitenkonsum möglichst nicht über den Tag zu verteilen, sondern auf eine Naschzeit pro Tag zu beschränken und anschließend die Zähne zu putzen.

Bei einem kleineren Kind können Sie durchaus einen Teil des Schokoladenbergs beiseite schaffen, ohne dass es davon etwas merkt. Ältere Kinder passen schon sehr viel besser auf, zählen und horten ihre Schätze, wobei es nicht selten vorkommt, dass die besonders schönen Ostereier und Schokohasen so lange aufgehoben werden, bis das nächste Osterfest naht und sie schon nicht mehr genießbar sind ...

Streitpunkt Taschengeld

Die hundertprozentige Einflussnahme auf das, was gekauft wird, geht zu Ende, sobald Ihr Kind Taschengeld bekommt. Das ist aber auch richtig so, denn Ihr Kind soll lernen, sich sein Geld selbst einzuteilen. Es macht erste Erfahrungen damit, was und wie viel man bei uns für sein Geld bekommt, dass man für größere Anschaffungen sparen muss – und dass das Geld, wenn man es ausgibt, alle ist und man dann erst wieder auf den nächsten Zahltag warten muss.

Das Taschengeld ist aber auch dazu da, sich persönliche Wünsche zu erfüllen, für die die Eltern aus den unterschiedlichsten Gründen nicht aufkommen wollen. Dass Ihr Kind einen Teil seines Taschengelds für Süßigkeiten ausgibt, ist vielleicht nicht das, was Sie sich erträumen – akzeptieren müssen Sie es allemal. Geben Sie höchstens Ratschläge und Anregungen, motivieren Sie positiv zu anderen Anschaffungen oder Sparzielen, aber sprechen Sie keine Verbote oder Drohungen aus. Wofür Ihr Kind sein Taschengeld ausgibt, ist letztlich seine Entscheidung und geht Sie nichts an.

Sorgen Sie allerdings dafür, dass die Höhe des Taschengelds dem Alter Ihres Kindes angemessen ist. Bei Verbraucher- oder Erziehungsberatungsstellen, aber auch beim Jugendamt können Sie nach den derzeit empfohlenen Sätzen fragen. Das Taschengeld sollte nicht zu niedrig sein, damit Ihr Kind auch wirklich einen gewissen Entscheidungsspielraum hat. Andererseits sollten Sie es aber auch nicht zu hoch bemessen, damit Ihr Kind nicht überfordert ist und jede realistische Perspektive verliert. Halten Sie sich an die offiziellen Empfehlungen und lassen Sie sich nicht durch die Erzählungen über all die anderen Kinder beirren, die angeblich viel mehr Taschengeld bekommen. Häufig ergibt eine Nachfrage bei den Eltern dieser Kinder, dass dies so gar nicht unbedingt stimmt. Außerdem wird Ihr Kind sich daran gewöhnen müssen, dass es immer andere geben wird, die mehr haben, aber auch solche, die weniger haben als sie. Auch der Umgang mit dieser Tatsache muss gelernt sein.

Ein dem Alter angemessenes Taschengeld, über das frei verfügt werden kann, gehört für mich zu den Grundrechten jedes Kindes. Dass es gelegentlich auch mal für eine Naschorgie draufgehen kann, sollte in Ihrer Familie kein Drama sein. Anders ist es mit der täglichen Pausenverpflegung. Auch wenn es morgens bei Ihnen noch so hektisch ist und niemand große Lust hat, in aller Herrgottsfrühe belegte Brote zu schmieren und Äpfel zu schnipseln – widerstehen Sie der Versuchung, Ihrem Schulkind statt der Frühstücksdose ein Geldstück mitzugeben, das mit großer Wahrscheinlichkeit am Schulkiosk in Süßigkeiten und Limonade umgesetzt wird. Zum Thema Pausenbrot finden Sie im Rezeptteil viele praktische Ideen für leckere Aufstriche und fantasievolle belegte Brote.

Die Genuss-Regel

Auch beim genüsslichen Umgang mit süßen Sachen haben Eltern Vorbildfunktion. Verbote haben, wie wir bereits festgestellt haben, keinen Zweck. Im Gegenteil, meist erreichen sie nur das Gegenteil: Sie erhöhen den Reiz des Verbotenen, und da sie sich schlecht durchhalten lassen, führen sie höchstens zu Heißhunger, Loyalitätskonflikten und Heimlichkeiten, Fressattacken und schlechtem Gewissen.

Bemühen Sie sich deshalb, den gelegentlichen und deshalb völlig unbefangenen Genuss vorzuleben. Stehen Sie zu Ihren Gelüsten und vermitteln Sie einen lockeren Umgang mit den Genüssen dieser Welt.

Dazu gehört auch, Süßes wirklich zu genießen und es sich nicht nebenbei hineinzustopfen (das Gleiche gilt übrigens auch für salziges Knabberzeug). Wenn Sie merken, dass Ihr Kind aus Langeweile nascht, ist deshalb sofortiges Gegensteuern angesagt. Hinterfragen Sie auch immer, ob sich hinter dem Japps auf Süßigkeiten vielleicht der Wunsch nach Aufmerksamkeit versteckt. Dann hilft vielleicht ein kleines Alternativangebot, z. B. eine kleine gemeinsame Lesestunde, eine Runde Kuscheln auf dem Sofa, ein kurzer Spaziergang oder einfach nur ein wenig gemütliches Beisammensein. Wenn aus Hunger genascht wird, weil die Abstände zwischen den Mahlzeiten zu groß sind, bieten Sie Alternativen an.

Zum bewussten Genießen gehört auch, das Naschen oder Knabbern beim Fernsehen oder Computern grundsätzlich zu verbieten. In der Aufregung wird nämlich oft mehr gefuttert, als man eigentlich wollte, das Kauen, Schmecken und Schlucken wird gar nicht mehr bewusst wahrgenommen, es wird nur noch gedankenlos etwas in sich hineingestopft. Bieten Sie lieber, wenn Computer oder Fernseher abgestellt wurden, eine gemeinsame Gaumenfreude zum Abschluss an.

Besser als alle Verbote wirken positive Ziele. Die oberste Regel lautet deshalb: Wenn naschen, dann richtig, und zwar mit Genuss!

Kleiner Einkaufsführer: bewährte Zutaten aus der vegetarischen Vollwertkost

Die gesunde vegetarische Ernährung fängt mit dem Einkauf – also der richtigen Auswahl von Lebensmitteln – an. Nehmen Sie Ihr Kind ruhig mit zum Einkauf, auch wenn das manchmal stressig ist. Schon Kinder sollen lernen, Lebensmittel richtig auszuwählen – gerade wegen des bei uns herrschenden Überangebots. Es macht Spaß, gemeinsam gesundes und leckeres Essen zu entdecken. Weisen wir unseren Kindern einen selbstbewussten Weg durchs Schlaraffenland!

Bio oder normal?

Falls Sie es bisher noch nicht getan haben, sollten Sie spätestens jetzt darüber nachdenken, woher Ihre Nahrungsmittel eigentlich kommen und wie Sie auf dem Weg zu Ihnen möglicherweise behandelt wurden.
Für Kinder sind gesunde Lebensmittel besonders wichtig. Ihr wachsender Organismus braucht viele Nährstoffe. Giftige Rückstände wie Nitrat, Pestizide und Herbizide schaden Kindern stärker als Erwachsenen. Auf das Körpergewicht umgerechnet, verzehren sie mehr Nahrung und damit auch mehr Giftstoffe. Ihr aktiverer Stoffwechsel nimmt die Schadstoffe außerdem schneller auf.
Wie im Eingangskapitel bereits beschrieben, ist die Entscheidung für eine vegetarische Kost der erste Schritt dazu, die Aufnahme von Schadstoffen zu reduzieren. Aber auch pflanzliche Lebensmittel wurden unter Umständen mit Pflanzenschutzmitteln, Kunstdüngern und Mitteln zur Haltbarmachung künstlich aufgepeppt.
Greifen Sie deshalb so oft wie möglich auf Lebensmittel aus kontrolliert biologischem Anbau zurück – auf diese Weise tun Sie nicht nur sich und Ihrem Kind etwas Gutes, sondern unterstützen auch vernünftige Anbaumethoden, die den Boden nicht auslaugen und der Verseuchung unseres Trinkwassers mit Gülle- und Pestizidresten entgegenwirken. Kürzere Transportwege sparen außerdem jede Menge Lkw-Kilometer, Abgase und Benzin.

Hasen würden bio kaufen

Wenn Versuchstiere frei wählen können, bevorzugen sie Biokost. Das haben mehrere Studien des Ludwig-Boltzmann-Instituts für ökologischen Landbau in Wien ergeben. Selbst wenn die Tröge mit Äpfeln, Möhren oder Rüben vertauscht wurden, merkten dies sowohl Ratten als auch Hühner und Kaninchen und wandten sich instinktiv der Biokost zu.

Von der ganzen Diskussion über die industrielle oder alternative Landwirtschaft ahnten diese Tiere nichts. Sie waren unbestechlich und entschieden allein auf Grund des besseren Aromas und Geschmacks. Vielleicht nahmen sie auch winzige Reste von Spritzmitteln und Nitraten wahr und verschmähten deshalb das konventionell erzeugte Gemüse. Schließlich hat die Stiftung Warentest in mehreren Vergleichen nachgewiesen, dass Ökogemüse tatsächlich einen niedrigeren Nitrat- und Pestizidgehalt hat.

Um den Unterschied zu schmecken, brauchen Sie keine Tierversuche. Knabbern Sie einfach eine Weile lang nur Biomöhren und kehren Sie dann versuchsweise wieder zur faden Kaufhauskost zurück. Ich wette, dieser Selbstversuch wird Sie überzeugen.

Nehmen Sie Ihr Kind ruhig mit in den Bioladen. Erklären Sie ihm den Unterschied zwischen konventioneller und biologischer Landwirtschaft (inzwischen gibt es zu diesem Thema auch schon für ganz Kleine gute Bilderbücher). Schauen Sie sich regelmäßig auch auf einem Wochenmarkt in Ihrer Nähe um und besuchen Sie einen Biobauernhof. Auf diese Weise sehen Ihre Kinder, wo die Lebensmittel herkommen, wer sie erzeugt und verkauft. Und ein selbst gekauftes, geputztes und gekochtes Möhrengemüse ist allemal aufregender und interessanter als ein aus dem Tiefkühlschrank gezogenes Fertiggericht.

> **»Aber Bioprodukte sind so teuer«**
> Auf viele wirkt der höhere Preis von Bioprodukten abschreckend, und das ist sehr verständlich, vor allem, wenn man ohnehin eher knapp bei Kasse ist. Überlegen Sie aber auch einmal, wie viel Sie für andere Dinge ausgeben, und vergleichen Sie dies mit Ihren Ausgaben für Lebensmittel. Während wir hierzulande nämlich seit Jahren immer mehr Geld für Konsumgüter ausgeben, verwenden wir immer weniger aufs Essen. 1970 waren es es noch etwa 25 % des verfügbaren Monatseinkommens, heute sind es nur noch knapp 12 %.
> Aus verschiedenen Gründen sind die Preise allerdings auch im Agrarbereich in letzter Zeit angestiegen. Die Deutschen reagieren darauf mit einer wilden Schnäppchenjagd und die Discounter unterbieten sich gern

mit Billigpreisen. Die BSE-Krise und andere Lebensmittelskandale haben jedoch gezeigt: Wer nur das Billigste will, dem wird auch das Billigste aufgetischt. Dass so viele Menschen Tag für Tag Fleisch auf dem Teller haben wollen, und zwar ohne viel Geld dafür auszugeben, hat die Massentierhaltung erst so richtig in Schwung gebracht. Eine grausame, von der EU hochsubventionierte Massentierhaltung und der massive Einsatz von Pestiziden und Herbiziden sowie neuerdings auch von genmanipuliertem Saatgut sind die Folgen. In Wirklichkeit sind konventionell hergestellte Lebensmittel längst nicht so billig, wie es den Anschein hat. Sie kosten uns Milliarden von Steuergeldern, von den teuren Folgen für unsere Böden und das Trinkwasser ganz zu schweigen. Der wirkliche Preis, den wir für billige Lebensmittel bezahlen, ist also im Grunde genommen sehr hoch.

Schreiben Sie einmal auf, was Sie allein dadurch sparen, dass Sie sich sowohl vegetarisch als auch vollwertig ernähren. Fleisch- und Fleischprodukte, Fertigkost, Süßwaren und andere Genussmittel fallen als Ausgabeposten bei Ihnen nicht (mehr) ins Gewicht. Das setzt einige Mittel frei.

Wägen Sie dann ab, wie viel Ihnen Ihre gesunde Ernährung wert ist und welche Mittel Ihnen zur Verfügung stehen. Daraus ergibt sich ein Budget, mit dem Sie experimentieren können.

Der eigene Garten

Ein eigenes Stück Garten kann eine wunderbare Quelle preiswerter biologisch angebauter Nahrungsmittel sein. Dabei kommt es weder auf Größe noch auf Schönheit an. Schon die kleinste Gartenecke (ja, schon ein Balkon oder zur Not ein Kräuterkasten auf dem Fensterbrett) kann der ganzen Familie Gärtnerstolz und einen direkten Draht zu natürlichen Lebensmitteln bringen.

Für Kinder ist der eigene Anbau ganz besonders lehrreich. Kleinere Kinder haben einen Riesenspaß daran, ein eigenes Beetlein anzulegen, Radieschen, Salat und ein paar Blumen auszusäen und später stolz die eigene Ernte einzufahren.

Bei diesem spielerischen Einsatz sollten Sie es aber belassen. Quälen Sie Ihr Kind nicht zur Gartenarbeit, Sie erzeugen damit bloß eine Abwehrhaltung. Für einen gemeinsamen Ernteeinsatz mit anschließendem Picknick und fröhlichem Ausklang am Lagerfeuer sind aber auch ältere Kinder durchaus noch zu begeistern. Doch selbst wenn Ihre großen Kinder später nur noch vorbeischauen, um ein paar Beeren zu naschen, sich faul in der Sonne zu räkeln oder mit ihren Freundinnen und Freunden im Gartenhaus eine Party zu feiern, wissen sie doch, wo der Rosenkohl wächst, wo die Johannisbeermarmelade herkommt und wo die leckersten Erdbeeren wachsen. Das ist viel wert, wenn man bedenkt, wie viele Kinder und Jugendliche heute nur noch das künstliche Erdbeeraroma kennen.

Von natürlichen und naturidentischen Aromastoffen

Kennen Sie auch dieses Phänomen? Das künstliche Erdbeeraroma ist süßer als die süßeste Supererdbeere der Welt. Von diesem künstlichen Aroma irregeführte Kinder denken, so müssten Erdbeeren schmecken. Sie essen zwar mit Vorliebe Erdbeerjoghurt, Erdbeerfrischkäse oder Erdbeermarmelade aus dem Supermarktregal, an einer echten Erdbeere oder einem selbst angerührten Erdbeerquark aber haben sie wenig Interesse.
Ehe wir kopfschüttelnd über die »heutige Jugend« klagen, sollten wir uns klar machen, dass eine Macht dahintersteckt, der auch wir uns nicht völlig entziehen können. Unter dem Etikett der »gleich bleibenden Qualität« wird von der Lebensmittelindustrie eine ganz gezielte Geschmacksnivellierung betrieben. Das Aroma einer frischen Frucht zu kopieren, ist ohnehin völlig unmöglich. Es ist zu komplex und unterscheidet sich außerdem je nach Standort und Sorte, ja sogar von Frucht zu Frucht. Die Lebensmittelindustrie versucht es dennoch, mit allen möglichen Tricks, dem ursprünglichen Aroma nahe zu kommen und setzt dafür »künstliche«, »naturidentische« und »natürliche Aromastoffe« ein. Künstliche Aromen stammen aus dem Chemielabor. Naturidentisch heißen Aromen, wenn sie zwar in der Natur vorkommen, aber im Labor nachgebaut werden. Bei natürlichen Aromen wird der verwendete Rohstoff zwar auch aus der Natur, nicht aber unbedingt auch von der maßgeblichen Pflanze gewonnen. Ein von Mikroorganismen aus Holzspänen gewonnenes »Erdbeeraroma« gehört ebenso dazu wie ein von Schimmelpilzen hergestellter Pfirsichgeschmack – na dann, guten Appetit!
Tatsache ist aber, dass unser Gehirn auch diese künstlichen, naturidentischen und sogenannten natürlichen Aromen längst gespeichert hat. So beobachte ich es bei mir z. B. bei dem industriellen, leicht marzipanigen Kirscharoma, das an sich nichts, aber auch gar nichts mit einer frischen Kirsche gemein hat. Trotzdem habe ich gelernt, dieses Aroma als »Kirschgeschmack« zu erkennen. Fast könnte man schon von einer gespaltenen Wahrnehmung sprechen, denn im Grund habe ich zwei Kirscharomen abgespeichert, das

industriell hergestellte und das echte. Wenn ich mir z. B. in einem Hotel dunkelrote Marmelade aufs Brötchen streiche und das künstliche Aroma schmecke, weiß ich: Aha, das soll Kirschmarmelade sein.
Interessanterweise unterscheiden sich übrigens die industriell verwendeten Fruchtaromen auch von Land zu Land. So schmeckt zum Beispiel der »naturidentische« Traubensaft in den USA komplett anders als in Deutschland. Wer viel gereist ist, wird für dieses Phänomen andere Beispiele kennen.
Wer nur die industriell hergestellte Variante kennt, ist so sehr daran gewöhnt, dass er dies für den wahren Fruchtgeschmack hält und eine reife Frucht vom Baum als fade empfindet. Jedenfalls habe ich das schon so von Kindern gehört: »Richtige Kirschen, wie in dem Kirschsaftgetränk XYZ, schmecken viel besser.«
Auch dahinter steht natürlich eine Absicht der Industrie: Die Geschmacksknospen werden auf eine bestimmte Marke programmiert.

Höchste Zeit für Gaumenpädagogik

Schon bei Babys, die Gläschen bekommen, kann man dieses Phänomen beobachten. Wird die Marke gewechselt, quittieren sie die Abweichung unter Umständen mit Geschrei und verweigern das Essen – ein gewichtiges Argument dafür, keine Gläschen zu füttern, sondern von Anfang an selbst zu kochen. Wenn Gläschenkinder später nämlich frisch zubereitetes Gemüse vom Erwachsenentisch essen sollen, kann es sein, dass sie dies allein deshalb ablehnen, weil sie an den verfremdeten Geschmack des Gläschengemüses gewöhnt sind. (Gläschen sind ja im Grunde nichts anderes als Konserven, und jeder weiß, dass z. B. Ananas aus der Dose anders schmecken als frische Ananas.)
Das Phänomen funktioniert aber, wie ich aus eigener Erfahrung weiß, auch umgekehrt. Babys, die Frisches gewöhnt sind, mögen häufig keine Gläschen. Und Kinder, die z. B. den guten Traubensaft aus dem Bioladen gewöhnt sind, schieben das naturidentische Traubensaftgetränk angewidert zur Seite. »Das soll Traubensaft sein?«
Betreiben wir deshalb schon beim Einkauf gezielte Gaumenpädagogik. Achten wir darauf, dass die Geschmacksknospen unserer Kinder mit natürlichen Lebensmitteln Bekanntschaft schließen. Machen wir einen Bogen um alles künstlich Konservierte, Aromatisierte und Geschmacksverstärkte. Halten wir uns an möglichst ursprüngliche und unverarbeitete Lebensmittel. Mit allem anderen werden unsere Kinder ohnehin früher oder später in Berührung kommen. Setzen wir bewusst ein Gegengewicht.

Alkohol ist für Kinder tabu

Ehe wir zu unserer Positivliste kommen, können wir abhaken, was nicht in den Einkaufswagen gehört. Alkohol ist für Kinder auf jeden Fall tabu. Selbst kleine Mengen können wegen ihres geringeren Körpergewichts für sie äußerst schädlich sein. Deshalb sollten Sie, wenn Kinder mitessen, Alkohol auch nicht zum Kochen und Backen verwenden. Es kann nämlich durchaus vorkommen, dass er durch den Koch- und Backvorgang nicht völlig abgebaut wird. Außerdem werden Kinder durch solche Zutaten frühzeitig an den Alkoholgeschmack gewöhnt. Fragen Sie auch nach dem Alkoholgehalt, wenn Sie beim Bäcker Kuchen (vor allem Torten) kaufen. Ich scheiterte einmal bei dem Versuch, bei einem konventionellen Bäcker eine Torte für ein Fest zu bestellen, an dem auch kleine Kinder teilnehmen sollten. Alle Torten enthielten Alkohol! Doch damit nicht genug, man sagte mir, ich könne die Torten nicht ohne Alkohol bestellen, da fertige Mischungen verwendet würden und darin seien das Kirschwasser, der Eierlikör usw. nun einmal enthalten – eine Auskunft, die mich ziemlich ernüchtert und mein Vertrauen in das Bäckerhandwerk erschüttert hat!
Falls Sie selbst gelegentlich etwas Alkoholisches trinken, sollten Sie Ihre älteren Kinder etwa ab dem 14. Lebensjahr kleine Schlucke probieren lassen, damit der Reiz des Verbotenen nicht zu groß wird. Sprechen Sie mit Ihren Kindern auch darüber, wie ein vernünftiger Umgang mit Alkohol aussehen könnte, und zeigen Sie die Gefahren des Alkoholmissbrauchs auf. Denken Sie daran: Auch beim Umgang mit Alkohol haben die Eltern Vorbildfunktion.

Koffein macht zappelig

Koffein regt auf, stört den Schlaf und macht zappelig. Bohnenkaffee, Schwarztee und Colagetränke sind wegen des Koffeingehaltes für Kinder deshalb nicht geeignet.
Der Koffeingehalt von Eistee wird von vielen Eltern unterschätzt; sie kaufen Eistee, weil sie vermuten, dass er »gesünder« sei. Fertige Eistees aus dem Supermarkt (und übrigens auch Zitronenteepulver zum Anrühren) können genauso viel Koffein enthalten wie Kaffee. Dazu kommen reichlich Zucker und außerdem zahnschädigende Zitronensäure (E330).
Koffeinfreie Cola (deshalb oft auch »Kindercola« genannt) enthält viel Zucker und ist ebenso wenig empfehlenswert wie andere zuckerhaltige Limonaden. Die Krönung künstlicher Mixkunst ist die koffeinfreie Cola mit Süßstoff, die nur noch Wasser und Chemie enthält.

Viel bessere Abhilfe gegen Kinderdurst bieten Saftschorlen (im Verhältnis 2 Teile Wasser zu 1 Teil Saft gemixt), z. B. mit rotem Traubensaft, der gleich noch Eisen und Vitamin C enthält und langjähriger Erfahrung nach allen Kindern schmeckt.

Auch Eistee brauchen wir nicht fertig zu kaufen, da er sich zu Hause ganz leicht selbst herstellen lässt. Im Rezeptteil finden Sie viele Ideen für selbst gemachten Eistee und viele andere gesunde und dennoch leckere Durstlöscher und Schlürfgetränke.

Kinder brauchen keine Kinderlebensmittel

Milchprodukte, Frühstücksflocken, Fertiggerichte und Desserts – in nahezu allen Bereichen gibt es inzwischen speziell auf die kindliche Zielgruppe zugeschnittene Produkte mit bunter Verpackung und Vitaminzusätzen. Monster, Dinos, Zwerge und Comic-Figuren, Sammelkarten und Sammelfiguren ziehen Kinder magisch an. Ihre Eltern werden durch Ankündigungen wie »mit viel gesundem Kalzium«, »mit Eisen und fünf lebenswichtigen Vitaminen« usw. zum Kauf verführt.

Besonders erfolgreich ist die Strategie der Hersteller, sich an international vermarktete Filme oder Comics anzuhängen (»Merchandising«). Statistiken zeigen, dass die Beigabe von Aufklebern und Sammelkarten den Umsatz von Frühstücksflocken bei ohnehin wachsenden Cerealien-Umsätzen deutlich steigern kann.

Kinderlebensmittel sind also eher ein Beispiel für ein geschicktes Marketing als für eine besonders gesunde oder kindgerechte Ernährung. Viele Kinderlebensmittel sind besonders reich an Zucker und Fett. So enthalten die kleinen zwergengeschmückten bunten Becher für Kinder x-mal mehr Zucker als normaler Joghurt. Außerdem handelt es sich zumeist um stark verarbeitete Nahrungsmittel, und die aufwendige Verpackung ist müllintensiv. In einer Hinsicht unterscheiden sie sich allerdings am meisten von normalen Lebensmitteln: Sie sind extra teuer. Aus all diesen Gründen sollten wir die sogenannten Kinderlebensmittel also getrost so konsequent wie möglich aus unseren Einkaufswagen verdammen.

Die Ernährungspyramide

Was aber gehört hinein in den vegetarisch-vollwertigen Einkaufswagen? Und wie finden wir und unsere Kinder angesichts des Überangebots die richtige Mischung?

Einen sehr anschaulichen Wegweiser durch die Warenregale bietet die ursprünglich von der US-amerikanischen Food and Drug Administration (FDA) entwickelte Ernährungspyramide in der vegetarischen Variante nach Leitzmann und Hahn. Vielleicht kopieren Sie sich die Abbildung und hängen Sie gut sichtbar in Ihrer Küche auf. Oder noch besser: Sie malen mit Ihrem Kind eine eigene Pyramide, die Sie nach Lust und Laune bunt ausschmücken und durch die jeweiligen Lieblingsgerichte der einzelnen Familienmitglieder ergänzen können. Ältere Kinder haben vielleicht Spaß daran, aus ausgeschnittenen Bildern eine Collagen-Pyramide zu kleben. Stellen Sie ein paar alte Illustrierte, Zeitungen und Werbebeilagen zur Verfügung. Bei der Gelegenheit können Sie dann auch gleich gemeinsam die Lebensmittelwerbung studieren. Vielleicht fallen Ihnen dabei ein paar interessante Aspekte auf.

Mit der Ernährungspyramide lässt sich kinderleicht erkennen, worauf es bei der Auswahl der Lebensmittel ankommt. Dabei ist alles erlaubt, nur die Menge ist entscheidend.

Worum es bei der Ernährungspyramide geht, kapiert jedes Kind: Von dem breiten Fundament der Pyramide soll viel, von der dünnen Spitze wenig gegessen werden – aber alles kommt vor, und alles ist erlaubt.
Anhand der Pyramide kann besprochen werden, was in der nächsten Zeit gekauft, gekocht und gegessen werden soll. Aber auch vergangene Ernährungsfehler und geplante Ernährungsumstellungen lassen sich anhand der Pyramide leicht erklären, ohne dass man zu abstrakten Darlegungen ausholen muss. »So wollen wir es machen, so ist es gut. Und wie du siehst, setzt sich die Pyramide aus lauter leckeren Sachen zusammen.«

Setzen Sie die Pyramide aber bitte immer bloß spielerisch ein, und nehmen Sie sich sofort zurück, wenn Sie merken, Ihr Kind hat jetzt genug. Allzu viele Informationen über gesundes Essen können Kinder überfordern oder auch ganz einfach nerven. Dozierende Eltern verderben den Appetit! Viel wichtiger ist ohnehin, dass Sie vorleben, wie gut gesundes Essen schmeckt. Wenn alle Familienmitglieder Vollkornprodukte essen, wird Ihr Kind das gar nicht groß in Frage stellen. Gesundes Essen wird zur Selbstverständlichkeit, über die nicht lang und breit geredet werden muss.

Vollkornprodukte

Was die Vollkornprodukte betrifft, ist damit schon viel erreicht, denn sie bilden den größten Baustein im breiten Pyramidenfundament. In einer vollwertigen Ernährung bilden sie die wichtigste Quelle für Kohlenhydrate, Ballaststoffe, Vitamine, Mineralstoffe und sekundäre Pflanzenstoffe, die vor allem in den Randschichten des vollen Korns enthalten sind. Sie sollten bei jeder Hauptmahlzeit auch Hauptzutat sein, sei es in Form von Vollkorngetreide, Vollkornnudeln oder Vollkornbrot.
Brot kaufen Sie am besten beim Biobäcker oder einer örtlichen Bäckerei, die Ihnen über die Zutaten Auskunft geben kann. Bei der Brotherstellung sind eine Vielzahl fragwürdiger (auch nicht-vegetarischer) Zutaten erlaubt, die darin, so sollte man meinen, eigentlich nichts zu suchen haben. Außerdem kann es vorkommen, dass das vermeintliche Vollkornbrot nur dunkel gefärbt ist und nicht bloß Vollkornmehl enthält. Falls Sie keinen Vollkornbäcker in der Nähe haben: Viele Vollkornbäckereien verkaufen ihre Produkte auch auf dem Wochenmarkt, und Brot lässt sich gut als Wochenvorrat kaufen und einfrieren. Ganz sicher gehen Sie natürlich, wenn Sie Ihr Brot selber backen. Darf Ihr Kind die Mühle bedienen, die Körner abwiegen und das Mehl rieseln sehen, ist die Begeisterung für das gemahlene volle Korn oft

größer. Ein große Erleichterung bietet dabei ein Brotbackautomat – eine wirklich tolle Erfindung! Ich wollte anfangs gar nicht glauben, was so ein Gerät tatsächlich alles kann. Vor allem können Sie die Zutaten ganz nach persönlichen Launen und Vorlieben frei variieren und die tollsten Brotsorten neu erfinden. Einziger Nachteil: Die fertigen Brote sind zu klein, um den Bedarf einer Familie wirklich abzudecken.

Ob selbst gebacken oder gekauft, der Misserfolg ist vorprogrammiert, wenn Sie Ihr Kind mit übertrieben körnigem Brot traktieren. Grobes Vollkornbrot ist mühsam zu kauen und deshalb bei Kindern äußerst unbeliebt. Manche Kinder meiden auch intuitiv grobes Körnerbrot, weil sie davon Blähungen bekommen würden. Bei Windelkindern finden Sie Körner unverdaut in der Windel wieder – ein sicheres Zeichen dafür, dass ihr Körper noch nicht in der Lage ist, sie richtig zu verdauen.

Greifen Sie deshalb lieber zu Brot und Brötchen aus gemahlenem Vollkornmehl. Wenn Sie selbst backen, können Sie bei vollkorn-ungewöhnten Kindern Vollkornmehl und Weißmehl anfangs im Verhältnis 50 zu 50 mischen und langsam den Vollkornanteil steigern.

Das Gleiche gilt für Kuchen und anderes Gebäck. Es hat wenig Zweck, den Ernährungsplan vollkorn-ungeübter Kinder von einem zum anderen Tag umzukrempeln, wenn sie dabei nur auf Widerstand stoßen, weil eine solche Umstellung als Verzicht erlebt wird. Überlegen Sie, welches Gebäck in Vollkornversion Ihrem Kind am besten schmecken könnte. Nach meiner Erfahrung sind Vollkornrosinenbrötchen, Buchteln und Rosinen-Zimt-Bagel (siehe Rezeptteil) bei den meisten Kindern ein sicherer Erfolg. Wie Vollkornzwieback und Vollkornknäcke eignen sie sich auch hervorragend als Proviant für Ausflüge und alle anderen Unternehmungen.

Beim Brot sollte gleich von Anfang an klar sein, dass es das Hauptnahrungsmittel ist, nicht der Belag. Das Brot sollte deshalb dick geschnitten und nur dünn belegt werden. Im Rezeptteil finden Sie diverse Ideen für vegetarische Abend- und Pausenbrote.

Hauptbestandteil (und nicht Beilage) einer warmen Mahlzeit sollten Kartoffeln, Nudeln, Reis oder Getreide sein. Auch hierbei sollten Sie Ihre Kinder da abholen, wo sie sind. Nudeln sind nun mal die Leib- und Königsspeise aller Kinder. Vollkornnudeln sind zwar stärker verarbeitet als Getreide und Kartoffeln, gehören aber zu den gesunden Grundnahrungsmitteln, enthalten viel hochwertiges Eiweiß, lebenswichtige Mineralstoffe und verdauungsfördernde Ballaststoffe. Mischen Sie helle mit roten, grünen und braunen Vollkornnudeln. Außerdem gibt es härtere und weichere, von Kindern weniger als »mühsam« empfundene Vollkornnudeln. Zwischen den einzelnen Herstellern gibt es da durchaus Unterschiede. Es lohnt sich, verschiedene Sorten auszuprobieren.

Eine Alternative sind Hirsenudeln. (Sojanudeln können Weißmehl enthalten.)

Auch bei gekochten Körnern sollten Sie nach tendenziell weicheren Varianten suchen. Im Reformhaus und Naturkostladen finden Sie traditionell die größte Auswahl an den verschiedensten Körnern. Hirse und Quinoa sind die weichsten und vielleicht daher auch die Lieblingskörner unserer Kinder (Beispiele für die Zubereitung finden Sie im Rezeptteil). Weichere Ergebnisse erzielen Sie auch mit Getreideprodukten wie Grieß, Couscous oder Bulgur. Beim Reis können Sie den härteren Vollkornreis mit weicheren Sorten oder Wildreis mischen. Von der Konsistenz her kinderfreundlich ist auch eine Mischung aus Vollkornreis und kleinen Vollkorn-Suppennudeln (siehe im Rezeptteil »Rice & Roni«). Sehr beliebt ist bei uns außerdem eine Mischung aus sieben in ihrer Kochzeit aufeinander abgestimmten Körnern aus dem Reisregal. Probieren Sie zum Beispiel unseren superflutschigen »Sieben-Körner-Cremetopf« (siehe Rezeptteil).

Wer eine Getreidemühle hat, kann sich aus verschiedenen ganzen Körnern aus dem Reformhaus, dem Naturkostladen oder vom Biobauern das Frischkornmüsli selbst zubereiten. Ein schönes Ritual ist es, abends vor dem Schlafengehen für jeden eine Portion Körner zu mahlen und einzuweichen, entweder in einer großen Schüssel für alle oder für jeden in seiner ganz persönlichen Lieblingsmüslischale.

Wer nicht so sehr auf Frischkornmüsli steht, kann zu ungesüßten Fertigmüslis greifen, die es mittlerweile in einer breiten Vielfalt von Mischungen im Naturkostladen zu kaufen gibt. Ebenso gut – und für Kinder, die gern mischen und manschen, oft viel interessanter – ist ein buntes Sammelsurium an verschiedenen Getreideflocken, Nüssen und Samen, aus dem sich jede und jeder selbst ein Frühstücksmüsli zusammenstellen kann.

Auch warme Getreidebreie sind eine gute Idee für ein gesundes Frühstück (und vielfach auch ein wohltuender Trost für kranke Kinder). Im Rezeptteil finden Sie entsprechende Beispiele.

Bedingt empfehlenswert, wenn auch gerade mit dem Vollkornaspekt beworben, sind »Cerealien« (was für ein Wort!), die seit einigen Jahren bei uns in immer größerer Vielzahl angeboten werden. Einige enthalten sehr viel Fett und Zucker, deshalb lohnt sich ein Blick auf die Inhaltsliste, wobei natürlich zwischen einfachen Cornflakes und den vor lauter Fett schon ganz klebrigen, bei vielen Kindern dennoch sehr beliebten kleinen Zimtwaffeln ein großer Unterschied besteht. Kinder sind die Hauptzielgruppe der Cerealien-Hersteller, die mit bunten Bildern und vielfältigen Beigaben locken. Ist auch in Ihrer Familie das Cerealien-Fieber ausgebrochen, versuchen Sie, das Interesse auf weniger fett- und zuckerhaltige Sorten zu lenken. Ein guter Trick besteht auch darin, die Cerealien nicht pur zu essen, sondern als eine Zutat unter vielen ins Müsli zu mischen – ein Grundsatz, der von Kindern eher akzeptiert wird als ein generelles Verbot.

Hülsenfrüchte

Den zweiten Baustein im Fundament der Pyramide bilden die Hülsenfrüchte (Bohnen, Erbsen und Linsen). Einmal in der Woche bei den warmen Mahlzeiten Hülsenfrüchte als Hauptzutat zu verwenden, hat sich als gute Faustregel bewährt. Hülsenfrüchte enthalten viel pflanzliches Eiweiß, sekundäre Pflanzenstoffe, Mineral- und Ballaststoffe und sind getrocknet lange haltbar, sodass man sie besonders im Winter auch häufiger einsetzen kann.
Die traditionelle deutsche Küche hat nur wenige Bohnen- und Linsensorten im Repertoire. Es lohnt sich daher, in ausländischen Lebensmittelgeschäften nach ausgefalleneren Sorten Ausschau zu halten. Aber auch im Naturkostladen findet sich inzwischen eine breitere Auswahl an Hülsenfrüchten. Je bunter und geschecker, desto interessanter sind sie natürlich für Kinder. Besonders gut kommen deshalb bei uns die »Bunten Hülsenfrüchte« an (siehe Rezeptteil). Aber auch die ganz traditionelle Linsensuppe gehört zu unseren Lieblingsrezepten. Rote Linsen verkochen zu einem weichen, süßlichen Brei und kommen deshalb den Geschmacksvorlieben vieler Kinder sehr entgegen. Kichererbsen sind äußerst nahrhaft und gesund und lassen sich flexibel in jeder Suppe bzw. jedem Eintopf verwenden. Püriert bilden sie eine gute Grundlage für Brotaufstriche, und sie bilden die Grundlage unserer beliebten »Roten Kichererbsenpfanne«.
Sojabohnen und alle aus ihnen hergestellten Produkte wie Tofu, Sojadrink, Sojasauce, Miso, Sojawürstchen und Brotaufstriche gehören natürlich ebenfalls in diese Kategorie. Lassen Sie sich von den Beispielen im Rezeptteil zu neuen Variationen inspirieren.

Obst

Kinder lieben Obst. Obst ist süß und saftig, knackig und aromatisch, frisch und leicht verdaulich. Obst können Kinder wie Erwachsene gar nicht oft genug verspeisen, denn es ist eine besonders energiearme Quelle von Vitaminen und sekundären Pflanzenstoffen. Halten Sie deshalb zu Hause immer eine gut gefüllte Obstschale bereit und zählen Sie eine Dose mit klein geschnittenem Obst zum Standardproviant.

Obstsäfte können den Obstverzehr ergänzen, aber nicht ersetzen, weil sie viel weniger wertvolle Ballaststoffe enthalten als die ganzen Früchte.

Dass Obst und Gemüse aus kontrolliert biologischem Anbau weniger Schadstoffe enthalten (und deshalb auch eher mitsamt der besonders nährstoffreichen Schale verzehrt werden können), haben wir in früheren Kapiteln bereits mehrfach betont. Halten Sie sich daher an das Angebot aus dem eigenen Garten, aus dem Bioladen oder Reformhaus und von Ihrem Wochenmarkt.

Obst, das gerade Saison hat und nicht erst mühsam im Gewächshaus gepäppelt, unreif gepflückt und über weite Strecken transportiert werden muss, ehe es auf unserem Obstteller landet, schmeckt viel aromatischer und ist außerdem auch nährstoffreicher. Anhand des frischen Angebots an Obst und Gemüse im Wechsel der Jahreszeiten können Sie Ihrem Kind außerdem gleich eine ganze Menge grundlegender Erfahrungen vermitteln: Die Natur hat ihre eigenen Gesetze. Natürliche Nahrungsmittel sind keine Industrieprodukte, sind nicht immer verfügbar und nicht immer gleich. Sie müssen wachsen und reifen, und wie für jegliches Ding unter der Sonne gibt es auch für sie jeweils eine eigene Zeit.

Zelebrieren Sie gemeinsam den Genuss der ersten Erdbeere eines Jahres, freuen Sie sich auf die ersten reifen Kirschen des Sommers, die gelben, weichen Birnen im Herbst. Wenn Sie keinen eigenen Garten haben, besuchen Sie gemeinsam eine Biogärtnerei oder radeln zu einer Pflückaktion auf einer Erdbeerplantage. Suchen Sie nach einem botanischen Garten, in dem man sehen kann, wie exotische Früchte wachsen. Vielleicht machen Sie selbst dabei die eine oder andere überraschende Entdeckung. Oder wussten Sie schon, dass Avocados auf Bäumen wachsen? Dass Melonen in südlichen Ländern wie Kürbisse wuchern? Oder dass Ananas eine Feldfrucht ist? Auch Gewürzpflanzen sehen häufig ganz anders aus als erwartet, zum Beispiel die Schlingpflanze mit den echten Vanilleschoten.

Halten Sie auch im Urlaub nach Plantagen Ausschau, die Sie sich gemeinsam mit Ihren Kindern anschauen können. Spazieren Sie durch einen Orangen- oder Pampelmusenhain, bestaunen Sie die großblättrigen Bananenstauden, machen Sie Rast unter einem knorrigen Olivenbaum, sehen Sie sich an, wie Weintrauben gezogen und Rosinen getrocknet werden. Vergleichen Sie das Aroma sonnengereifter Früchte in deren Herkunftsland mit dem weit gereister Importware auf eine für Ihre Kinder ganz anschauliche Weise. Zu den eindrücklichsten Geschmackserinnerungen aus meiner Kindheit gehört eine triefend saftige Pfirsichorgie an der Verkaufsstelle einer italienischen Pfirsichplantage. Nie wieder in meinem Leben habe ich so schmackhafte – und so viele! – Pfirsiche gegessen.

All diese Erfahrungen können das Bewusstsein für die Herkunft natürlicher Lebensmittel schärfen und ein Gefühl für Reife, Aroma und den ewigen Kreislauf der Jahreszeiten vermitteln. Vor allem aber machen sie Appetit auf frisches, reifes und gesundes Obst!

Gemüse

Gemüse nimmt in der Ernährungspyramide einen noch breiteren Raum ein als das Obst. Im Gehalt an sekundären Pflanzenstoffen und Vitaminen ist es nicht zu übertreffen, soll also am besten in rauen Mengen verzehrt werden, stößt aber, wie viele Eltern beklagen, bei Kindern oft nicht auf Gegenliebe. Wie auch Gemüsemuffel dazu gebracht werden können, Rohkost und Gemüsegerichte zu akzeptieren, haben wir im ersten Kapitel unter der Überschrift »Mit Gemüse kann ich meine Kinder jagen« (Seite 32) bereits besprochen. Hier noch einmal in Kurzform die wichtigsten Tipps:

- Geben Sie schon Ihrem Baby frisch zubereitetes Gemüse statt Gläschenkost.
- Gestiftete oder gewürfelte Rohkost kommt besser an als allzu große Stücke.
- Ein leckerer Dip macht Rohkost interessanter, Kindern tunken und kleckern nun mal für ihr Leben gern.
- Um den Rohkostteller lassen sich Fantasiespiele ranken (z. B. Zootiere fressen aus ihren Futternäpfen).
- Bieten Sie grundsätzlich vor jeder Mahlzeit Rohkost an, während Ihre Kinder hungrig auf das Essen warten.
- Auch gedämpftes Gemüse können Sie in mundgerechten Stücken mit einem Dip servieren (stecken Sie Zahnstocher oder bunte Partysticks hinein!).
- Verstecken Sie gekochtes Gemüse öfter mal in Saucen oder Füllungen.
- Genießen Sie in gemütlicher Runde ein Gemüsefondue.
- Pürieren Sie gekochtes Gemüse mit Sahnesauce – das rutscht in jedem Fall.

Was die einzelnen Gemüsearten betrifft, hat jedes Kind besondere Vorlieben oder Abneigungen, die sich allerdings rasch ändern können, weshalb man kein Gemüse voreilig für immer vom Speiseplan streichen sollte. Kartoffeln mögen so gut wie alle Kinder in der einen oder anderen Form. Stehen weder Vollkornprodukte noch Hülsenfrüchte im Mittelpunkt, sollten Kartoffeln die Hauptzutat der warmen Mahlzeit bilden. (Pellkartoffeln sind am besten, weil alle Inhaltsstoffe erhalten bleiben; Bratkartoffeln, Pommes frites und Kroketten sollten wegen ihres Fettgehalts eher Ausnahmen bleiben.) Lassen Sie sich von den Gemüse- und Kartoffelgerichten im Rezeptteil zu eigenen Experimenten anregen.

Im Gewächshaus gezogenes oder unreif geerntetes, von weither transportiertes und womöglich sogar chemisch haltbar gemachtes Gemüse bietet in der Regel weniger Vitamine und Pflanzenstoffe, dafür aber mehr Nitrat. Im eigenen Garten sollten Sie deshalb auch nur ausgereiftes Gemüse ernten, und zwar möglichst gegen Abend. Außerdem sollten Sie bei Blattgemüse die besonders nitratreichen Teile wie Stiel, Strunk und äußere Blätter entfernen. Das Nitratproblem liefert einen weiteren Grund dafür, (verdünnten) Fruchtsaft zu den Mahlzeiten zu trinken, da Vitamin C die Bildung von Nitrosaminen verhindern kann.

Nitrat ist deshalb so gefährlich, weil es von Bakterien, die sich auf den Lebensmitteln oder im Verdauungstrakt des Menschen befinden, zu Nitrit umgebaut werden kann und aus Nitrit unter bestimmten Bedingungen krebserregende Nitrosamine entstehen. Viel Dünger, geringe Sonneneinstrahlung im Winter oder im Gewächshaus begünstigen die Anreicherung von Stickstoff und damit eine verstärkte Nitratbildung in der Pflanze. Schon deshalb sollten Sie beim Einkauf immer darauf achten, welche Gemüsearten gerade Saison haben und deshalb besonders frisch, nahrhaft und preiswert sind.

Nüsse und Samen

Bei den Nüssen und Samen nähern wir uns allmählich der Pyramidenspitze. Sie sollten sie nicht unbegrenzt, sondern eher in Maßen genossen werden, weil sie viel Fett enthalten. Andererseits liefern sie, wie wir in dem Kapitel über die einzelnen Nährstoffe bereits gesehen haben, auch wertvolle Fettsäuren und fettlösliche Vitamine.

Sonnenblumenkerne, Kürbiskerne, Sesamsaat, Mohn- und Leinsamen können dem täglichen Frühstücksmüsli beigemischt werden. Geröstet oder als Panade verfeinern sie auch warme Gerichte. Ebenso wie Nüsse sorgen sie als Brotzutat für Abwechslung. Geriebene Nüsse machen eine Körnersuppe erst so richtig lecker (siehe Rezeptteil).

Aus einigen Samen lassen sich ebenso wie aus Getreidekörnern und Hülsenfrüchten Sprossen züchten, die als frische Beigabe Salate, Suppen und belegte Brote ergänzen können.
Am besten bewähren sich Nüsse und Samen bei uns jedoch als Zutaten eines leckeren Studentenfutters, das uns – statt Süßigkeiten – auf alle Ausflüge begleitet und auch als Teil des zweiten Frühstücks im Kindergarten und in der Schule hervorragend geeignet ist.
Nüsse und Samen aus kontrolliert biologischem Anbau finden Sie in großer Auswahl im Naturkostladen.

Pflanzenöle

Zwischen Nüssen und Samen und Pflanzenölen befindet sich in der Pyramide eine gestrichelte Linie – beide Komponenten sind äußerst fettreich und sollten daher wahlweise verwendet werden.
Wegen seiner ausgewogenen Mischung von gesättigten und ungesättigten Fettsäuren ist Olivenöl besonders empfehlenswert. Sein herzhaftes Aroma verleiht vielen Gerichten außerdem genau die richtige Note. Damit Sie geschmacklich variieren können, sollten Sie stets ein zweites Öl geöffnet halten. Gut geeignet sind Färberdistelöl oder Sonnenblumenöl. Am besten sind natürlich kalt gepresste Öle aus kontrolliert biologischem Anbau.
Zum Braten bei hohen Temperaturen eignet sich Palmfett. Im Naturkostladen gibt es ein flüssiges Palmöl, mit dem es sich hervorragend braten lässt.

Milchprodukte

Bei Milchprodukten und Eiern wird unsere Ernährungspyramide schon bedeutend schmaler. Das heißt, auch Ovo-lacto-VegetarierInnen sollten beides nur in Maßen zu sich nehmen. Zur Vermeidung von Engpässen bei der Versorgung mit Kalzium und fettlöslichen Vitaminen ist der tägliche, aber sparsame Verzehr von Milchprodukten für vegetarische Kinder aber durchaus sinnvoll.
Von allen Milchprodukten haben Käse und Sahne am meisten Fett und sollten deshalb eher sparsam verwendet werden. Günstiger sind fettarme Käsesorten, Milch, Buttermilch, Kefir, Joghurt, Schwedenmilch und Quark. Kaufen Sie das Naturprodukt, sparen Sie sich Zucker und künstliche, naturidentische oder natürliche Aromastoffe und rühren Sie stattdessen selbst frische Früchte, Marmelade, Mandelmus oder andere leckere Zutaten in Joghurt oder Quark.

Kaufen Sie Milch und Milchprodukte von artgerecht gehaltenen und nicht mit Tiermehl, Milchaustauschern und anderen Perversitäten gequälten Kühen. Angesicht des ungeklärten BSE-Risikos sollten Sie gerade bei der Milch keine Kompromisse machen. Zugleich können Sie durch Ihr konsequentes Kaufverhalten deutlich machen, dass Sie einer quälerischen Tierhaltung keine Chance geben.

Eier

Aus ähnlichen Gründen sollten Sie auch bei Eiern mehr als wählerisch sein. Kaufen Sie nur frische Eier, deren Herkunft aus artgerechter Bio-Freilandhaltung Ihnen Ihre Naturkosthändlerin oder Ihr Eierverkäufer auf dem Markt garantieren kann. Diese sind zwar unbestritten teurer, doch wenn Sie nur wenige, dafür aber gute Eier essen, ist der Preisunterschied schnell wettgemacht. Meiden Sie wegen der Salmonellengefahr Gerichte mit rohen Eiern und kochen Sie Eier stets lange genug (mindestens 5 Minuten). Ein Ei pro Person und Woche ist ein gutes Richtmaß für einen sparsamen Eierverzehr.

Süßwaren

Ganz oben an der Spitze unserer Ernährungspyramide – sozusagen als i-Tüpfelchen – stehen Süßwaren, zu denen außer Süßigkeiten auch Zucker, Honig, Marmelade und Kuchen gehören. In einem eigenen Kapitel sind wir bereits ausführlich auf den Umgang mit Süßigkeiten eingegangen. Die wichtige Botschaft der Ernährungspyramide zu diesem Thema lautet: Wir sollen wenig Süßes essen – aber es ist erlaubt! Deshalb können wir es auch ohne schlechtes Gewissen unbeschwert genießen.

Meine Tipps für den Einkauf:

○ Süßigkeiten grundsätzlich gar nicht in den Familieneinkaufswagen legen (siehe Kapitel »Und was ist mit den leidigen Süßigkeiten?«).
○ Zucker nur wenig und nur als Rohrohrzucker aus kontrolliert biologischem Anbau kaufen (besonders lecker schmeckt Vollrohrzucker, der pro 100 g immerhin 148 mg Kalzium, 66 mg Magnesium und 2 mg Zink enthält).
○ Honig bei der örtlichen Imkerei holen und gleich fragen, ob die Kinder bei Gelegenheit mal in einen echten Bienenstock sehen dürfen.

○ Marmelade und Kuchen gemeinsam mit den Kindern selber machen (siehe Kapitel »Kinder an die Küchenmacht«).
○ Die süßen Köstlichkeiten im Rezeptteil ausprobieren und je nach persönlichem Geschmack variieren.

Keine Angst vor unbekannten Bio-Zutaten

Wenn Sie bisher noch nicht ganz selbstverständlich im Bioladen ein- und ausgehen, kann es sein, dass Sie dort und beim Durchlesen von Vollwert-Rezepten auf fremdartig klingende Dinge wie Amarant, Quinoa oder Gomasio stoßen, die Sie noch nicht kennen und von denen Sie nicht wissen, wie Sie sie verwenden sollen. Das sollte Sie nicht abschrecken, sondern im Gegenteil ermutigen, gemeinsam mit Ihrem Kind eine Entdeckungsreise durch das Land der Bioladen-Regale und der Vollwertküchenpraxis zu unternehmen. Die Beschäftigung mit der Ernährung Ihres Kindes ist eine schöne Gelegenheit, auch einmal etwas Neues auszuprobieren. Wer weiß – am Ende fragen Sie sich vielleicht, wie Sie jemals ohne all diese leckeren Dinge auskommen konnten.
Alle in diesem Buch aufgeführten Lebensmittel können Sie im Naturkostladen oder im Reformhaus bekommen. Im Rezeptteil finden Sie zahlreiche praktische Anwendungsbeispiele.

Damit Sie sich von Anfang an besser zurechtfinden, seien hier einige der weniger bekannten Zutaten aus der vegetarischen Vollwertküche noch einmal kurz erklärt:

Agar-Agar – ein mineralreiches, aus Meeres-Algen gewonnenes Pulver, das gelierend wirkt. Die vegetarische Alternative zur Gelatine! Man rechnet etwa 2½ TL Agar-Agar auf 500 ml Flüssigkeit. Agar-Agar wird ein bis zwei Minuten mit der Flüssigkeit aufgekocht und beim Abkühlen bei etwa 40 °C sehr schnell fest.
Amarant – als eine der ältesten Getreidearten der Welt schon vor 3000 Jahren Nahrungsgrundlage der Ureinwohner Mittelamerikas. Lange Zeit fast in Vergessenheit geraten, wurde es auf Grund seiner hervorragenden Nährstoffzusammensetzung und seines hohen Eisengehalts von der alternativen Küche wiederentdeckt. Im Naturkostladen gibt es sowohl Amarant-Körner als auch Amarant-Poppies (toll im Müsli!) zu kaufen. Lecker, wenn auch teilweise recht süß, sind die verschiedenen Amarant-Müsli-Fertigmischungen.

Gomasio – traditionelles japanisches Streugewürz aus geröstetem Sesam, der zusammen mit unraffiniertem Meersalz gewalzt wird. Würzt, ohne stark zu salzen, mit dem feinen, nussigen Geschmack und allen wertvollen Inhaltsstoffen des Sesamsamens.
Hummus – eine aus Kichererbsen hergestellte Paste, die sich als Brotbelag oder als Füllung verwenden lässt.
Miso – eine Paste, die aus Hefe, gegorenen Sojabohnen, Salz und manchmal auch Reis oder Buchweizen besteht. Miso ist reich an Eiweiß, Mineralstoffen und Vitaminen und wird vor allem als Würzmittel in Suppen und Gemüsegerichten verwendet. Akimiso ist die schärfere, Shorimiso die süßlichere Sorte. Miso darf nicht kochen, da sonst wertvolle Inhaltsstoffe verloren gehen.
Tahin – eine Paste aus gerösteten, zerdrückten Sesamsamen. Als Brotaufstrich und als Würzmittel für Dressings und Saucen.
Tamari-Sojasauce – aus milchgegorenen Sojabohnen gewonnene Würzsauce, die besonders reich an Proteinen und Vitaminen ist. Im Gegensatz zur Shoyu-Sojasauce besteht sie ausschließlich aus Soja und entsteht, sozusagen als »Abfallprodukt«, bei der Herstellung einer speziellen Miso-Sorte.

Was Sie auf jeden Fall immer im Haus haben und bei jeder Gelegenheit ins Essen schmuggeln sollten:

Hefeflocken – können Sie über alle herzhaften Gerichte und Salate streuen.
Miso – würzt Suppen und Saucen (nicht mitkochen!) und ist ein supergesunder Brotaufstrich.
Nüsse, Mandeln, Sonnenblumenkerne, Sesamsamen, Kürbiskerne – passen zu Müsli, Salaten und Gemüsegerichten und sind eine gesunde Knabberei.
Tahin (Sesammus) – als nahrhafte Zutat für Salatsaucen, Gemüsesaucen, Dips und herzhafte Brotaufstriche.
Tamari-Sojasauce – würzt mit wertvollen Inhaltsstoffen Suppen, Saucen und alle Gemüsegerichte.
Trockenfrüchte, vor allem Aprikosen, Datteln und Feigen – passen zu Müsli, Kuchen und Obstsalat und stillen auf gesunde Weise den Süßhunger.
Weizenkeime – passen zu Müsli, Joghurt, Quarkspeisen, Obstsalat und jeder Art von Gebäck.

Wie vermitteln wir unseren Kindern ein gesundes Ernährungsbewusstsein?

In kaum einem Bereich unseres gesellschaftlichen Lebens klaffen wissenschaftlicher Anspruch und alltägliche Praxis so auseinander wie beim Essen. Während die Ernährungswissenschaft eindringlich eine aktive »Ernährungserziehung« fordert, seufzen Millionen von Eltern: »Gesunde Sachen essen meine Kinder einfach nicht.« Fast bekommt man den Eindruck, es handele sich um eine bittere Arznei, die den Kindern da verabreicht werden soll: um zu wirken, muss sie scheußlich schmecken.

Anstatt jedoch angesichts der Kluft zwischen Anspruch und Wirklichkeit ratlos das Küchenhandtuch zu schmeißen und ein für allemal resigniert den Vollwertkochlöffel abzugeben, sollten wir uns bemühen, die beiden Pole einander näher zu bringen. Vielleicht finden sich ja doch ein paar tragfähige Brücken über die Kluft.

Brauchen wir überhaupt so etwas wie eine Ernährungserziehung?

Der erste Schritt könnte darin bestehen, dass wir uns fragen, ob wir überhaupt eine aktive Ernährungserziehung brauchen. Schauen wir uns mit offenen Augen um, kann die Antwort nur »ja« lauten. Was wir nämlich in unserer heutigen Gesellschaft zu sehen bekommen, sind die Schattenseiten des Schlaraffenlands. Allerorten lockt eine im Vergleich zu früheren Zeiten riesige Auswahl an oft stark verarbeiteten Lebensmitteln, Fast Food macht das Essen außer Haus preiswert und unkompliziert, und eine Vielzahl von »Convenience«-Produkten nimmt gestressten Menschen die Küchenarbeit ab. Viele Produkte kommen mit einem verlockenden Lifestyle-Versprechen daher: Tüten-Cappuccino und Fertigpizza verheißen italienisches Lebensgefühl, Kartoffelchips verhelfen zu einer fröhlichen Clique, und tischfertige Tiefkühlgerichte sorgen für mehr Freizeit und Familienharmonie.

Bei alledem dürfen wir nicht vergessen, dass das Angebot auch auf der Positivseite stark gewachsen ist. Nie zuvor gab es so viele Bioläden und Bio-Wochenmarktstände, eine Riesenauswahl an leckeren Obst- und Gemüsearten, von denen viele von uns in ihrer Kindheit nicht einmal gehört haben, und Lebensmitteln aus aller Herrinnen und Herren Ländern, die mit multikulturellen Genüssen locken.

Überangebot und Schlankheitswahn

Doch wie finden wir und unsere Kinder den richtigen Weg durch das Schlaraffenland? Auf unseren Instinkt jedenfalls können wir uns nicht verlassen. Die Zeit des Überflusses besteht noch nicht so lange und ist auch nur auf einen kleinen Teil des Globus, nämlich die reichen Industrienationen beschränkt. Noch bis vor wenigen Jahrzehnten – und in vielen Teilen der Welt bis heute – wurde und wird das Leben der Menschen von immer wiederkehrenden Hungerszeiten geprägt. Im Überlebenskampf hatten diejenigen die besten Chancen, die gerne süß und fettig aßen und sich dadurch die dicksten Reserven anfuttern konnten. Diese überlebenswichtige Erfahrung scheint zu unserem menschlichen Gen-Programm zu gehören. Sie steckt auch hinter dem Misserfolg der meisten Diäten: Bekommt der Körper weniger zu essen, schaltet er auf Hungersnot um, spart beim Verbrauch und legt bei der Rückkehr zur normalen Kost erst recht Reserven für die nächste Notzeit an.

Gleichzeitig propagiert unsere Überflussgesellschaft mit Hilfe der Medien einen immer groteskere Formen annehmenden Schlankheitswahn. Besonders die jungen Mädchen angebotenen Rollenmodelle in diversen Castingshows und durch zu Weltstars hochstilisierten Supermodells zeigen verheerende Wirkungen. Der Widerspruch zwischen Überangebot und Schlankheitswahn ist für immer mehr Menschen nicht zu lösen. Übergewicht auf der einen und massive Essstörungen auf der anderen Seite sind die gefährlichen Folgen. (Im letzten Kapitel wollen wir noch einmal ausführlicher auf diese Probleme eingehen.)

Bei einer vernünftigen Ernährungserziehung muss es also auch darum gehen, Kindern einen gesunden Weg durch den Überangebotsdschungel zu weisen.

Werbung und »peer pressure«

Außerdem: Nehmen wir uns nicht der Ernährungserziehung an, übernehmen andere das Feld – vorneweg die Werbung, vor allem im Fernsehen. Zweieinhalb Stunden pro Tag verbringt das Durchschnittskind heute vor dem Fernseher, der häufig in seinem eigenen Zimmer steht, und mit Vorliebe sieht es private Sender. Dabei konsumiert es unzählige Werbespots, die speziell für diese Zielgruppe bestimmte Lebensmittel bewerben. Gesundheitsargumente sind dabei eher selten. Geschmackserlebnis und Lifestyle stehen im Vordergrund. Der Bezug zu natürlichen Quellen der Ernährung geht verloren. Oder wie sollte man sonst deuten, dass es tatsächlich Kinder gibt, die glauben, dass Kühe lila sind?

Hinzu kommen der mit steigendem Alter zunehmende Einfluss der Gleichaltrigen und der dadurch entstehende Gruppendruck (»peer pressure«). Alles in allem wird es also genug Kräfte geben, die Ihr Kind mit Fast Food, Fertigkost und Tütensnacks bekannt machen werden. Um so wichtiger ist es, wenigstens zu Hause etwas dagegen zu setzen.
Weil Kindern heute sehr viel mehr Autonomie zugestanden wird als früher, erfordert dies viele Erklärungen und Auseinandersetzungen. Das kann mühsam sein. Und auch die Zubereitung frischer Mahlzeiten macht mehr Arbeit als die in den Ofen geschobene Fertigpizza. Aber die Mühe lohnt sich in jedem Fall.

Gesunde Gewohnheiten schaffen

Nicht umsonst nämlich spricht man von der Macht der Gewohnheit. Gerade das Ernährungsverhalten wird eher selten vom Verstand gesteuert, Appetit tritt spontan auf, ist ganz konkret. Kurzfristige Bedürfnisse und alltägliche Gewohnheiten prägen das Essverhalten stärker als abstrakte Vorsätze und Einsichten.
Allererste Ernährungsgewohnheiten werden schon im ersten Lebensjahr geprägt (z. B. die Gewöhnung an einen bestimmten Süßegrad). Bis zum zehnten Lebensjahr festigen sich die grundlegenden Essgewohnheiten. In dieser Zeit eingeschliffenes ungesundes Ernährungsverhalten setzt sich leicht im Erwachsenenalter fort und kann Ursache für Zivilisationskrankheiten werden. Die steigende Lebenserwartung jedoch verleiht der optimalen Ernährung einen immer wichtigeren Stellenwert. Die im Alter zunehmend auftretenden chronischen Krankheiten müssen zumindest teilweise als ernährungsbedingt gelten. Wieder zeigt sich: Richtig essen heißt besser leben.

Positive Erlebnisse, kein moralischer Zeigefinger

Geizen Sie dennoch mit gesundheitlichen Argumenten, wenn Sie Ihren Kindern gesundes Essen schmackhaft machen wollen. Penetrante Besseressis, die mit späteren Gesundheitsschäden drohen und auch sonst bei jeder Gelegenheit die moralischen Daumenschrauben anziehen, werden rasch zu sauertöpfischen Spaßverderbern. Eines aber ist klar: Mit Verkniffenheit und moralischem Zeigefinger ist gegen die Verlockungen der bunten Lifestyle-Welt nicht anzukommen. Und das mit Recht: Bei aller Aufklärung darf Essen nicht zum Ritual politisch korrekter Nahrungsaufnahme verkommen. Es ist nicht nur Lieferant von Nährstoffen, sondern auch Ausdruck von Lebens-

freude. Und gerade dafür gibt es auch wieder ein gesundheitliches Argument: Grund für die oft zitierte niedrigere Herzinfarktrate der Menschen, die rund ums Mittelmeer leben, ist nicht nur deren Ernährung, sondern auch ihre größere Gelassenheit. Da kann jemand noch so viel kretisches Olivenöl auf seine Rohkost träufeln – wer sich verkrampft und das Essen zum Angstthema macht, wird von den Vorteilen der Mittelmeerkost nur wenig profitieren.
Versuchen wir deshalb nicht, auf Biegen und Brechen bestimmte Ernährungsgewohnheiten durchzusetzen. Vieles, an das wir uns gewöhnt haben, ist vielleicht tatsächlich nicht kindgerecht. Schmecken wir also auch immer selber hin: Schmeckt dieses Gericht wirklich gut? Oder ist es wirklich mühsam zu kauen, trocken und schmeckt »nur gesund«?
Stellen wir vor allem positive Erlebnisse in den Mittelpunkt unserer Ernährungserziehung. Stellen wir den Bezug her zu natürlichen Lebensmitteln, gehen wir hinaus in die Natur, auf den Biobauernhof, zum Imker und zur Gärtnerin. Machen wir den eigenen Garten zum Erlebnisraum, besuchen wir einen botanischen Garten mit exotischen Früchten und Gewürzen, erleben wir gemeinsam den Wechsel der Jahreszeiten. Plempern, panschen und kneten wir zusammen mit den Kindern in der Küche. Planen wir ein tolles Picknick, laden wir andere Kinder zum Kochen, Backen und Schlemmen ein, essen wir gemeinsam in entspannter, fröhlicher Atmosphäre. Erklären wir einige wichtige Grundregeln, lassen wir Ausnahmen zu und freuen uns an besonderen Luxus-Schlemmereien. Was wir vor allem brauchen, ist Mut zum Genuss. Wenn es uns gelingt, diesen Genuss auch unseren Kindern zu vermitteln, stehen die Chancen, dass sie tatsächlich dauerhaft zu gesunden Esserinnen und Essern werden, ziemlich gut.

Gesunde Kost von Anfang an

Wer sein Kind von Anfang an vollwertig und vegetarisch ernährt, hat es natürlich am leichtesten. Die Weichen für das spätere Essverhalten werden nämlich schon in den ersten Lebensmonaten gestellt. Mit der Muttermilch hat uns die Natur nicht nur ein Nahrungsmittel mitgegeben, das allen Anforderungen an die Ernährung Neugeborener hundertprozentig entspricht. Das Stillen nach Bedarf erhält auch das Gespür für das natürliche Wechselspiel zwischen Hunger und Sättigungsgefühl. Gestillte Kinder haben später seltener Essprobleme und Übergewicht.
Nach der Stillzeit ist es vorteilhaft, gleich weiter in Richtung vegetarische Vollwertkost zu steuern. Damit einhergeht die Gewöhnung an einen niedrigen »Zuckerspiegel«, Getreidebreie und frisch zubereitetes Gemüse. Von den Vorteilen selbst gekochter Babykost gegenüber den üblichen Fertiggläschen haben wir in vorherigen Kapiteln bereits gesprochen.
Beim Übergang von der Babykost zur normalen Familienkost heißt es noch einmal aufgepasst. Üblich ist der Hinweis, ab dem zweiten Lebensjahr sollten Kleinkinder mit den Erwachsenen mitessen. Das führt in der Regel dazu, dass die Zeit des Nachdenkens über eine gesunde Kinderernährung zu diesem Zeitpunkt aufhört. Zwar wurden im ersten Lebensjahr rückstandskontrollierte Gläschen gekauft, aber das ist ja nun nicht mehr nötig – erleichtert kehrt man zurück zur gewohnten Hausmannskost.

Gute Angewohnheiten beibehalten

Nutzen Sie aber gerade diese Zeit des Übergangs, um selbst noch einmal bewusst über Ihre eigenen Ernährungsgewohnheiten (das Erwachsenenessen, an das Ihr Kind sich nun gewöhnen soll) nachzudenken und entsprechende Veränderungen oder Neuerungen einzuführen. Nicht nur Ihr Kind, auch die Gesundheit aller anderen Familienmitglieder wird davon profitieren. Versuchen Sie auch, einige gute Angewohnheiten aus der Babyzeit hinüberzuretten. Zum Beispiel den morgendlichen Getreidebrei, der sich vielleicht in ein Frischkornmüsli verwandeln lässt, wobei auch nichts dagegen spricht, weiterhin einen warmen, mit Früchten, Nüssen, Samen u. Ä. angereicherten Getreidebrei zum Frühstück zu essen. Auch bei den Gemüsebreien haben sich in Babys erstem Lebensjahr sicherlich einige Lieblingsgemüsearten herausgeschält. Diesen grünen Faden sollten Sie um keinen Preis abreißen lassen, bloß weil es jetzt plötzlich nur noch große Gemüsebrocken gibt, die Ihr Kind womöglich ablehnt. Warum soll es nicht auch weiterhin seine Erbsen püriert oder mit der Gabel zerdrückt essen, wenn ihm das besser schmeckt und es sich auf diese Weise seinen Appetit auf Gemüse bewahrt? Ähnliches gilt für die Milch. Bleiben Sie dabei und bieten Sie – zwar nicht mehr aus der Flasche, sondern aus einem Trinkbecher – zur gleichen Tageszeit die gewohnte Milchration an. Ihr Kind hat einmal Milch gemocht, warum sollte es nicht dabei bleiben? Meist gibt es keinen realen Grund, vorschnell auf zuckerhaltige Kakaogetränke auszuweichen.

Für eine Umstellung ist es nie zu spät

Aber auch wenn Sie erst jetzt zur vegetarischen Vollwertkost überwechseln wollen, ist es für eine solche Umstellung nie zu spät. Bei jüngeren Kindern ist das natürlich leichter – für eine behutsame Umstellung ist das Vorschulalter sicher am günstigsten. Bei älteren Kindern kann es schon die eine oder andere Auseinandersetzung geben. Auch hier ist es wichtig, positive Erlebnisse zu schaffen, alte Lieblingsgerichte vollwertig umzumodeln, neue Lieblingsgerichte zu finden und das neue Essen mit besonders schönen Rahmenbedingungen (einem Picknick, einem Festessen mit anschließendem Spielenachmittag u. Ä.) zu verbinden.

Schwierig kann es vor allem dann werden, wenn es darum geht, »eingefleischte« Gewohnheiten aufzugeben. Versuchen Sie, möglichst wenig »Verzicht« zu fordern, bieten Sie Alternativen an, bleiben Sie tolerant und nehmen Sie Ausnahmen gelassen hin.

In der Umstellungszeit können die an sich nicht besonders vollwertigen, da stark verarbeiteten, dafür aber recht pikanten vegetarischen »Fleischersatzprodukte« wie Sojawürstchen, Sojaburger usw. eine durchaus sinnvolle Rolle spielen. Meiner Erfahrung nach haben Kinder ohnehin weniger Interesse an größeren Fleischbrocken wie Schnitzel, Braten u. Ä. Dagegen fällt es manchen von ihnen besonders schwer, auf den herzhaften Wurstgeschmack zu verzichten. Mittlerweile gibt es in Naturkostläden und speziellen vegetarischen Versandhäusern wirklich leckere Würste und Aufschnittsorten auf Soja- oder Weizenbasis, die es gemeinsam zu entdecken gilt.

Cool bleiben

Die Zeit, in der sie ungestört von äußeren Einflüssen über die Ernährung Ihres Kindes bestimmen können, ist ziemlich kurz. Sehr viel eher als früher setzt heute die Macht der Clique ein: Was die Gleichaltrigen gut finden, wird heilig gesprochen. Vor allem der Konsum bestimmter Produkte und Marken spielt für heutige Kids eine für uns oft nur sehr schwer nachvollziehbare Rolle. Sie gelten ihnen als Gütesiegel, verheißen attraktive Erlebniswelten, garantieren scheinbar die soziale Akzeptanz.
Da heißt es Ruhe bewahren und unbeirrt den eigenen Kurs halten. Wichtig ist vor allem, in den unweigerlich anstehenden Auseinandersetzungen nichts persönlich zu nehmen. In meinem Bekanntenkreis entflammte zwischen zwei Müttern einmal ein bitterböser Streit, weil eines der Kinder verkündet hatte: »Ich würde viel lieber bei XYZ wohnen, da gibt's immer Buttertoast und Nuss-Nougat-Creme.« Reagieren Sie auf solche Äußerungen möglichst cool, z. B.: »Ich habe dir schon erklärt, warum ich so etwas nicht kaufe. Aber von mir aus kannst du bei XYZ so viel von diesem Toastbrot und der Nuss-Nougat-Creme essen, wie du willst.« Lassen Sie vor allem den ersten Teil der Bemerkung (»Ich würde viel lieber bei XYZ wohnen«) an sich abprallen. Sie vermeiden damit nicht nur eine Belastung ihrer Beziehung zu XYZ. Wer sich solche Bemerkungen reinzieht, bietet seinem Kind erst die lohnende Angriffsfläche: Es merkt, dass es in dieser Wunde erfolgreich stochern kann – immer in der Hoffnung, dass Mami dann vielleicht doch noch Weißbrot und Nougatcreme kauft.
Ältere Kinder müssen sich zumindest teilweise mit den Werten ihrer Clique identifizieren, um sich von den Eltern zu lösen und schließlich, nach der Loslösung auch von der Clique, ihren individuellen Weg finden zu können. Lassen Sie sie deshalb ruhig ihre eigenen Erfahrungen machen, steuern Sie beharrlich Ihren gewählten Kurs und konzentrieren Sie sich ganz darauf, viele positive Erfahrungen und Gewohnheiten zu schaffen. So lange Sie ab und zu hören: »Cool, heute gibt's Hirseauflauf!«, ist die Welt noch in Ordnung.

Eltern sind Vorbilder

Das A und O einer erfolgreichen Ernährungserziehung sind Glaubwürdigkeit und gelebtes Vorbild. Niemand kann von Kindern erwarten, dass sie sich richtig ernähren, wenn die Eltern selbst nicht dazu bereit sind. Und nichts durchschauen Kinder schneller als jemanden, der Vollkornbrot predigt und selbst zu Weißbrot greift.

Durch unser gutes Vorbild erreichen wir (wenn auch manchmal recht langfristig) am allermeisten, zumal wir dabei die Gene auf unserer Seite haben. Dass Kinder sich beim Essen nach den Eltern richteten, war in der frühen Menschheitsgeschichte für das Überleben notwendig. Indem sie das Essverhalten ihrer Eltern nachahmten, lernten sie, was essbar und bekömmlich bzw. was giftig oder eher unvorteilhaft war. Frühe Geschmackseindrücke prägen sich tief ins bewusste und unbewusste Gedächtnis ein. Trotz aller späterer Abwege und Irrfahrten, auf die unsere Kinder geraten können, ehe aus ihnen selbst junge Erwachsene werden, können wir durch den selbstverständlichen und lustvollen Umgang mit gesunden Lebensmitteln von frühester Kindheit an einige richtungsweisende Leuchtfeuer setzen.

Wie intensiv kindliche Geschmackserfahrungen wirken können, zeigen auch die interessanten Arbeiten des Hamburger Volkskundlers Andreas Hartmann, der die Geschmackserinnerungen von Menschen sammelt und erforscht. Für sein Buch »Zungenglück und Gaumenqualen« sammelte er eine Vielzahl glücklicher, komischer und trauriger Berichte aus dem Alltagsleben.

Warum es »wie bei Muttern« am besten schmeckt

Ohne dazu aufgefordert worden zu sein, sandten die meisten Teilnehmerinnen und Teilnehmer Berichte über Geschmackserinnerungen aus der Kindheit ein, die sie als prägende Leiterfahrungen in ihrem Lebenslauf bezeichneten. Weil nicht nur der Geschmack einer bestimmten Speise oder eines Getränks, sondern auch Bilder und Geschichten rund um die gesamte damalige Lebenssituation erinnert werden, helfen solche Geschmackserinnerungen offenbar, Ordnung und Orientierung ins Leben zu bringen. Hartmann verspricht sich vom Studium solcher persönlicher Erinnerungen ein tieferes Verständnis von Essgewohnheiten und Geschmackshorizonten. Seiner Ansicht nach sind »unsere Nahrungsstile und unser kulinarisches Alltagsbewusstsein maßgeblich durch unsere Erinnerungen geprägt«. Das zeige sich auch in der Migrationsforschung: Hartnäckiger als an anderen Kulturmustern hielten Menschen an ihren überlieferten Nahrungsgewohnheiten fest.

Mit den Geschmackserinnerungen aus der Kindheit sind oft Gefühle des Geborgenseins, des Zuhauseseins verbunden, in die sich Wehmut mischt, wenn niemand mehr die betreffenden Gerichte so wie die Mutter oder Großmutter (oder der Vater oder Großvater) zubereitet, also »der Geschmack der Kindheit«, dieses Gefühl der Vollständigkeit nicht mehr erreicht werden

kann. Um so glückseliger sind wir, wenn tatsächlich einmal etwas »wie bei Muttern« (oder »wie bei Vatern«) schmeckt! »Haben bestimmte Gerichte in der Kindheit Glücksgefühle ausgelöst und ist dies wiederholbar, erhalten sie eine bestimmte Zauberkraft, die das ganze Leben anhalten, ja sogar in die nächste Generation weitergetragen werden kann.«
Dabei sind es häufig gar nicht mal spektakuläre, aufwendige Gerichte, die intensiv im Gedächtnis bleiben. Viel eher geht es um ein besonders leckeres Marmeladenbrot, eine bestimmte Art Pfannkuchen oder das tägliche Pausenbrot. Negative Erinnerungen illustrieren meist die verheerenden Folgen von autoritären Erziehungs- und Disziplinierungsversuchen rund um die Familienmahlzeiten, etwa die unter Zwang heruntergequälte Fischsuppe, der gegen den Brechreiz angelöffelte Haferbrei.
Hartmann bezeichnet die kindlichen Geschmackserinnerungen als »identitätsstiftend«. Sie haben starke autobiografische Bedeutung, tragen zum »sinnlichen Aufbau unserer Lebenswelt« und zur eigenen Standortbestimmung bei. Den identitätsstiftenden Aspekt der Geschmackserinnerungen können wir uns zu Nutze machen, indem wir versuchen, in Verbindung mit gesundem Essen möglichst viele positive, freudige Geschmackserinnerungen zu schaffen.
Den genauen Inhalt späterer Erinnerungen können wir natürlich nicht bestimmen. Gut möglich, dass unsere Kinder in zwanzig Jahren begeistert beschreiben, wie sie sich, als die Eltern einmal fortfuhren, von dem zurückgelassenen Verpflegungsgeld Tiefkühlpizzen kauften und genüsslich vor dem Fernseher verzehrten. Dass auch solche Regelüberschreitungen reizvoll sind, sollten wir augenzwinkernd akzeptieren und darauf vertrauen, dass wir durch unsere Bemühungen eine ganze Reihe anderer Geschmackserinnerungen ermöglicht haben.

Wollen/können/sollen wir unsere Kinder zu Vegetariern erziehen?

Eltern, die sich selbst vegetarisch ernähren, können sich meist nicht vorstellen, ihren Kindern Fleisch zu geben. Der Gedanke an den Gang zum Schlachter oder zur Fleischtheke, an das Kochen und Braten von Fleisch ist ihnen zuwider, weil sie in jedem Stück Fleisch das tote Tier erkennen. Hinzu kommen gesundheitliche Bedenken angesichts diverser Fleischskandale.
So lange unsere Kinder klein sind und wir voll und ganz darüber entscheiden, was sie zu essen bekommen, ihre Ernährung also ganz bewusst steuern

können, ist das alles kein Problem, und für die Gesundheit der Kinder ist es äußerst vorteilhaft. So lange wir die Nahrungsmittel von Anfang an sorgfältig zusammenstellen und vor allem auf ausreichende Eisenquellen in Verbindung mit Vitamin-C-haltigen Säften, Früchten und Gemüsen achten, versorgen wir sie spielend mit allem, was sie für ein gesundes Wachstum brauchen.

Je älter sie werden, desto stärker wollen Kinder jedoch selbst entscheiden, was sie essen. Bei Einladungen, Geburtstagsfeiern, im Kindergarten und später in der Schule geraten sie außerdem zunehmend unter den Druck gleichaltriger Kinder, für die der Verzehr von Fleisch selbstverständlich ist. Vegetarischen Eltern steht deshalb eine Gratwanderung bevor. Strenge Vorschriften lassen das Verbotene meist nur umso begehrenswerter erscheinen. Außerdem sollten wir unsere Kinder vor Loyalitätskonflikten und einem Status als Außenseiter tunlichst bewahren.

Jedes Kind reagiert anders

Spätestens wenn Ihr Kind zwei bis drei Jahre alt ist, sollten Sie sich deshalb ganz grundsätzlich überlegen, wie Sie mit dem Thema umgehen wollen. Patentlösungen gibt es leider keine, weil jedes Kind unterschiedlich ist und sich auch die familiäre Situation sowie die Umgebung, in der das Kind aufwächst, stark unterscheiden können. Lebt die ganze Familie oder, wie das ebenfalls oft der Fall ist, nur ein Elternteil vegetarisch? Leben Sie in einem vegetarierfreundlichen Umfeld und haben vielleicht sogar einen Kindergarten zur Auswahl, in dem es für alle Kinder eine vegetarische Verpflegung gibt? Wie wichtig ist es Ihnen, dass Ihr Kind fleischfrei aufwächst und Sie in jeder Situation auf seine Ernährung Einfluss nehmen können? Und schließlich: Wie reagiert und was möchte Ihr Kind?

Es gibt Kinder, die sich auch außer Haus ganz selbstbewusst zu einer vegetarischen Linie bekennen, ja sogar einen gewissen Stolz daraus beziehen, anders zu sein als die anderen, sich also von feindlichen oder skeptischen Reaktionen gar nicht erst anfechten lassen. Andere Kinder sind in dieser Hinsicht empfindlicher, sie wollen nicht auffallen, nicht aus der Masse ausscheren, sind anfälliger für kritische Bemerkungen oder Hänseleien. Und es gibt Kinder, denen es schon in jungen Jahren wichtig ist, ihren eigenen Weg zu gehen und ihren Eltern ganz selbstsicher entgegen halten: »Ich will aber Wurst essen. Was ihr macht, ist eure Sache, ich esse Wurst.«

In jedem Fall sollten Sie Ihren persönlichen Erziehungsstil dem Wesen und den ganz besonderen Bedürfnissen Ihres Kindes anpassen. Es hat wenig Sinn, wenn Sie durch Strenge eine Abwehrhaltung erzeugen und damit am Ende genau das Gegenteil von dem erreichen, was Sie eigentlich beabsichtigt hatten.

Nicht verbieten, sondern erklären

Ganz wichtig ist, dass es weniger Ge- und Verbote als Erklärungen gibt. Es ist erstaunlich, wie gut schon kleine Kinder Zusammenhänge verstehen können und auch danach fragen. Kinder lieben Tiere. In Form von Kuscheltieren oder echten Haustieren sind sie ihre besten Freunde, die sie gerade auch dann verstehen, wenn die Erwachsenenwelt ihnen bedrohlich erscheint. Gelegentlich leiten sie aber auch ihre kindliche Frustration und Aggression auf ihre Kuscheltiere oder kleinere Tiere in Haus und Garten ab. Warum Tiere und Menschen sterben, warum sie unter Umständen getötet werden, versuchen alle Kinder zu begreifen, und sofern sie danach fragen, kann man ihnen erklären: »Wir essen keine toten Tiere, weil die Tiere unsere Freunde sind.« Auch gesundheitliche Argumente lassen sich kurz und knapp formulieren. Ältere Kinder sind unter Umständen gerade auch für ökologische Argumente zugänglich.
Einige kurze, sachliche Bemerkungen sollten genügen. In keinem Fall sollten Sie sich dazu hinreißen lassen, die Qualen von Schlachttieren auszumalen, den fleischessenden Teil der Menschheit als barbarisch zu verurteilen oder Ihrem Kind ein schlechtes Gewissen zu machen, es wäre ein »Tierquäler« oder »Tiermörder«, wenn es mal einen Wurstzipfel isst. Ihr Kind wäre mit diesen emotionalisierten Vorwürfen komplett überfordert. Würde es sie gegenüber anderen wiederholen, könnte es bei seinen Altersgenossen außerdem damit Zorn und Spott ernten und in eine Auseinandersetzung geraten, der es noch gar nicht gewachsen ist. Wird ein Kind durch emotionalen oder sonstigen Zwang zur vegetarischen Ernährung gedrängt, wird es früher oder später dagegen rebellieren und sich, vom elterlichen Druck befreit, umso gieriger auf die bis dahin verbotenen Fleischberge stürzen. Druck erzeugt Gegendruck. Deshalb gibt es bei der Ernährungserziehung auch nur eine einzige zufriedenstellende Lösung: Vorleben und schmackhaft machen.

Vegetarismus glaubhaft vorleben

Dogmatismus wirkt abschreckend, Abstinenzlertum sauertöpfisch und verkniffen. Beides brauchen wir nicht, um den Vegetarismus glaubhaft

vorzuleben. In den Vorstellungen vieler Menschen ist die vegetarische Lebensweise unweigerlich mit Verzicht verbunden. In diesem Irrtum wollen wir sie gar nicht erst bestärken. Im Gegenteil, Vegetarismus ist ein Zugewinn – an Lebensfreude, an Gesundheit, an Genuss!
Bestens bewährt hat sich in diesem Zusammenhang die Begründung meines Mannes, wenn er gefragt wird, warum er Vegetarier ist: »Weil es so viel besser schmeckt!« Die Antwort verblüfft viele, ist aber ganz ehrlich gemeint und aus diesem Grund auch überzeugend. Was nicht schmeckt, kann letztlich auch nicht gesund sein. Für eine gesunde Ernährung soll man sich nicht kasteien müssen. Entgegen der alten Volksmeinung muss eine gute Medizin nicht bitter schmecken. Im Gegenteil, die vegetarische Vollwertkost, mit Fantasie und ein wenig Know-how zubereitet, ist das Schmackhafteste, was man sich nur vorstellen kann. Wenn wir unseren Kindern eine Ahnung davon vermitteln, haben wir schon viel erreicht.
Lassen wir unseren Kindern also genügend Raum für die Entwicklung ihrer individuellen Vorlieben und Abneigungen. Ihren freien Willen dürfen wir nicht beschneiden. Was außerhalb unseres Hauses geschieht, können wir, wenn sie älter werden, ohnehin nicht kontrollieren. Jeder dirigistische Versuch in diese Richtung würde sie nur mit Loyalitätskonflikten quälen. Erziehung kann ohnehin nur ein Wegweiser sein. Im Glücksfall werden sie ihn nicht aus den Augen verlieren.

Die eigenen Grenzen finden

Wie aber in Ihrem eigenen Haushalt gehandelt wird, können Sie selbst bestimmen. Überlegen Sie, wo Ihre ganz persönlichen Grenzen liegen. Manchen Vegetarierinnen und Vegetariern macht es nichts aus, für fleischessende Familienmitglieder gelegentlich auch mal Fleisch zu kochen. Anderen widerstrebt es schon, Fleisch oder Wurst zu kaufen und im Kühlschrank zu haben. Was für Sie und Ihre Familie machbar und praktikabel ist, müssen Sie im Gespräch selbst herausfinden.
In unserer Familie haben wir recht erfolgreich das Im-Haus-/Außer-Haus-Modell praktiziert: Bei uns werden Fleisch- und Fischwaren weder gekauft noch gekocht. Außer Haus, also z. B. bei Freunden und wenn wir essen gingen, konnte unser großer Sohn, als ihm das noch wichtig war, aber alles essen, was er wollte, ohne dass wir das irgendwie kommentierten. Das Ergebnis war, dass er zu Hause die vegetarische Vollwertkost gründlich kennen lernte, die Gerichte, die er kochen kann, ebenfalls fleischlos sind, und er sich mit einundzwanzig ganz von sich aus zum Vegetarier erklärte.

Tolerant bleiben

Diese Entwicklung scheint typisch zu sein. Bei der Vorbereitung dieses Buches befragte ich eine ganze Reihe »lebenslanger« Vegetarierinnen und Vegetarier im persönlichen Gespräch. Die meisten haben in ihrer Kindheit und Jugend zumindest vorübergehend an fremden Fleischtöpfen geschnuppert und sich einige Jahre lang als Teilzeitvegetarier durchgewurstelt, ehe sie sich schließlich wieder ganz für den Vegetarismus entschieden. Ihnen allen war wichtig, dass diese Entscheidung unabhängig von den Eltern und nicht auf deren Druck hin geschah.

Kinder sind Gäste, die nach der Speisekarte fragen. Machen wir ihnen ein reichhaltiges und gesundes Angebot und lassen wir ihnen die freie Wahl. Ob sie sich später einmal ganz für den Vegetarismus entscheiden oder auch Fleisch essen wollen, müssen sie selbst herausfinden. Immerhin können wir ihnen die Erfahrung mit ins Leben geben, dass fleischlose Kost sehr lecker ist, und sie mit einer möglichst großen Bandbreite gesunder Lebensmittel so vertraut machen, dass sie später in der einen oder anderen Form immer wieder darauf zurückgreifen können.

Mother's little helpers: Kinder an die (Küchen-)Macht

Natürlich sind damit auch »father's little helpers« gemeint! Da die Auseinandersetzungen über die Mithilfe im Haushalt früher oder später ohnehin kommen, kann es nur vorteilhaft sein, wenn Sie Ihre Kinder von Anfang an daran gewöhnen, dass alle Familienmitglieder in der Küche mit anpacken müssen. Gerade für Jungen ist es wichtig, dass sie ihre Väter ganz selbstverständlich in der Küche arbeiten sehen. Glaubwürdigkeit und Vorbildfunktion spielen auch hier die entscheidende Rolle.

Kommt das Essen wie aus heiterem Himmel fertig auf den Tisch, haben Kinder ein ganz anderes Verhältnis dazu als beim aktiven Mithelfen. Die gemeinsame Zubereitung der Mahlzeiten ist Ernährungserziehung ohne Worte. Vermittelt werden der Umgang mit den verschiedensten Zutaten und Kochgeräten, die Zubereitung einfacher Gerichte und – am allerwichtigsten! – Spaß am Kochen und Freude am Gelingen leckerer Speisen.

Dem Koch-Analphabetismus entgegenwirken

Immer weniger Menschen können kochen. Wie in vielen anderen Bereichen auch ist in unserer Gesellschaft eine seltsame Spaltung zu beobachten: Zwischen den Leuten, die eine edle Esskultur pflegen und nach aufgestylten Kochbüchern möglichst aufwendig kochen, und der breiten Masse, die immer weniger allgemeine Kochkenntnisse hat.

Inzwischen haben selbst in den Naturkostläden und Reformhäusern die sogenannten Convenience-Produkte Einzug gehalten, die in den Supermärkten schon seit einigen Jahren unübersehbar auf dem Vormarsch sind. Darunter versteht man Pizzen, Baguettes und andere Fertig- und Halbfertiggerichte, Backmischungen und Ähnliches, die viel Zubereitungszeit sparen, aber zwei Nachteile haben: Man kann nicht mehr nachvollziehen, was eigentlich drin ist. Und es gehen grundlegende Fertigkeiten verloren. Bald weiß niemand mehr, wie man eigentlich eine richtige Pizza bäckt, eine echte Sauce kocht, einen Pudding aus natürlichen Zutaten zubereitet. Wenn sich meine Mutter früher mit ihren Nachbarinnen über ein neues Backrezept unterhielt, hieß es: »Also, erst mal machst du einen Rührteig (Knetteig, Hefeteig) und dann ...« Heute würden die meisten an der Stelle bereits abschalten, weil das, was früher zum Allgemeinwissen zählte, nämlich wie man einen Rührteig, Knetteig oder Hefeteig macht, zum Teil schon verloren gegangen ist.

Kein Wunder, dass besorgte Fachleute von einem wachsenden Koch-Analphabetismus sprechen und Organisationen wie »Eurotoques«, ein Zusammenschluss europäischer Spitzenköche (*Toques* = franz. Kochmütze), Geschmacksunterricht als Pflichtfach in unseren Schulen fordern. Diese Alphabetisierungskampagnen können wir in unserer eigenen Küche unterstützen, indem wir unseren Kindern möglichst vielfältige und echte Geschmackserlebnisse verschaffen und sie von vornherein in die Zubereitung der gemeinsamen Mahlzeiten einbinden.

Deshalb sollten Sie den Wunsch zu helfen (wie ihn vor allem jüngere Kinder noch begeistert äußern) auf keinen Fall abblocken, auch wenn es Ihnen öfter lästig ist, Sie ohne Ihr Kind schneller vorankämen oder die Mahlzeit mit kindlicher Hilfe vielleicht nicht ganz so perfekt wird. Gemeinsam kochen macht Spaß, und im Laufe der Zeit wird die Mithilfe der Kinder auch zur Entlastung. Wenn Sie Ihre Kinder aus dem Lebensbereich Küche aussperren, haben Sie damit eine große Chance zur praktischen Ernährungserziehung vertan.

Die Spielküche

Kleine Kinder, und zwar Jungen ebenso wie Mädchen, sollten unbedingt eine Spielküche haben. Preis und Ausstattung spielen dabei eine untergeordnete Rolle, mit den einfachsten Hilfsmitteln lässt sich fantasievoll und oft besser spielen als mit dem teuersten Schnickschnack, der den Spieltrieb eher hemmt. Vielleicht können Sie aus einem alten Schränkchen o. Ä. selbst eine kleine Küche basteln. Wichtig sind Herd und Spüle sowie Töpfe, Pfannen, Schüssel, Tiegel, Kochlöffel, Besteck und möglichst viele Kochzutaten. Im Spielwarenladen können Sie kleines Obst oder Gemüse aus Holz oder Plastik kaufen. In der Dekoabteilung von Baumärkten gibt es täuschend echte Nachbildungen vieler Obst- und Gemüsearten aus Pappmaschee. Halten Sie die Augen auf, dann werden Sie bald eine stattliche Sammlung beisammen haben.

Die Spielküche bietet endlose Möglichkeiten für Rollenspiele, in denen die wichtige soziale Funktion des Kochens thematisiert werden kann: Die Eltern kochen für die von der Schule heimkehrenden Kinder, der Vater kocht für die längere Schichten arbeitende Mutter, das Kind für die erholungsbedürftigen Eltern, ein Koch oder eine Köchin auf Bestellung für die Gäste eines Restaurants usw. Beobachten Sie selbst, auf welche originellen Ideen Ihr Kind alleine oder mit seinen Freundinnen und Freunden beim Kochen in der Spielküche kommt.

Grundschulkinder können vielleicht einen kleinen Elektro-Kinderherd mit dazugehörigem Kochbuch bekommen, auf dem sich bei geringer Hitze einfache Mahlzeiten zubereiten lassen. Meine Tanten Maria und Elisabeth schenkten mir Anfang der Sechzigerjahre so ein Wunderding. Ich weiß nicht, wie viele Gäste meine Nachbarskinder und ich in unserem Restaurant mit ständig wechselnden Fantasienamen und Speisekarten mit Hilfe dieses Herdes bewirtet haben. In jedem Fall weckte dieses Geschenk eine Leidenschaft, die bis heute ihren Reiz behalten hat.

Learning by doing

Ebenso wichtig war für mich, meiner Großmutter und meiner Mutter beim Kochen zuzusehen und dabei die eine oder andere Grundregel aufzuschnappen. Muntere Gespräche, Lieder, Versrätsel und andere Vergnüglichkeiten beim oft langwierigen Vorbereiten gartenfrischer Zutaten (Erbsen palen, Zwetschgen entkernen u. Ä.) sorgten für eine gemütliche Atmosphäre. Versuchen wir, ein wenig davon einzufangen, indem wir das Kochen, wie man heute sagen würde, zum »Event« erklären.

Kleine Kinder sollten einen rutschfesten Schemel haben, damit sie alles sehen können, was auf der Arbeitsfläche in der Küche vor sich geht. Eine kleine Schürze, vielleicht sogar eine Kochmütze, sind gern angenommene Accessoires.

Auf jeden Fall sollten die Kinder in die Auswahl und Planung der Mahlzeiten einbezogen werden. Die gemeinsame Zubereitung macht dann noch mehr Spaß, und nach einer alten Küchenregel schmeckt Selbstgekochtes doppelt so gut.

Schon ganz kleine Kinder können mit einem stumpfen Messer Plätzchen von einer Teigrolle abschneiden oder mit etwas Unterstützung Milch in den Joghurtbereiter füllen. Später wird das Plätzchen ausstechen zum größten Hit. Mit den gleichen Teigausstechern können sie aber auch Käse, Apfel- oder Kiwischeiben ausstechen oder aus Kartoffelbrei, Brotaufstrichen, Cremes oder Sahne mit dem Spritzbeutel lustige Verzierungen zaubern.

Stolz sind Kinder, wenn sie eine bestimmte Aufgaben zugeteilt bekommen. So kann z. B. schon ein Dreijähriger als Saucenkoch agieren. Mit ein wenig Hilfe und Anleitung kann er ohne weiteres diverse heiße und kalte Saucen zusammenrühren.

Sind mehrere Kinder zu Gast und haben Lust mitzuhelfen, bietet sich eine selbst gemachte Pizza an. Rollen Sie den Pizzateig aus, bestreichen Sie ihn mit Tomatensauce und teilen Sie jedem der Kinder ein Planquadrat zu, das

es sich dann ganz nach seinem persönlichen Geschmack mit den bereit gestellten Käse- und Gemüsestückchen belegen kann.
Beim gemeinsamen Kochen kann man ab und zu kurze Bemerkungen einstreuen, die sich dann vielleicht irgendwann einmal als kleines Regelwerk im Kopf des Kindes festsetzen, z. B. »Die Sauce klumpt nicht, wenn du immer erst kaltes Wasser einrührst«, oder »Kalte Butter ist zu hart für den Teig, du musst sie immer erst aufwärmen, das knetet sich besser«. Langwierige Belehrungen sind natürlich tabu. Aber ein wenig kann man das »Learning by doing« schon unterstützen. Größere Kinder können, wenn Sie wollen, bei Ihnen auch eine Art Kochstunde nehmen, sodass sie später einen Teil der Mahlzeit selbst übernehmen oder einmal ganz für die Eltern kochen können: »Komm, ich zeig dir, wie dein Lieblingsgericht geht, dann kannst du es auch einmal ganz allein für dich und deine Freunde kochen.« Eine schöne Idee (vor allem für Väter und Söhne) ist auch, mit ihrem älteren Kind gemeinsam einen besonderen Kochkurs zu belegen.

Sicherheit und Selbstvertrauen

Natürlich liest man immer wieder, dass Kinder in der Küche Unfälle erleiden (am bekanntesten sind Verbrühungen durch vom Herd gezogene Kochtöpfe). Welche Sicherheitsvorkehrungen Sie treffen müssen, hängt ganz vom Temperament Ihres Kindes ab. Bei vielen genügt es, sich beim Kochen auf die hinteren Herdplatten zu beschränken, andere brauchen Sicherheitssperren rund um das Kochfeld, weil sie nach allem grapschen, was sie dort zu fassen bekommen. Manche Kinder kämen nie auf die Idee, an den Schaltern für Platten und Backofen zu drehen, andere haben schon diverse leere Platten zum Glühen gebracht und kommen ohne Sicherheitsgriffe nicht aus.
Beobachten Sie Ihr Kind und testen Sie vorsichtig, wie viel Sie ihm zutrauen können. Achten Sie aber auch darauf, dass Sie die Grenzen vor lauter Ängstlichkeit nicht zu eng ziehen. So sind z. B. Messer natürlich für Kinder gefährlich, trotzdem müssen sie lernen, damit umzugehen. Den vorsichtigen Umgang mit Messern (z. B. beim Gurken schneiden) kann man ebenso einüben wie den Respekt vorm heißen Herd oder das gelegentliche gemeinsame Anzünden einer Kerze mit einem Streichholz. Je weniger strikte Verbote ausgesprochen werden, desto geringer ist auch der Reiz, sie heimlich zu übertreten. Sicherheit entsteht durch Ruhe, Umsicht und Selbstvertrauen.

Essen zu Hause: Spaß und Freude an gemeinsamen Mahlzeiten

Nach der Küche bildet der Esstisch den zweiten wichtigen Schauplatz für die praktische Ernährungserziehung. Kein noch so langer Vortrag über gesunde und ungesunde Nahrungsmittel, den Sie Ihren Kindern auftischen, keine Predigt über das Leid geschlachteter Tiere, keine moralischen Vorhaltungen oder gar Drohungen mit späteren Gesundheitsschäden werden Ihre Kinder so überzeugen wie eine mit viel Spaß und Genuss gemeinsam gekochte und verzehrte leckere Mahlzeit.
Überlegen Sie, was der Begriff Esskultur für Ihre Familie bedeuten könnte. Gerade bei der Gestaltung der einzelnen Mahlzeiten haben die Eltern Vorbildfunktion. Wer sich selbst hektisch ein Frühstücksbrötchen und eine Tasse Kaffee reinzieht, dabei zwischen Küche und Badezimmer hin- und herläuft und ganz nebenbei auch noch seine Tasche packt, braucht sich nicht zu wundern, wenn sein Kind nicht richtig frühstücken will. Und wer mittags schnell etwas in die Mikrowelle schiebt und abends vor der Glotze Brot und Kartoffelchips futtert, wird in seinem Kind mit Sicherheit kein gesundes Ernährungsbewusstsein wecken.

Lieber locker vom Hocker als hektisch vom Ecktisch

Das Fehlen regelmäßiger, selbst zubereiteter Mahlzeiten wird häufig damit begründet, das heutige Leben sei so hektisch. Aber auch eine Fertigpizza braucht im Ofen eine Viertelstunde. Einen Salat zu mischen, Pellkartoffeln mit Quark zuzubereiten, Nudeln mit Gemüse und Sauce zu kochen oder ein Müsli zusammenzumischen, würde auch nicht viel länger dauern, hätte aber eine ganz andere Wirkung auf Ihr Kind.
Zwingen Sie sich dazu, die Mahlzeiten wichtig zu nehmen. Erliegen Sie nicht der Versuchung, Ihr Kind nebenbei mit irgendetwas Praktischem abzufüttern.
Gemeinsame Mahlzeiten sind die Eckpfeiler im Tagesablauf einer Familie. Sie sind Oasen im hektischen Alltagstrubel, vermitteln Kindern Ruhe, Geborgenheit und Beständigkeit – und oft sind sie auch die einzige Gelegenheit, zu der alle Familienmitglieder um einen Tisch versammelt sind. Diese Chance sollten Sie nutzen.
Sorgen Sie dafür, dass Ihre Mahlzeiten, besonders auch das Frühstück, ohne Hetze vonstatten gehen können. Niemand sollte zum Schnell- und Nebenbeiessen genötigt werden. Eine hektische Nahrungsaufnahme mit ständigem

Blick auf die Uhr nach dem Motto »Schneller kauen!« macht nervös und führt mit Recht zu Bauchschmerzen. Aus dem gleichen Grund sollten Fernseher, Radio und Computer während des Essens ausgeschaltet bleiben.

In Ruhe frühstücken

»Frühstück ist die schönste Jahreszeit!« Mit diesem Ausruf ließ sich eine ältere Dame in einer kleinen österreichischen Pension, in der ich als Kind mit meinen Eltern einmal den Skiurlaub verbrachte, jeden Morgen am Frühstückstisch nieder. Ihr Motto hat sich mir eingeprägt, und ich habe es später oft genug zitiert, spricht es mir doch wahrlich aus dem Herzen. Was geht über ein leckeres, genüssliches und gemütliches Frühstück? Besser kann ein Tag doch gar nicht beginnen!
Dennoch stürzen viele Menschen morgens nach einem kärglichen Frühstück oder gar mit leerem Magen aus dem Haus. Lässt der familiäre Zeitplan für eine ruhige Mahlzeit am Morgen keinen Raum, wird das hektische Frühstücksverhalten von den Kindern schnell kopiert. Kippen die Eltern zwischen Tür und Angel eine Tasse Kaffee herunter und schlingen dazu ein Weißmehlbrötchen hinein, wird es um das Frühstück der Kinder auch nicht viel besser bestellt sein.
Denken Sie daran, dass Ihrem Kind (ebenso wie Ihnen!) ein anstrengender Tag bevorsteht, der sich mit einer guten Grundlage im Magen viel besser bewältigen lässt. In der Nacht haben sich unsere Speicher geleert. Damit wir wieder aktiv sein und etwas leisten können, müssen sie aufgefüllt und die Blutzuckerkonzentration in unserem Gehirn angekurbelt werden. Ein mangelhaftes Frühstück kann zu Schlappheit und Konzentrationsproblemen führen. Die Deutsche Gesellschaft für Ernährung (DGE) empfiehlt, durch Frühstück und Pausenbrot bei Kindern insgesamt ein Drittel des täglichen Energiebedarfs zu decken. Trotzdem frühstücken nur zwei von drei aller 6- bis 14-jährigen Kinder täglich; bei den 6- bis 8-Jährigen sind es noch 71 %, bei den 12- bis 14-Jährigen nur noch 57 %.
Natürlich kann das Frühstück an Wochentagen nicht immer so üppig und langwierig ausfallen wie am Wochenende, aber für eine ruhige Mahlzeit sollte genug Zeit sein. Lieber eine Viertelstunde früher aus dem Bett quälen als am Frühstückstisch in Hektik geraten. Wenn nicht die ganze Familie zusammenkommen kann, sollte zumindest ein Erwachsener dem Kind oder den Kindern Gesellschaft leisten und sich in Ruhe dazu setzen. Das gemütliche Frühstück am Wochenende können dann alle gemeinsam zelebrieren.

»Keine Zeit« gilt nicht

Zwei Gründe führen Frühstücksmuffel zu ihrer Verteidigung an: 1. keine Zeit, 2. kein Appetit. Was die Zeit betrifft: Setzen Sie sich mit Ihrem Kind in Ruhe an den Frühstückstisch, auch wenn Sie dafür den Wecker etwas früher stellen müssen. Regelmäßige, gemeinsame Mahlzeiten sind für Kinder und ihr Ernährungsverhalten wichtige Orientierungspunkte. Wenn es morgens dafür zu hektisch ist, können sie ja abends schon besprechen, was jede/r frühstücken will, und so weit wie möglich alles vorbereiten. Und wer partout morgens nichts herunterbekommt: Ein in Ruhe geschlürftes Glas Bananenmilch, Hafermilch oder Kakao ist besser als gar nichts; durch eine etwas reichlichere Pausenverpflegung kann das Defizit dann wieder ausgeglichen werden.

Zum Sonntagsfrühstück können frische Brötchen und vielleicht auch einmal ein gekochtes Frühstücksei auf den Tisch kommen. Beim Alltagsfrühstück heißt die Devise: Brot mit herzhaftem oder süßem Belag oder Müsli.

Brot oder Müsli gefällig?

Müsli hat den Vorteil, dass es gleich von sich aus viele Kohlenhydrate, Ballaststoffe, Mineralstoffe, Spurenelemente und Vitamine sowie wenig Fett und Zucker mitbringt. Mit Milch, Joghurt oder Schwedenmilch ergänzt es sich zu einem idealen Nährstoffcocktail. Eine besonders gesunde Variante, wenn auch nicht jedermanns und jederfraus Sache, ist das Frischkornmüsli aus frisch geschrotetem, über Nacht eingeweichtem Getreide (siehe Rezepte). Wenn Sie ein Fertigmüsli verwenden, sollten Sie darauf achten, dass es keine Zucker- oder Honigzusätze und erst recht keine Schokolade enthält. (Das sogenannte Schokomüsli ist doch eine recht fragwürdige Erfindung!) Besser als ein fertig gemischtes Müsli kommt bei vielen Kindern meiner Erfahrung nach ohnehin eine bunte Auswahl verschiedenster Müslizutaten an, die sich jede und jeder individuell zusammenstellen kann. Bieten Sie dazu frisches Obst, Trockenfrüchte, Milch, Joghurt, Schwedenmilch, Buttermilch oder Fruchtsaft an. Im Rezeptteil habe ich einige Anregungen zum Mischen für Sie zusammengestellt.

Müsli ist gesundes Fast Food – es ist schnell zubereitet und schafft eine gute Grundlage für die Anforderungen des Tages. Wenn Sie oder Ihre Kinder zum Frühstück aber lieber Brot essen, finden Sie im Rezeptteil zahlreiche Ideen für süße und herzhafte Brotaufstriche, die sowohl für das erste Frühstück zu Hause als auch für das zweite Frühstück im Kindergarten oder in der Schule bestens geeignet sind.

Das Pausenbrot

Zwei Frühstücke sind besser als eins! Die Leistungskurve sinkt bei Kindern viel schneller als bei Erwachsenen. Zwei bis drei Stunden nach dem ersten Frühstück brauchen sie eine Zwischenmahlzeit mit hochwertigem Eiweiß, Vitaminen, Mineralien und Spurenelementen, vor allem Kalzium und Eisen. Vollkornbrot mit Käse oder vegetarischen Brotaufstrichen, Obst, Gemüse und Milchprodukte bieten sich an. (Natürlich kann das Pausenbrot, je nach persönlicher Vorliebe, auch ein Müsli sein: In eine etwas größere Dose kommt das Trockenfutter, die Milch in eine Dose oder ein Glas mit Schraubverschluss. Kurz vor dem Verzehr lässt sich dann beides mischen – Löffel nicht vergessen!)

Besetzen Sie das Thema Pausenbrot von Anfang an positiv, indem Sie gemeinsam eine schöne Dose und eine Flasche aussuchen, mit Namensaufklebern versehen und mit Bildchen verzieren. Wichtig ist auch, dass Sie von Anfang an mit Ihrem Kind offen darüber sprechen, was es in der Pause am liebsten essen möchte. Manchen Kindern ist es wichtig, dass sie immer das Gleiche bekommen: Das Öffnen der Pausendose ist für sie ein vertrautes Ritual und der Inhalt eine Erinnerung an zu Hause, die ihnen in der Außenwelt Sicherheit gibt. Andere Kinder brauchen Abwechslung, um ihr Pausenbrot weiterhin attraktiv zu finden. Variieren Sie die Beilagen wie Möhren, Gurke, Paprika, Kohlrabi, Salatblätter (Eisberg), Selleriestangen (eventuell dünn mit Erdnussbutter bestrichen), Radieschen oder Bananen, Birnen, Äpfel, Weintrauben und geben Sie gelegentlich auch ein Joghurt oder eine kleine Sojawurst (z.B. Mini-Krakauer aus dem Reformhaus) mit. Legen Sie öfter mal eine kleine Überraschung, z.B. Mini-Käse, frische Beeren oder einen kleinen Zettel mit einem lustigen Spruch oder Bildchen bei. Reihen Sie Gemüse-, Obst- und mit Butter oder Frischkäse bestrichene Vollkornbrotstücke an einem Holzspieß auf. Stechen Sie mit Keksausstechern Formen aus Käse aus. Geben Sie zum Knabbern selbst gemachtes Popcorn, Trockenfrüchte, Nüsse, Studentenfutter und gelegentlich auch mal einen Früchte- oder Getreideriegel mit.

Gegen den Pausendurst helfen Wasser, verdünnte Fruchtsäfte, Milch, Buttermilch oder ungesüßter Tee in einer nicht zu schweren, sicher verschließbaren Flasche.

Was tun, wenn das Schulbrot nicht gegessen wird?

Bei einer nicht repräsentativen Umfrage unserer regionalen Tageszeitung zum Thema »Was essen Schüler in der Pause?« stellte sich heraus, dass

65 % der an der Umfrage beteiligten 138 Schülerinnen und Schüler ein Pausenbrot von zu Hause mitbrachten, die übrigen 35 % bekamen Geld mit, um sich etwas in oder vor der Schule zu kaufen. Nur 61 % derjenigen, die etwas zu essen mitbrachten, aßen dies jedoch auch tatsächlich auf. 22 % besorgten sich lieber am Schulkiosk Bockwurst, Frikadellen oder Baguette, die anderen holten sich Süßigkeiten. Bei den Getränken bevorzugten etwas weniger als die Hälfte Saft oder Kakao, die knappe Mehrheit dagegen Cola und süße Limonaden.

Die Zahlen sind ernüchternd, aber nicht überraschend. Je älter Ihr Kind wird, desto stärker müssen Sie Ihr Gespür für Probleme mit dem Pausenbrot schärfen. Bleiben Sie im Dialog. Fragen Sie öfter nach: »Wie ist das mit deinem Pausenbrot? Magst du das noch, was ich dir mitgebe, oder möchtest du etwas anderes haben?« Sonst kann es sein, dass Sie sich die größte Mühe geben, der Inhalt der Pausendose dann aber doch im Mülleimer landet. (Gerade weil sie keine Lust auf diese ständigen Auseinandersetzungen haben, drücken viele Eltern ihren Kindern lieber ein Geldstück in die Hand.) Sprechen Sie mit Ihrem Kind auch offen über den Vergleich mit anderen Kindern. Es kann nämlich durchaus sein, dass das Mitgegebene dem Kind zwar schmeckt, sich seine Begehrlichkeit aber dennoch auf das richtet, was alle anderen haben (sprich: süße Riegel, Gummibärchen, süße Trinkpäckchen, Nougatcreme, Minisalami). Gegen die Macht der Clique können Sie mit gesundheitlichen Argumenten allein nicht lange anstinken. Was die Clique sagt, ist Gesetz. Und ein Vollkornbrot mit Ökoapfel sieht in deren Augen möglicherweise nun einmal äußerst uncool aus. Aus eigener Erinnerung an meine Kindheit weiß ich, dass es durchaus schmerzen kann, nicht das Gleiche zu haben wie alle anderen. Manche Kinder reagieren selbstbewusst, andere schämen sich und fühlen sich von ihren Eltern zu Außenseitern gemacht.

Das Gespräch suchen

Bleiben Sie daher im Gespräch mit Ihrem Kind und suchen Sie stets aufs Neue nach Kompromissen. Dass es immer Gleichaltrige gibt, die mehr oder etwas anderes haben, ist eine Grunderfahrung, die Sie Ihrem Kind nicht ersparen können. Dennoch sollten Sie für Zwischenlösungen offen sein. Wenn Ihr Kind mal einen Schokoriegel isst oder eine Cola trinkt, geht davon die Welt nicht unter. Wichtiger ist, dass es Ihnen gegenüber offen bleibt und sich nicht aus Angst vor Vorhaltungen oder Strafen zu Heimlichkeiten gezwungen sieht.

Vielleicht ist auch ein Gespräch mit den anderen Eltern (z. B. auf einem Elternabend) möglich. So könnte man sich einvernehmlich darauf verständigen, was tunlichst nicht mitgegeben werden sollte, z. B. Getränkedosen und -tüten, Limonaden, Schokolade usw. Wichtig ist, bei solchen Gesprächen nicht als penetrante »Besseressis« aufzutreten, das führt nur zu Aggressionen und Ablehnung. Anstatt die Unterschiede herauszustreichen, sollten Sie an das Gemeinsame appellieren: »Wir wollen doch alle unseren Kindern einen vernünftigen Umgang mit dem Essen vermitteln.« Vielleicht kann gleichzeitig in der Schule oder im Kindergarten das Thema Essen für eine Zeit im Mittelpunkt stehen, und Eltern, Kinder und Lehrer bzw. Erzieherinnen können einmal gemeinsam ein gesundes Frühstück veranstalten.

Die warme Mahlzeit

Ob Sie mittags oder abends warm essen, sollten Sie vom Tagesrhythmus der verschiedenen Familienmitglieder abhängig machen. Halten Sie nicht krampfhaft am warmen Mittagessen fest, wenn das für Sie nur mit Stress verbunden ist. Wichtig ist nur, dass einmal am Tag warm gegessen wird, und das kann genauso gut auch (nicht zu spät) am Abend sein.
Ob warm oder nicht, für Schulkinder ist das Mittagessen auch deshalb wichtig, weil sie dabei von ihren Erlebnissen berichten und Sorgen und Probleme loswerden können. Deshalb sollte sich nach Möglichkeit ein Erwachsener zu ihnen setzen. Wenn beide Eltern berufstätig sind, lässt sich vielleicht ein Mittagstisch bei Nachbarn, Verwandten oder Freunden organisieren.
Sind ältere Kinder notgedrungen mittags dennoch einige Zeit allein zuhause, brauchen Sie sie nicht gleich mit Fertiggerichten abzuspeisen. Stellen Sie Vollkornbrot, verschiedene leckere Brotaufstriche, Müsli, Obst und Joghurt in die Küche. Sorgen Sie für einen Teller mit Rohkoststiften und Dip für die Wartezeit. Oder bereiten Sie etwas vor, das sich leicht aufwärmen lässt, z. B. Reste vom Vortag oder eine Suppe.
Zeigen Sie Ihrem Kind vorher, was es beim Aufwärmen zu beachten gibt und wann die Zugabe von Wasser oder Fett nötig ist (Anbrenngefahr!). Auf diese Weise kann Ihr Kind Kocherfahrungen sammeln und Sicherheit im Umgang mit Herd, Ofen und Küchenutensilien gewinnen.
Wenn Sie es vorher schon ein paarmal mit ihnen geübt haben, können sich ältere Kinder auch immer wieder einmal eine Kleinigkeit selbst zubereiten. Ein ewiger Kinderhit und ganz leicht nachzukochen sind natürlich Nudeln mit Tomatensauce. Die jeweiligen Lieblingsnudeln und eine vorbereitete Tomatensauce sollten Sie deshalb möglichst immer im Vorrat haben. Ist

gerade keine Tomatensauce verfügbar, ist aber auch das kein unlösbares Problem: Viele Kinder machen sich auch gern Nudeln mit Butter oder Olivenöl, Salz und frisch geraspeltem Käse. Oder sie rühren rotes oder grünes Pesto als würzige Ersatzsauce in die heißen Nudeln.
Relativ leicht und schnell zu lernen sind auch Rührei oder Spiegelei. Rührei lässt sich gut mit Kartoffeln oder Gemüse vom Vortag, frischen Tomaten oder Kräutern ergänzen. Spiegelei mit Vollkorntoast und einer Scheibe Käse dazwischen wird zum leicht abwandelbaren »Strammen Max«.
Vollkorntoast schmeckt Kindern häufig auch besonders gut mit Käse überbacken. Das geht im Backofen, unter dem Grill oder (in zusammengeklappter Form) mit einem Sandwich-Bereiter. Von den Zutaten her sind alle möglichen Variationen denkbar, vom herzhaften Seitan-Aufschnitt mit Sauerkraut bis zu Ananas und Banane als Toast Hawaii.

Eine gemütliche Atmosphäre schaffen

Im Rezeptteil finden Sie eine bunte Auswahl kinderprobter Hauptgerichte. Beteiligen Sie Ihre Kinder an der Auswahl der Gerichte. Wenn Sie gerne langfristig planen, können Sie auch gemeinsam den Speiseplan für eine ganze Woche zusammenstellen, wobei jedes Familienmitglied sich ein Gericht wünschen kann. Denken Sie sich für besondere Lieblingsgerichte fantasievolle Namen aus und teilen Sie die Vorfreude auf besondere Gaumengenüsse. Das Tischdecken ist als Aufgabe für Kinder wie geschaffen und macht ihnen meist auch mehr Spaß als das spätere Abdecken oder gar das Aufräumen in der Küche. Schanzen Sie ihnen bei der Aufgabenverteilung deshalb besonders oft das Tischdecken zu.
Kinder lieben und brauchen Rituale. Feste Essenszeiten, ein fester Platz am Esstisch, ein eigenes Tischset und eigenes Geschirr und Besteck vermitteln Kindern ein Gefühl von Ruhe und Sicherheit. Kaufen oder basteln Sie jedem Kind ein persönliches Tischset und ermuntern Sie für solche Ratschläge oft äußerst dankbare Tanten, Onkel und Großeltern zum Schenken von Kindergeschirr und -besteck. Manche Kinder entwickeln auch ohne Vorhandensein solcher Accessoires Vorlieben für bestimmte Teller, Becher oder Besteckteile. Akzeptieren Sie diese manchmal etwas eigensinnig anmutenden Anhänglichkeiten und erklären Sie das jeweilige Teil zu Xs Teller oder Ys Gabel. Um so stolzer und zufriedener wird sich Ihr Kind am Esstisch niederlassen. Eine nette Idee ist auch eine mit Stoffmalfarben aus einem alten Bettlaken selbst gemachte Tischdecke, auf die die Plätze der einzelnen Familienmitglieder gleich aufgemalt werden können. Lustige

Servietten und Serviettenringe, ein nettes Blümchen oder eine Kerze runden die gemütliche Gestaltung des Esstisches ab.

Schöne Rituale

Früher signalisierten Tischgebete Beginn und Ende der gemeinsamen Mahlzeiten. Jenseits der religiösen Bedeutung hatten diese Gebete einen wohltuenden Nebeneffekt: ein kurzes Innehalten im Familiengewusel, ehe sich alles mit großem Appetit auf den Inhalt von Töpfen und Schüsseln stürzte. Mit der gleichen positiven Wirkung bieten sich heute kleine Sprüchlein an, zu denen sich alle Mitglieder der Tafelrunde an den Händen fassen. Schon bei sehr kleinen Kindern sehr beliebt ist das berühmte »Piepen«:

Piep, piep, piep,
wir wünschen uns ganz lieb
guten Appetit.

Ältere Kinder ergänzen:
Es esse jeder, was er kann,
nur nicht seinen Nebenmann.

Und garantiert findet sich in jeder Runde jemand, der politisch korrekt abschließt:
Und nehmen wir es ganz genau,
auch nicht seine Nebenfrau.

Falls Sie es lieber etwas besinnlicher und inhaltsvoller mögen, gefällt Ihnen vielleicht das folgende kleine Tischgebet von Christian Morgenstern:
Erde, die uns dies gebracht,
Sonne, die es reif gemacht,
Liebe Sonne, liebe Erde,
Euer nie vergessen werde.

Oder Sie erfinden gemeinsam mit Ihren Kindern einen ganz anderen Tischspruch. Wichtig ist nur, dass alle Spaß und Freude an dem Ritual haben. Frei nach jeweiliger Vorliebe kann er gesprochen werden, bevor oder nachdem sich alle Essen aufgetan haben. Die zweite Variante hat den Vorteil, dass die Kinder gleich lernen, darauf zu achten, ob sich auch wirklich schon alle etwas genommen haben, und nicht vorher mit dem Essen zu beginnen.

Auf jeden Fall sollten Sie Ihre Kinder sich selbst auftun lassen, auch wenn das länger dauert und zu Kleckereien führen kann. Kindern macht es Spaß, sich das Essen auf den Teller zu häufeln. Außerdem lernen Sie auf diese Weise mit der Zeit, ihren Appetit und Hunger richtig einzuschätzen und sich passende Portionen aufzutun.

Tischregeln für Eltern

Wie bereits erwähnt sind die gemeinsamen Mahlzeiten manchmal die einzige Gelegenheit, bei der alle Familienmitglieder rund um einen Tisch zusammenkommen. (Früher war es im Alltag oft auch die einzige Zeit, in der der Vater zugegen war.) Diese kostbare Zeit wurde dazu missbraucht, Kindern die Autorität der Eltern (vor allem des Vaters) vor Augen zu führen und ihnen allerlei sinnige und unsinnige Verhaltensmaßregeln einzubläuen. Viele, die dies erlebten, haben später nie gelernt, entspannt und genussvoll zu essen. All dies ist längst vorbei, sollte man meinen. Laut Ernährungsbericht der Deutschen Gesellschaft für Ernährung (DGE) wird jedoch an deutschen Familientischen die Einhaltung von Tischsitten noch immer stärker beachtet als das, was gegessen wird. Nach dieser Erhebung achten rund 48 % darauf, dass ihre Kinder ordentlich am Tisch sitzen, 31 % darauf, dass gegessen wird, was auf den Tisch kommt, fast 10 % darauf, dass keine Reste übrig gelassen werden, und 7 % darauf, dass Ihre Kinder nicht zu viel essen.

Auf den ersten Punkt, nämlich die Tischmanieren, wollen wir im nächsten Abschnitt extra zu sprechen kommen. Was die restlichen drei Punkte angeht, kann man Eltern nur eindringlich dazu ermahnen, innerlich und äußerlich locker zu lassen. Vermeiden Sie es tunlichst, das Essen zum Machtkampf zu machen. Lassen Sie Ihr Kind bei der Zusammenstellung der Mahlzeiten mitentscheiden. Dass es nicht jeden Tag sein Lieblingsessen geben kann, weil abwechslungsreich gegessen werden soll und außerdem auch mal die anderen zum Zuge kommen wollen, muss Ihr Kind akzeptieren. Ob es das, was auf den Tisch kommt, isst oder nicht, muss es aber selbst entscheiden dürfen. Sie haben nichts davon, wenn Ihr Kind sich unter Zwang irgendetwas hineinquält, das es partout nicht mag. Am Ende haben Sie alle Bauchschmerzen. Und je lockerer Sie diesen Punkt sehen, desto weniger Grund hat auch Ihr Kind, Sie durch seine Verweigerungshaltung auf die Probe zu stellen. Was und wie viel Ihr Kind isst, sollte nicht zum Gegenstand nerviger Streitereien werden – damit machen Sie das Essen nur zu einem negativ besetzten Thema. Sie haben die Aufgabe, ein reichhaltiges Angebot zu machen und dabei auf die Vorlieben Ihres Kindes einzugehen.

Ihr Kind darf entscheiden, was es von diesem Angebot annehmen will. Keine Angst, es wird nicht verhungern! Wenn es einmal weniger isst, schlägt es beim nächsten Mal etwas kräftiger zu. Den größten Gefallen tun Sie sich, wenn Sie seine Auswahl aus Ihrem Angebot kommentarlos akzeptieren. Auf lange Sicht regelt sich dann alles von allein.

Kinder, die unter Zwang mehr essen, als sie eigentlich essen wollen (oder ständig ermahnt werden, weniger zu essen), verlieren den Kontakt zu den natürlichen Hunger- und Sättigungssignalen ihres Körpers. Essstörungen und Gewichtsprobleme können die Folge sein.

Vor allem kleine Kinder besitzen außerdem meist noch ein gesundes Gespür dafür, was ihnen bekommt und was nicht. Wenn sie ein Lebensmittel verschmähen, geschieht dies nicht unbedingt aus Trotz oder reinem Widerspruchsgeist. Es kann sein, dass dem Kind wirklich schon beim Anblick oder beim Geruch einer Speise schlecht wird, weil es allergisch reagieren würde, wenn es sie essen müsste.

Essen und Zwang sollten niemals zusammengehen. Deshalb lautet die oberste Tischregel für Eltern: Vergiften Sie die Atmosphäre beim Essen nicht durch ständige Ermahnungen und Maßregelungen. Zetteln Sie bei Tisch auch keine Problemgespräche an. Unangenehme Fragen, Vorwürfe, Streit oder Beschimpfungen sollten Sie nicht mit dem Essen verbinden. Dafür sollten andere Zeiten vorgesehen sein. Wichtig ist natürlich, dass Sie diese Zeiten auch in Aussicht stellen oder die anstehenden Probleme vorher klären. Konflikte stumm in sich »hineinzufressen« stellt selbstverständlich auch keine Lösung dar.

Beim Essen jedoch sollten heitere und angenehme Themen im Vordergrund stehen. Auf die gemeinsamen Mahlzeiten sollten sich alle Familienmitglieder freuen können.

Tischregeln für Kinder

Natürlich sollen auch die Kinder bei Tisch bestimmte Grundregeln lernen. Dazu sollten Sie Ihren Kindern erst einmal den Sinn von Tischmanieren erklären. Diese sind heutzutage nicht mehr dazu da, Kinder zu maßregeln und zu demütigen, wie dies früher leider öfter der Fall gewesen ist. Die Zeiten haben sich zum Glück geändert.

Manche der Tischsitten, an denen unsere Eltern noch eisern festgehalten haben, wirken heute antiquiert oder gar lächerlich. So durften wir als Kinder unter Androhung düsterster Strafen niemals die Ellenbogen auf den Tisch legen. Und meine Großmutter bekam beim Essen als Kind noch unter jeden

Oberarm eine Serviette geklemmt, die unter keinen Umständen herunterfallen durfte, weil es sonst eine saftige Ohrfeige setzte.

Heute wird vieles lockerer gesehen. Einige grundlegende Verhaltensgrundsätze sind dennoch zu beachten. Sie sind dazu da, dass sich am Tisch alle wohlfühlen, eine angenehme Tischgemeinschaft bilden und einander nicht den Appetit verderben. Würde man mit den Fingern im Essen herummanschen, beim Kauen den Mund offen stehen lassen, laut schmatzen oder sich in der Nase bohren, wären die anderen bald angewidert und hätten wenig Lust, sich wieder mit einem an einen Tisch zu setzen. Dazu gehört auch, dass man gemeinsam mit dem Essen anfängt und die Mahlzeit gemeinsam wieder beschließt, freundlich um Töpfe oder Schüsseln bittet, den anderen nicht über den Teller langt, nicht mit vollem Mund loserzählt und nach dem Essen sein Besteck und Geschirr in die Küche trägt. Stellen Sie ein kleines persönliches Repertoire der Regeln zusammen, die Ihnen wichtig sind, setzen Sie deren Einhaltung durch und werfen Sie den restlichen Regelballast über Bord.

Sind Ihre Kinder schon ein bisschen größer und Sie haben das Gefühl, ihre Tischsitten könnten noch ein wenig Verfeinerung gebrauchen, hat sich das »Feine-Leute-Spiel« bewährt. Decken Sie den Tisch besonders edel und stellen Sie sich vor, Sie seien bei einem feinen Gala-Diner zu Gast. Titulieren Sie sich gegenseitig mit »Graf Koks«, »Lord Extra«, »Earl Grey« oder anderen erfundenen Ehrentiteln und nutzen Sie die Gelegenheit, auf diese spielerische Weise etwas ausgefeiltere Tischmanieren einzuüben und gleichzeitig ironisch aufs Korn zu nehmen. Für etwas diskreten Nachhilfeunterricht in dieser Richtung sind größere Kinder spätestens dann dankbar, wenn der Antrittsbesuch bei den Eltern des ersten Freundes oder der ersten Freundin ansteht.

Essen im Restaurant:
Das MacDonald's-Phänomen und was wir daraus lernen können

Der Erfolg der MacDonald's-Restaurants (und ähnlicher Fast-Food-Ketten) ist phänomenal. Im Jahr 1971 eröffnete in Deutschland die erste MacDonald's-Filiale, heute gibt es davon mehr als 1000. Weltweit betreibt MacDonald's derzeit rund 32000 Restaurants in über 100 Ländern.

Sparen wir uns das Lamento über das in solchen Restaurants angebotene Essen, das viel zu wenig Nähr- und Ballaststoffe, dafür aber umso mehr Fett, tierisches Eiweiß, Zucker, Salz, Geschmacksverstärker, Konservierungs-, Aroma- und Farbstoffe enthält – von den täglich produzierten Müllbergen durch Einweggeschirr und anderen ökologischen Sünden ganz zu schweigen. All das wissen wir und brauchen es hier nicht noch einmal auszuwalzen. Überlegen wir lieber, was vor allem Kinder und Jugendliche mit einer geradezu magnetischen Anziehungskraft in diese Läden lockt. Warum sie selig sind, wenn es bei einem Kindergeburtstag zu MacDonald's geht. Warum es sie, notfalls auch heimlich, mit ihren Freundinnen und Freunden dorthin treibt. Vielleicht kann uns manches daran zu denken geben.

»MacDoof« einfach zu verteufeln und zu verbieten macht wenig Sinn. Irgendetwas scheint doch dran zu sein. Vielleicht können wir uns tatsächlich noch etwas abgucken.

Was hat MacDonald's, was wir nicht haben?

Falls Sie noch nicht dort waren, gehen Sie ruhig einmal in eine MacDonald's-Filiale und schauen Sie sich um. Sie werden sehen, dass das Angebot konsequent auf die Wünsche von Kindern und Jugendlichen zugeschnitten ist. Vor allem geht es längst nicht so steif zu wie in »normalen« Restaurants (oder auch zu Hause?). Die Filialen funktionieren alle nach dem gleichen Prinzip, und das Essen schmeckt überall gleich, d. h. es stellt sich schnell ein Gefühl der Vertrautheit ein. Die Bedienung ist jung und locker. Die Portionen sind übersichtlich und klein. Das Essen ist weich und leicht zu kauen. Man isst ganz formlos vom Tablett ohne Geschirr und Besteck. Alle benutzen die Finger zum Essen, keiner regt sich auf, wenn mal etwas daneben kleckert oder herunterfällt, niemand verlangt besondere Tischmanieren, kindliches Verhalten fällt nicht unangenehm auf. Unter diesen Umständen können sich Kinder tatsächlich beim Essen entspannen, und alle, die das von zu Hause anders kennen, fühlen sich in dieser Atmosphäre besonders wohl.

Dazu kommt der Spielplatz, auf dem sich die Kinder vor, nach (und vielleicht sogar während) der Mahlzeit austoben, lachen, prusten, quieken und schreien können, ohne dass sich jemand daran stört. Zusätzlich gibt es Überraschungstüten und Spielzeugzugaben zum Sammeln, die den Besuch für Kinder lohnend machen. Und für ältere Kinder und Jugendliche ist wichtig, dass die angebotenen Speisen auch für schmale Geldbeutel (also vom mitgegebenen Essensgeld oder notfalls vom Taschengeld) erschwinglich sind. Überlegen Sie, welche der aufgeführten (oder darüber hinaus von Ihnen beobachteten) Punkte Ihre Kinder vielleicht anderswo vermissen und in welcher Form Sie ihnen die damit verbundenen Erlebnisse auch ohne Gang zum Fast-Food-Restaurant ermöglichen könnten.

Abkupfern ohne alles nachzumachen

Auch wenn Sie allem, was mit Fast Food zu tun hat, äußerst kritisch gegenüber stehen, kupfern Sie ruhig ein wenig von den oben beschriebenen erfolgreichen Strategien ab. Sie brauchen ja nicht alles nachzumachen. Hier ein paar Vorschläge:

- Überlegen Sie, ob es bei Ihnen zu Hause beim Essen vielleicht doch ein wenig zu steif zugeht. Sorgen Sie für eine entspannte und fröhliche Wohlfühlatmosphäre.
- Überfordern Sie Ihre Kinder nicht mit allzu großen Portionen – und traktieren Sie sie nicht mit Dingen, die sie eigentlich nicht mögen, aus Gesundheitsgründen aber angeblich unbedingt essen sollen.
- Bieten Sie das Essen in übersichtlichen, kleinen und appetitlichen Portionen an.
- Bringen Sie mühsam zu kauende Körner durch Kombination mit weicheren Zutaten und cremigen Saucen zum Flutschen.
- Härtere Zutaten (z. B. Rohkost) sollten so knackig und frisch sein, dass es ein Genuss ist, krachend hineinzubeißen.
- Bieten Sie immer wieder Fingermahlzeiten an, für die kein Besteck gebraucht wird (z. B. gestiftete Rohkost mit Dip, zu »Zigarren« gedrehte Pfannkuchen mit Ahornsirup usw., siehe Rezeptteil). Lassen Sie Ihre Kinder auch andere Dinge, z. B. Obst, Pizzastücke, selbst gemachte Pommes frites u. Ä. gelegentlich mit den Fingern oder Zahnstochern bzw. Partysticks essen.

- Bereiten Sie vegetarisch-vollwertige Varianten der klassischen Fast-Food-Gerichte zu: vegetarische Burger, selbst gemachte Pommes usw. (siehe Rezeptteil).
- Machen Sie Tischmanieren nicht zum gefürchteten Horrorthema Ihrer Kinder, gehen Sie mit Übertretungen locker und humorvoll um.
- Veranstalten Sie im Sommer ein »Kleckerpicknick« im Freien mit anschließender Spritzdusche unter dem Gartenschlauch.
- Kombinieren Sie bei Zwischenmahlzeiten auch einmal Toben und Essen, indem Sie die Kinder z. B. wilde Tiere spielen lassen, die jeweils einen Futternapf auf den Fußboden gestellt bekommen, oder ein Picknick mit auf den Spielplatz nehmen.
- Basteln Sie für Kindergeburtstage kleine Überraschungstüten, die auch ein Gebäckstück (z. B. einen Amerikaner) enthalten und auf dem jeweiligen Platz am Esstisch auf die kleinen Gäste warten.
- Greifen Sie die Sammelleidenschaft Ihrer Kinder auf, indem Sie draußen in der Natur Federn, Schneckenhäuser u. Ä. sammeln und in einer schönen Schachtel aufbewahren. Legen Sie ein kleines Briefmarkenalbum an. Gehen Sie gemeinsam auf den Flohmarkt und suchen Sie kleine Dinge, die sich sammeln lassen. Der Fantasie sind hier keine Grenzen gesetzt.
- Suchen Sie sich ein Stammlokal, indem Sie und Ihre Kinder sich rundum wohlfühlen und gutes, gesundes Essen bekommen.

Auf der Suche nach einer guten Restaurant-Alternative

Bei der Suche nach einem passenden Stammrestaurant sollten Sie sich von mehreren Kriterien leiten lassen. Vergessen Sie als Erstes Ihre Ansprüche an Küche und Ambiente aus kinderlosen Zeiten! In piekfeinen Lokalen werden Sie mit Ihren Kindern nicht glücklich werden. Nichts kostet mehr Nerven als ein von ständigen Ermahnungen angeödeter Kinder begleitetes Essen in einem steifen Edelrestaurant. Lebhafte Kinder sind dort nicht gern gesehen, man wird es Sie spüren lassen, und Sie werden sich genötigt fühlen, diesen Druck an Ihre Kinder weiterzugeben, sodass am Ende keiner von Ihnen das Essen wirklich genießen kann. Besuche in anspruchsvollen Esstempeln sollten Sie deshalb lieber auf Abende mit Babysitter verschieben. Großes Glück haben Sie, wenn Sie ein vegetarisches Restaurant in Ihrer Nähe finden. Leider existieren bis heute viel zu wenige Exemplare dieser seltenen Spezies. Zwar findet man inzwischen fast überall fleischlose Gerichte auf den Speisekarten. Diese sind allerdings nicht immer auch wirklich vegetarisch (z. B. mit Fleischbrühe oder Gelatine zubereitet) oder gar eine

Empfehlung für die vegetarische Küche. Köchinnen und Köche, die sonst Rinderbraten mit Klößen, Schweinshaxe mit Sauerkraut oder Schnitzel mit Pommes zubereiten, entwickeln bei der Zusammenstellung fleischloser Gerichte häufig wenig Fantasie. Eine Platte mit verschiedenen weich gekochten Gemüsearten, in der Mikrowelle aufgetaute Gemüsebratlinge oder fade Tofuscheiben müssen als Ersatz herhalten.

Mein Tipp lautet, sich ein gutes italienisches (oder anderes ausländisches) Restaurant zu suchen und zum Stammlokal zu machen. Ausländische Gastwirtinnen und -wirte gehen meist viel toleranter und freundlicher mit Kindern um, besonders die sprichwörtliche Kinderliebe von Italienern und Italienerinnen fand ich oft bestätigt. Auf der Speisekarte findet sich dort immer etwas, das Kinder gerne mögen, eine vegetarische Pizza, ein fleischloses Risotto oder ein leckeres Nudelgericht.

Der Vorteil eines Stammlokals besteht darin, dass man Sie und Ihr Kind dort schon kennt: Die freudige Begrüßung trägt zum Wohlgefühl der Kinder bei, und die vertraute Umgebung lässt sie rasch entspannen. Um die für hungrige Kinder schwer zu ertragende Wartezeit zu überbrücken, bestellen Sie am besten gleich bei Ihrer Ankunft ein Pizzabrot. Nehmen Sie, je nach Alter Ihres Kindes, Bilderbücher, ein Mini-Puzzle, etwas zu malen oder ein paar Spielzeugautos mit, lassen Sie Ihr Kind ruhig damit auf dem Fußboden spielen oder ein wenig herumstromern. Und wenn Ihr Kind zum Abschied einen Lutscher oder eine andere kleine Süßigkeit geschenkt bekommt, reagieren Sie unverkniffen und freuen Sie sich mit ihm über diese freundliche Gabe.

Verbindet sich die Vorstellung vom Essengehen mit angenehmen Erfahrungen wie den oben beschriebenen, wird der Gang zum Fast-Food-Restaurant rasch an Reiz verlieren.

Locker bleiben und langfristig denken

Findet der Besuch im Fast-Food-Restaurant z. B. gemeinsam mit der Clique nach der Schule trotzdem einmal statt, sollten Sie daraus keinen Staatsakt machen. Erklären Sie ruhig und freundlich, warum Sie solche Restaurants nicht so toll finden (nach meiner Erfahrung leuchtet Kindern und Jugendlichen das Müllargument am ehesten ein, zumal sie deutlich vor Augen haben, was sie am Ende einer Mahlzeit alles vom Tablett in den großen Mülleimer kippen). Ersparen Sie Ihrem Kind aber moralisierende Vorträge und bringen Sie es nicht in Loyalitätskonflikte. Es wäre nicht schön, wenn es sich zum Außenseiter machen müsste, um Ihren Ansprüchen zu genügen.

Und es wäre Ihnen auch nicht damit gedient, wenn Sie Ihr Kind dazu bringen, heimlich an den verbotenen Ort zu schleichen. In den meisten Fällen handelt es sich ohnehin bloß um eine Phase, die bald wieder vorüber ist. Je gleichmütiger Sie reagieren, desto besser. Fügen Sie bei pubertierenden Jugendlichen den Verlockungen der Fast-Food-Tempel nicht noch den Reiz hinzu, die eigenen Eltern erfolgreich damit provozieren zu können. Zetteln Sie keinen Machtkampf an, den Sie nicht gewinnen können. Was Ihre älteren Kinder außerhalb des Hauses tun, werden Sie ohnehin nie vollständig kontrollieren können.

Sehr wohl beeinflussen können Sie allerdings, was in Ihren eigenen vier Wänden geschieht. Auch wenn Ihre Kinder älter werden, können Sie versuchen, sich attraktive Angebote auszudenken. Jugendlichen zu erlauben, sich in der heimischen Küche zu treffen und gemeinsam zu kochen, fällt zum Beispiel nicht jedem leicht, wird aber oft begeisterter angenommen als gedacht und schafft positive Kocherlebnisse in der Küche. Von der gemeinsam zubereiteten Pizza bis zum »perfekten Dinner« zu dem reihum eingeladen wird, ist vieles möglich. Die Spielregeln (z. B. zum Kochen gehört auch das Aufräumen und Spülen …) sollten Sie auf jeden Fall vorher festlegen, damit Sie sich zum fraglichen Zeitpunkt zurückziehen und die Jugendlichen in Ruhe allein werkeln lassen können. Nichts ist Jugendlichen peinlicher als Eltern, die sich ständig einmischen, wenn sie Gäste haben. Lassen Sie sie ruhig machen. Sie werden sehen: Ihre Küche wird es überleben.

Hier wie in vielen anderen Bereichen der Erziehung gilt: Lassen Sie locker, seien Sie tolerant, aber bieten Sie beharrlich Alternativen an und halten Sie Ihren eigenen Kurs. Dann haben die positiven Einflüsse eine gute Chance, sich langfristig durchzusetzen.

Essstörungen und Gewichtsprobleme

Wie man sich füttert, so wiegt man. Diese einfache Tatsache hat fatale Folgen, wenn ein problematisches Essverhalten auf überzogene Wunschvorstellungen vom eigenen Körper stößt. Dass immer mehr Kinder übergewichtig sind, haben wir bereits angesprochen. Gleichzeitig kasteien sich immer mehr Kinder schon mit Diäten. Eine im Auftrage des Bundesgesundheitsministeriums und der Zeitschrift Brigitte durchgeführte Studie ergab, dass 30 % aller 10-jährigen Mädchen bereits Diät-Erfahrung hatten, von den über 15-Jährigen sogar 60 % (bei den Jungen waren es 10 bzw. 30 %).
Auch gefährliche und qualvolle Essstörungen wie Anorexie und Bulimie treten bei Kindern und Jugendlichen immer häufiger auf. Versuchen wir, den Anfängen zu wehren, indem wir bei unseren Kindern beide Komponenten, das Essverhalten und die Wahrnehmung des eigenen Körpers, möglichst positiv beeinflussen.

Ein gesundes Essverhalten fördern

Für ein gesundes Essverhalten ist ein intaktes Wechselspiel von Hunger- und Sättigungsgefühl wesentlich. Tun Sie alles, um bei Ihrem Kind diese natürlichen Impulse zu stärken, und vermeiden Sie alles, was sie stören könnte. Beachten Sie schon beim Füttern Ihres Säuglings eine wichtige Grundregel: Füttern Sie Ihr Kind nur, wenn es hungrig ist. Richten Sie sich nicht nach den Mengenangaben auf der Packung, geraten Sie nicht in Panik, wenn es weniger isst und trinkt, als in irgendwelchen Tabellen angegeben. Wiegen Sie ein gesundes Kind, wenn überhaupt, nur in großen Abständen. So lange Ihre Kinderärztin bzw. Ihr Kinderarzt bei den Routineuntersuchungen mit dem Gewicht Ihres Kindes zufrieden ist, besteht nicht der geringste Anlass zur Besorgnis.
Zwingen Sie Ihrem Kind niemals mehr auf, als es von sich aus essen möchte. Sie zerstören damit sein Gespür für das natürliche Sättigungsgefühl. Außerdem erzeugt jeder Druck Gegendruck. Ehe sie sich versehen, kann ein Machtkampf entstehen, an dessen Ende Ihr Kind sich völlig verweigert und weiß, dass es Sie damit treffen kann.
Ein gesunder Appetit bedeutet nicht, dass ein Kind brav aufisst, was ihm aufgetischt wird, sondern dass es seinen Hunger spürt, anmeldet und isst, bis es sich satt fühlt. Lässt man es in Ruhe, isst es genau die Menge, die ihm gut tut, und die kann individuell sowie von Tag zu Tag sehr unterschiedlich sein. Deshalb macht es auch keinen Sinn, ein Kind dafür zu loben, dass es

brav aufgegessen hat, oder es zu tadeln, wenn es etwas übrig lässt oder seine Abneigung gegen bestimmte Dinge zum Ausdruck bringt.

Die Körbchentheorie

Mein Sohn Lewis verblüffte mich, als er drei Jahre alt war, immer wieder mit seiner ohne unser Zutun ganz von ihm selbst entwickelten Körbchentheorie. Er erklärt damit sich und seiner Umwelt alle im Zusammenhang mit dem Essen oder Trinken auftretenden Phänomene – vor allem auch jene, die Erwachsene schnell zu überkommen, von ihrer eigenen Erziehung geprägten Reaktionen reizen (»Du wolltest das haben, also isst du das auch auf«, »Bevor du das nicht aufgegessen hast, gibt's nichts anderes« usw.).
Nach seiner Vorstellung hat Lewis in seinem Bauch lauter Körbchen, auf denen steht, was jeweils hinein soll. Diese Körbchen können voll oder leer sein. Deshalb ist für ihn auch völlig logisch, dass das Bananenkörbchen voll sein kann, obwohl er eine ganze Banane haben wollte und noch eine halbe Banane übrig ist. Und dass er stattdessen eine Handvoll Rosinen essen will, weil das Rosinenkörbchen noch leer ist. Oder dass er einfach nicht mehr essen will und kann, weil alle Körbchen gut gefüllt sind. Diese Sichtweise ist deshalb so verblüffend, weil sie sich ganz an den Bedürfnissen des Körpers orientiert, der Stimme des Körpers auf einleuchtende Weise Gehör verschafft und damit alle äußerlich begründeten Argumente vom Esstisch fegt.
Die Körbchentheorie ist ein hervorragendes Beispiel dafür, was wir von unseren Kindern lernen können. Würden sich alle Erwachsenen an diese Theorie halten, auf ihren Körper hören, nur essen, worauf sie wirklich Appetit haben, sich nicht darum scheren, was andere Leute oder ihr eigenes Gewissen dazu sagen, und einfach mit essen aufhören, wenn ihre Körbchen voll sind, egal, wie viel noch übrig ist, wären die allermeisten Gewichtsprobleme längst aus der Welt.
Natürlich müssen wir unseren Kindern auch eine gewisse Achtung vor Lebensmitteln beibringen. Es muss klar sein, dass man nicht alles einmal anknabbern und dann achtlos wegwerfen kann. So ist das mit den Körbchen aber auch nicht gemeint. Sie sind keine Ausrede für ein beliebiges Naschen aus Tausenden von Töpfchen. Vielmehr sind sie ein Bild für die natürlichen Körpersignale, für die es ein Gespür zu entwickeln und zu wahren gilt.

Auf die natürlichen Signale achten

Stecken Sie deshalb Ihrem Kleinkind nicht ständig irgendetwas in den Mund und bedrängen Sie Ihr älteres Kind nicht ungefragt mit Proviantdosen und Süßigkeiten. Halten Sie sich an das Motto »Kein Angebot ohne Nachfrage«. Warten Sie ab, bis Ihr Kund seinen Hunger anmeldet. Lassen Sie ihm Zeit zu spüren, worauf es Appetit hat. Und lassen Sie es selbst entscheiden, wie viel es essen will. Konzentrieren Sie sich auf Qualität statt Quantität, indem Sie eine vielfältige Auswahl gesunder, durch kontrolliert biologischen Anbau erzeugter Lebensmittel in der laut Ernährungspyramide (siehe Seite 60) angestrebten Relation anbieten und darauf achten, dass möglichst wenig nährstoffarme Lebensmittel mit hohem Energiegehalt wie Süßigkeiten, Chips oder Limonade zum Zuge kommen.

Setzen Sie das Essen außerdem niemals als Belohnung, Trost oder Strafe ein. Schenken Sie Ihrem Kind ausreichend Aufmerksamkeit. Nehmen Sie es in den Arm, loben oder trösten sie es mit Worten und Zärtlichkeiten. Wer Essen als Trost kennen lernt, kämpft mit Gewichtsproblemen, wenn es später im Leben einmal stressig wird. Und wer mit dem Entzug kulinarischer Genüsse bestraft worden ist (»Ungezogene Kinder bekommen keinen Nachtisch«), hat später große Mühe, sich etwas zu gönnen, ohne sich gleich schuldig zu fühlen.

Ein positives Körpergefühl stärken

Stärken Sie außerdem das Selbstbewusstsein Ihres Kindes. Suchen Sie ganz bewusst jeden Tag nach einem Grund, es ausdrücklich zu loben. Das gilt ganz besonders für stressige Zeiten und Phasen, in denen Kinder leicht verunsichert sind, z.B. in der Pubertät. Natürlich sollte es sich dabei aber stets um ein realistisches Lob und keine übertriebenen Lobeshymnen handeln, die Ihr Kind ohnehin rasch als falsch durchschauen würde. Halten Sie sich andererseits aber mit Mäkeln und Nörgeln zurück und heben Sie stattdessen lieber die positiven Seiten hervor. Machen Sie Ihrem Kind Mut und stärken Sie ihm in seinen Auseinandersetzungen mit der Umwelt demonstrativ den Rücken.

Sprechen Sie mit anderen Menschen niemals negativ über Ihr Kind, wenn es dabei ist, und machen Sie vor allem keine abfälligen Bemerkungen über eines seiner Körpermerkmale. Aussagen wie: »X hat so dicke Oberschenkel, es ist unmöglich, für sie eine passende Hose zu finden«, »Bei Ys großen Ohren sehen solche Mützen einfach albern aus« oder: »Habt Ihr gesehen, Z hat in den letzten Monaten schon einen richtigen Atombusen bekommen?«

graben sich tief ins Gedächtnis Ihres Kindes ein, es fühlt sich mit Recht bloßgestellt und getroffen.
Pflegen Sie stattdessen von vornherein einen vollkommen natürlichen und positiven Umgang mit allem Körperlichem. Vermitteln Sie Ihrem Kind Freude und Einklang mit dem eigenen Körper. Ermutigen Sie es zum Toben, Laufen und Springen, würdigen Sie seine sportlichen Leistungen, gehen Sie gemeinsam mit ihm zum Sport und zum Schwimmen, teilen Sie mit ihm genüssliche Körpererfahrungen (im warmen Sand liegen, in der Hängematte schaukeln, sich mit geschlossenen Augen im Wasser treiben lassen, sich im Bett räkeln usw.). Unternehmen Sie immer mal wieder einen gemeinsamen Einkaufsbummel und kaufen Sie Kleidungsstücke, in denen Ihr Kind sich wohl fühlt und schön findet. Sagen Sie ihm ab und zu, dass es hübsch aussieht, ohne es freilich mit übertriebenen Komplimenten in Verlegenheit zu bringen. Zeigen Sie ihm, dass Sie andere Menschen nicht nach ihrem Äußeren beurteilen. Vor allem aber versuchen Sie ihm vorzuleben, dass man mit seinem Körper auch dann durchaus zufrieden sein kann, wenn er nicht in jeder Hinsicht den in den Medien propagierten Schönheitsidealen entspricht.

»Mein Kind isst zu viel« – Probleme mit Übergewicht

Nach Angaben der Ernährungspsychologischen Forschungsstelle der Universität Göttingen steigt die Anzahl übergewichtiger Kinder pro Jahr und Jahrgang um 2 %. Die meisten Kinder und Jugendlichen leiden unter ihrem Übergewicht. Sie fühlen sich unbeweglich und sind schnell schlapp. Möglicherweise werden Sie von Gleichaltrigen gehänselt. Und sie vergleichen sich insgeheim mit den durch die Medien zu Rollenmodellen hochgejubelten, mehrfach ungesättigten Superstars.
Ehe Sie in irgendeiner Richtung aktiv werden, hinterfragen Sie aber bitte erst einmal kritisch, ob Ihr Kind tatsächlich übergewichtig ist. (Auch wir Erwachsenen sind von den Einflüssen des allgegenwärtigen Schlankheitswahns nicht verschont!) Halten Sie Rücksprache mit Ihrer Kinderärztin oder Ihrem Kinderarzt. Der berühmte Babyspeck bei Kleinkindern ist ganz normal. Und auch bei älteren Kindern klaffen subjektive Wahrnehmung und objektive Gegebenheiten oft auseinander. Deshalb gilt es, bei normalgewichtigen Kindern aufzupassen, dass sie durch die heute überall propagierten Körperideale nicht aus dem Gleichgewicht geraten. Mehr als ein Drittel aller normal- oder untergewichtigen Mädchen und Jungen sagen, sie würden gerne dünner sein.

Besonders bei den Mädchen steht das eigene Essverhalten in einem ständigen Spannungsfeld zwischen Essgenuss und Schlankheitswahn. Schon Grundschülerinnen und Grundschüler quälen sich heute mit Diäten – mit wenig Erfolg, denn durch den berüchtigten Jojo-Effekt sind die abgehungerten Pfunde (und mehr!) schnell wieder da.

Durch ihre Vorbildfunktion kommt den Eltern hier eine wichtige Rolle zu. Helfen Sie Ihren Kindern, indem Sie Ihr eigenes Ernährungsverhalten überprüfen. Sich von einer Diät zur anderen hangelnde Mütter sind ein verheerendes Vorbild für ihre Töchter. Wenn nicht sich selbst, dann Ihren Kindern zuliebe: Lassen Sie locker, beenden Sie die Qual und setzen Sie lieber auf eine bewusste Ernährungsumstellung mit Langzeiteffekt.

Vegetarische Vollwertkost statt Diätenterror

Die vegetarische Vollwertkost kann so manche Diät ersetzen. Sie liefert reichlich Ballaststoffe und komplexe Kohlenhydrate, die sich auf das Körpergewicht positiv auswirken. Gleichzeitig erhält der Körper andere wertvolle Nährstoffe, die zu einer gesunden Ernährung gehören. Im Laufe der Zeit kann sich so ein stabiles Körpergewicht einpendeln.

Lernen Sie gemeinsam mit Ihren Kindern, wieder auf den eigenen Körper zu hören, nur zu essen, was Sie wirklich mögen und worauf Sie Hunger und Appetit haben, und einfach aufzuhören, wenn Sie satt sind, auch wenn dabei etwas übrig bleibt. Das ist jedenfalls das Geheimnis der »natürlich Schlanken«, die die Ernährungswissenschaft von den »kontrolliert Schlanken« unterscheidet.

Halten Sie sich an die in diesen Buch vorgestellte Ernährungspyramide (siehe Seite 60). Wichtig ist, dass Sie den Löwenanteil Ihrer Nahrung wirklich mit komplexen Kohlenhydraten, also mit Vollkornprodukten und Hülsenfrüchten, bestreiten, denn die machen so richtig schön satt und zufrieden. Ebenso wichtig ist, dass Sie am Fett sparen. Überprüfen Sie Ihre Koch- und Bratgewohnheiten. Kaufen Sie sich gute Töpfe und Pfannen, in denen Sie fettarm garen können. Achten Sie auf verstecktes Fett in Fertigprodukten und streichen Sie fettreiche Dinge wie Kartoffelchips (und anderen Tüten-Knabberkram), Knuspermüsli oder Nougatcreme völlig von Ihrem Einkaufszettel. Bieten Sie stattdessen Unmengen von leckerem Obst und Gemüse an. Kaufen Sie keine Süßigkeiten mehr für den Hausgebrauch (siehe Kapitel »Und was ist mit den leidigen Süßigkeiten?« ab Seite 44). Wenn es doch einmal etwas Süßes sein muss, greifen Sie eher zu fettfreien Süßigkeiten wie Gummibären (ohne Gelatine!) oder Lakritz. Handeln Sie

sofort, wenn Sie merken, dass Ihr Kind aus Langeweile oder Frust isst, bieten Sie als Alternative ein Gespräch oder eine gemeinsame Unternehmung an. Verbieten sie grundsätzlich das Essen vorm Fernseher oder Computer. Begrenzen Sie die Zeiten vor den verschiedenen Glotzen. Bestehen Sie auf viel Bewegung, melden Sie Ihr Kind im Sportverein an, unterstützen Sie seine sportlichen Aktivitäten mit Zeit und Engagement, unternehmen Sie Familienausflüge mit Spiel und Bewegung im Freien. Lieber eine Stunde Federball spielen als das Kind vorm Fernseher parken!
Ersetzen Sie alle gesüßten Getränke wie Limonaden oder Fruchtsaftgetränke durch Wasser oder verdünnte Fruchtsäfte. Und bedenken Sie, dass diese Umstellungen für die ganze Familie gelten müssen. Nach Erfahrung der Ernährungspsychologischen Forschungsstelle der Uni Göttingen bringt ein begleitendes Training der Eltern mehr Verhaltensänderungen und eine stärkere Gewichtsreduktion als das alleinige Training übergewichtiger Kinder.

»Mein Kind isst zu wenig« – Probleme mit Untergewicht

Viele Eltern machen sich Sorgen, dass ihr Kind zu wenig isst. Das beginnt oft schon im Säuglingsalter. Mütter befürchten, für ihr Kind »nicht genug Milch« zu haben, Väter messen besorgt die getrunkenen Milliliter, wiegen täglich (oder gar vor und nach jeder Mahlzeit) ihr Kind. Später trichtern die Eltern ihrem Kind dann bei jeder Gelegenheit etwas zu essen ein oder machen bei der Auswahl der Lebensmittel Kompromisse, auf die sie sich eigentlich gar nicht einlassen wollten, weil sie froh sind, dass ihr Kind »überhaupt etwas isst«.
Viele Fachbücher geben den Tipp, für »Kinder, die nicht essen wollen«, die Mahlzeiten ganz besonders lustig und liebevoll zu dekorieren. Natürlich essen Kinder noch stärker mit den Augen als Erwachsene, und ganz bestimmt sollte jede Mahlzeit appetitlich angerichtet sein. Ein paar lustige Namen und fantasievolle Dekorationen hier und da sind auch ganz in Ordnung. Dennoch sollten Eltern es damit meiner Meinung nach nicht übertreiben. Dass Kinder Gurken nur noch in Schiffchenform oder belegte Brote nur noch essen, wenn sie wie Clowns aussehen, ist sicherlich auch nicht der Weisheit letzter Schluss. Nicht nur schaffen die Eltern sich damit einen enormen Druck, sie bringen ihre Kinder auch in eine groteske Anspruchshaltung: Die Kinder lehnen sich in ihrer Konsumentenrolle zurück, und die Eltern strampeln sich mit ausgefallen Dekorationsideen ab, um es ihren Kindern recht zu machen. Schließlich wird um eine ganz natürliche Sache immer mehr künstliches Tamtam gemacht.

Versuchen Sie lieber, auch bei diesem Thema möglichst locker zu bleiben. Ihr Kind spürt sofort, wenn Sie ängstlich und verkrampft an die Sache herangehen, fühlt sich verunsichert und bedrängt. Außerdem besteht wieder die große Gefahr, dass das Gespür für das natürliche Hunger- und Sättigungsgefühl verloren geht.

Halten Sie als Erstes Rücksprache mit Ihrer Kinderärztin oder Ihrem Kinderarzt. Ein vorübergehendes Untergewicht kann auch durch einen Wachstumsschub verursacht sein. Bei ungewöhnlichem Appetitmangel kann es sein, dass Ihr Kind eine Krankheit ausbrütet. Es tut dann intuitiv das Richtige, denn zur Bewältigung eines Infekts kann eine geringere Nahrungsaufnahme hilfreich sein. Vielleicht stecken aber auch Probleme in der Schule oder mit Freundinnen und Freunden dahinter. Stellen Sie dazu ein paar offene, aber nicht bohrende Fragen und signalisieren Sie Gesprächsbereitschaft.

Hat Ihr Kind kein deutliches Untergewicht und ist es ansonsten gesund, munter und mobil, können Sie alle Ihre Sorgen ersatzlos streichen: Ein gesundes, normalgewichtiges Kind verhungert nicht, auch wenn es Ihrer Meinung zu wenig isst. Hüten Sie sich vor Angstmache und Moralpredigten. Die Geschichte vom Suppenkaspar (»Am fünften Tage ist er tot«) ist mega-out, und auch die hungernden Kinder in Afrika sind in diesem Zusammenhang kein Argument. So mancher kleine Spatz mag eben bloß Spatzenportionen. Dass die Augen oft größer sind als der Magen, ist ganz normal und sollte nicht durch Überfütterung bestraft werden. Wer seine natürliche Sättigungsgrenze zu ignorieren lernt, isst leicht sein Leben lang zu viel.

»Ich bin so satt, ich mag kein Blatt!«

Der tatsächliche Nahrungsbedarf der Kinder wird von Erwachsenen häufig überschätzt. Vielleicht hat Ihr Kind aber auch ganz andere Vorlieben als Sie und ist beim Mitessen am Erwachsenentisch bisher nicht ausreichend zum Zuge gekommen. Machen Sie ihm deshalb ein besonders vielseitiges und abwechslungsreiches Angebot. Geben Sie ihm kleine Portionen, die nicht schon allein beim Anblick satt machen, und richten Sie es so ein, dass Ihr Kind sich selbst auftun kann. Meckern Sie nicht, wenn Ihr Kind nur wenig nimmt, und zwingen Sie Ihr Kind niemals, etwas aufzuessen, was es nicht essen mag. Auch wenn ein Kind eine Zeit lang bestimmte Nahrungsmittel bevorzugt und diese ständig essen will, ist dies völlig normal. Denken Sie daran, dass auch Sie bestimmte Speisen nicht mögen,

ohne dies rational oder gar mit gesundheitlichen Argumenten begründen zu können. Und denken Sie daran, wie Sie sich fühlen würden, wenn man Sie zwänge, sich ausgerechnet diese Speisen hineinzuquälen. Nehmen Sie es nicht persönlich, wenn eine mit viel Mühe und Liebe gekochte Mahlzeit auf Ablehnung stößt. Die Geschmäcker der Publikümmer sind nun mal verschieden!
Führen Sie keinen Krieg ums Essen, das dadurch nur zum belasteten Thema wird. Druck führt zu Gegendruck, ja möglicherweise zur völligen Verweigerung. Mogeln Sie bei echtem Untergewicht lieber unauffällig etwas mehr Sahne, Butter, gutes Öl, Käse, Nüsse und Trockenfrüchte unter das Essen. Sorgen Sie bei »Kaufaulheit« mit einem Extraklecks Sahne oder Sauce dafür, dass das Essen nicht zu trocken ist und besser rutscht. Machen Sie Ihrem Kind Lust aufs Essen, indem Sie die Mahlzeiten öfter mal zum »Event« erklären. Unternehmen Sie im Sommer ein Picknick im Garten oder Park, spielen Sie im Winter Picknick auf dem Wohnzimmerteppich oder lassen Sie sich von Ihrem Kind ins Kinderzimmer einladen. In fröhlicher Runde macht das Essen mehr Spaß. Laden Sie die Freundinnen und Freunde der Kinder zum Essen ein. Lassen Sie Ihr Kind bei der Zubereitung helfen (siehe dazu Kapitel »Mother's little helpers: Kinder an die (Küchen-)Macht«, Seite 86), entscheiden Sie gemeinsam, was es zu essen geben soll, geben Sie den Gerichten klingende Namen und denken Sie sich ein paar lustige Garnierungen aus. Rufen Sie sich vor allem aber ins Gedächtnis, was schon mehrmals gesagt wurde, aber nicht oft genug betont werden kann: Setzen Sie das Essen nie als Belohnung oder Strafe ein, und halten Sie die Mahlzeiten frei von Stress. Vermeiden Sie Machtkämpfe und entspannen Sie sich, denn durch Verkrampfung wird meist alles nur noch schlimmer.

Rat und Hilfe

Wenn ältere Mädchen (aber auch Jungen) nicht mehr richtig essen wollen, kann es sein, dass sie insgeheim versuchen, Diät zu halten. Machen Sie ein offenes und freundliches Gesprächsangebot. Zetteln Sie von sich aus eine Diskussion über Schönheitsideale und Probleme mit Diäten an. Hinterfragen Sie gemeinsam, ob Ihr Kind tatsächlich Übergewicht hat oder einem ohnehin illusorischen Ziel nachläuft. Ermutigen Sie normalgewichtige Kinder zur Zufriedenheit mit dem eigenen Körper. Diskutieren Sie bei echtem Übergewicht die Chance, durch eine konsequente Orientierung an der Ernährungspyramide auf ganz natürlichem Wege zu einem akzeptablen Gewicht zu kommen. Holen Sie bei starkem Übergewicht professionellen

Rat ein. Beim Forschungsinstitut für Kinderernährung gibt es beispielswei-
se Empfehlungen für die Ernährung von übergewichtigen Kindern. Viele
Krankenkassen und psycho-soziale Beratungsstellen bieten entsprechende
Programme an. Informieren Sie sich und überlegen Sie, was für Sie und Ihr
Kind am besten geeignet wäre.

Bei älteren untergewichtigen Kinder (heute schon ab etwa elf Jahren)
müssen Sie immer auch bedenken, dass Ihr Kind an Anorexia nervosa
(»Magersucht«) und/oder Bulimie (»Ess- und Brechsucht«) leiden könnte.
Um diese Krankheiten richtig erkennen und bewältigen zu können, sollten
Sie in jedem Fall therapeutische Hilfe in Anspruch nehmen. Ihr Arzt oder
Ihre Ärztin, Ihre Krankenkasse oder Ihre örtliche Erziehungsberatungs-
stelle können Ihnen sagen, wo Sie Unterstützung finden. In allen größeren
Städten gibt es mittlerweile auch Selbsthilfegruppen.

Im häuslichen Umfeld können Sie zur Gesundung Ihres Kindes einen
wichtigen Beitrag leisten. Zeigen Sie ihm ohne Worte jeden Tag, dass Essen
etwas Gutes ist, dass gesundes Essen lecker schmeckt und dass gemeinsames
Genießen eine nie versiegende Quelle der Freude sein kann.

... dann die leckere Küchenpraxis

Frühstück und Pausenbrot

Beim Frühstück haben alle ihre ganz besonderen Vorlieben. Damit sich jede und jeder aussuchen kann, was ihr oder ihm um diese Tageszeit am besten schmeckt, sind alle Frühstücksrezepte individuell für eine Person berechnet. Wollen mehrere Leute am Frühstückstisch das Gleiche essen, lassen sich die Zutaten einfach mit der entsprechenden Personenzahl multiplizieren.

Müsli und Getreidebreie

Frischkornmüsli

Die Mutter aller Müslis! Im frisch geschroteten Getreide bleiben Eiweiß, Vitamine, Mineralstoffe und sekundäre Pflanzenstoffe am besten erhalten, und das unerhitzte Getreideschrot macht lange satt. Wer keine Sauermilchprodukte mag, kann das Schrot natürlich auch in Wasser oder Saft einweichen. Auch die Getreidesorten und die Beigaben wie Nüsse und Obst lassen sich beliebig variieren. (Nur Hafer sollten Sie lieber nicht einweichen, da er leicht bitter werden kann.) Etwas Crunchy gibt dem Frischkornmüsli einen knusprigen Touch.

50 g frisch geschrotetes Getreide (z. B. Weizen), über Nacht in Joghurt oder Schwedenmilch eingeweicht
150 g Joghurt oder Schwedenmilch
1 EL Sanddornsaft
1 TL Mandelmus
1 Apfel oder 1 Banane, klein geschnitten
2 EL Crunchy

Das eingeweichte Getreide mit Sanddornsaft, Mandelmus und frischem Obst mischen und mit Crunchy bestreuen.

Dinkel-Frischkornbrei

50 g Dinkel, frisch geschrotet und
    über Nacht in etwa 100 ml
    kaltem Wasser eingeweicht
½ Banane, in Scheiben geschnitten
1 Kiwi,
    geschält und klein geschnitten
150 g Joghurt oder Sojajoghurt
1 EL Honig
1 EL Haselnüsse, gemahlen
1 EL ungeschwefelte Rosinen

Das über Nacht eingeweichte Getreide am nächsten Morgen mit den restlichen Zutaten vermischen.

Bircher-Müsli

4 EL Haferflocken, über Nacht in
    etwa 100 ml Wasser eingeweicht
50 ml Schlagsahne
1 TL Honig
1 Apfel, fein gerieben
2 EL Haselnüsse, gemahlen

Die eingeweichten Haferflocken am nächsten Morgen mit Sahne, Honig und Apfel mischen und mit den gemahlenen Haselnüssen bestreuen.

Walnuss-Ahorn-Müsli

3 EL Haferflocken
1 EL Walnüsse, gehackt
100 ml Kefir oder Schwedenmilch
1 EL Ahornsirup
½ Apfel, grob gerieben

Haferflocken und Walnüsse mischen. Kefir oder Schwedenmilch mit Ahornsirup cremig rühren, geriebenen Apfel unterziehen und über die Flocken-Nuss-Mischung gießen.

Joghurt-Müsli

150 ml Joghurt oder Sojajoghurt
1 kleine Banane,
    in Scheiben geschnitten
1 Kiwi,
    geschält und klein geschnitten
½ Birne,
    entkernt und klein geschnitten
5 ganze Mandeln
2 EL Hirseflocken
1 EL Weizenkeime
1 EL Sesamsamen
1 EL Kürbiskerne
etwas Milch oder Sojadrink

Alle Zutaten in einer großen Müslischale vermischen und mit Milch oder Sojadrink angießen.

Bananenschaum-Müsli

4 EL Amarant-Poppies
2 EL Kokosflocken
1 kleine Orange,
   geschält und klein geschnitten
1 Banane
150 ml Kefir oder Schwedenmilch

Amarant-Poppies, Kokosflocken und Orangen mischen. Banane im Mixer oder mit dem Pürierstab schaumig pürieren, mit der Schwedenmilch oder dem Kefir verrühren und über das Müsli geben.

Cornflakes-Müsli

50 g Cornflakes
1 Banane, in Scheiben geschnitten
1 EL Kokosraspel
1 TL Sesamsamen
1 TL Vollrohrzucker
Milch nach Belieben

Cornflakes in einen tiefen Teller geben, mit Bananenscheiben, Kokosraspeln, Sonnenblumenkernen und Vollrohrzucker bestreuen und mit Milch angießen.

Erdbeer-Müsli

150 g frische Erdbeeren,
   halbiert oder geviertelt
150 g Vanille-Joghurt
2 EL Weizenkeime
2 EL Crunchy

Erdbeeren mit Joghurt verrühren und mit Weizenkeimen und Crunchy bestreuen.

Buttermilch-Müsli

4 EL Haferflocken
2 EL Hirseflocken
1 kleine Orange, klein geschnitten
1 Kiwi,
   geschält und klein geschnitten
1 TL Honig
Buttermilch nach Belieben

Hafer- und Hirseflocken mischen. Orangen- und Kiwistücke dazugeben, mit Honig beträufeln und mit Buttermilch angießen.

Porridge

50 g Haferflocken
250 ml Wasser
1 Prise Salz
2 EL Schlagsahne
1 EL Vollrohrzucker
150 g frisches Obst,
    klein geschnitten
Milch nach Belieben

Haferflocken mit dem Wasser und
Salz aufkochen und unter Rühren
bei schwacher Hitze fünf Minuten
köcheln lassen. Mit Sahne und Zucker verrühren, in einen tiefen Teller
geben und um den Rand Obststücke
legen. Nach Geschmack mit Milch
übergießen.

Milchreis mit Obst und gehackten Mandeln

50 g Vollkornreis (Rundkorn)
50 ml Wasser
50 ml Milch
150 g frisches Obst,
    klein geschnitten
1 EL Vollrohrzucker
1 Prise Zimt, gemahlen
1 EL Mandeln, grob gehackt

Reis im Wasser leise köcheln lassen,
bis er das Wasser aufgesogen hat.
Milch zugießen und weiter ausquellen lassen. Obst unterziehen. Zucker
mit Zimt verrühren und mit den
Mandeln darüberstreuen.

Warmer Weizenbrei

50 g Weizenschrot
150 ml Wasser
1 getrocknete Feige,
    klein geschnitten
½ Apfel, grob gerieben
warme Milch nach Belieben

Das Weizenschrot im Wasser etwa
10 Minuten leise köcheln und anschließend 30 Minuten nachquellen
lassen. Mit der Feige verrühren und
mit dem Apfel bestreuen. Je nach
Geschmack mit warmer Milch angießen.

Warmer Hirsebrei

50 g Hirse
100 ml Wasser
1 EL Mandelmus
3 getrocknete Aprikosen,
    klein geschnitten
1 Orange, geschält und
    klein geschnitten
warme Milch nach Belieben

Hirse im Wasser etwa 15 Minuten
leise köcheln und anschließend weitere 15 Minuten nachquellen lassen.
Mit Mandelmus und Aprikosen
verrühren und den Orangenstücken
garnieren. Je nach Geschmack mit
warmer Milch angießen.

Süße und herzhafte Brotaufstriche

Dattelmus

Das Dattelmus eignet sich hervorragend als universelles Süßungsmittel und ist im Kühlschrank mehrere Wochen haltbar

100 g getrocknete Datteln, entkernt und grob geschnitten

Datteln mit wenig Wasser langsam erhitzen und etwa 5 – 10 Minuten köcheln, bis sie weich sind. Pürieren und in ein Schraubglas geben.

Aprikosen-Mandel-Mus

100 g getrocknete Aprikosen
2 EL Mandelmus

Aprikosen mehrere Stunden in wenig Wasser einweichen, langsam erhitzen und etwa 5 – 10 Minuten köcheln, bis sie weich sind. Mit dem Mandelmus pürieren und in ein Schraubglas geben. Der Aufstrich ist im Kühlschrank mehrere Wochen haltbar.

Rohes Pflaumenmus

Leckeres Pflaumenmus muss nicht unbedingt stundenlang im Ofen brodeln. Probieren Sie es einmal mit diesem Mus aus Trockenpflaumen, in denen viele wichtige Nährstoffe noch erhalten sind.

500 g ungeschwefelte Trockenpflaumen, entsteint
Saft einer halben Zitrone
1 Prise Zimt, gemahlen
1 Prise Gewürznelken, gemahlen

Pflaumen knapp mit Wasser bedecken und einen Tag stehen lassen. Pürieren und mit den Gewürzen abschmecken.

Aprikosen-Feigen-Bällchen

Die appetitlichen Bällchen lassen sich gut auf einem Butterbrot zerdrücken.

50 g getrocknete Aprikosen
100 g getrocknete Feigen
50 g Haselnüsse, grob gemahlen

Aprikosen und Feigen über Nacht in warmem Wasser einweichen, herausnehmen und pürieren. So viel Einweichwasser dazugeben, bis eine Paste entsteht, die sich mit feuchten Fingern leicht zu walnussgroßen Bällchen formen lässt. In den gemahlenen Nüssen wälzen.

Süßer Sesamaufstrich

100 g Rosinen
Saft einer Zitrone
50 g Sesammus
50 g Weizenkeime
50 g Honig

Rosinen mit Zitronensaft beträufeln, einige Stunden einweichen und anschließend mit den restlichen Zutaten pürieren.

Avocadocreme

1 reife Avocado,
  geschält und entsteint
50 g Frischkäse
1 EL Zitronensaft
Kräutersalz
Pfeffer

Avocado mit Käse und Zitronensaft pürieren und mit Kräutersalz und Pfeffer abschmecken.

Avocado-Tofu-Aufstrich

1 reife Avocado,
  geschält und entsteint
50 g Tofu, fein gewürfelt
25 g Haselnüsse, gemahlen
etwas Zitronensaft

Avocado mit Tofu und Haselnüssen pürieren und mit Zitronensaft abschmecken.

Ei-Joghurt-Creme

1 hart gekochtes Eigelb
2 EL Joghurt
1 EL frische Kresse
Kräutersalz

Eigelb mit Joghurt und Kresse pürieren und mit Kräutersalz abschmecken.

Grünkernaufstrich

125 g Grünkern, grob gemahlen
250 ml Wasser
1 TL Gemüsebrüheextrakt
3 EL Tahin (Sesammus)
1 Knoblauchzehe, zerdrückt
1 kleine Zwiebel, gehackt
3 TL Senf
etwas getrockneter Majoran

Grünkern mit dem Wasser und dem Gemüsebrüheextrakt aufkochen und etwa 30 Minuten köcheln lassen. Restliche Zutaten zugeben und pürieren.

Brote für zu Hause, Kindergarten oder Schule

Mandarinenbrot

1 große oder 2 kleine Scheiben
    Vollkornbrot
2 EL körniger Frischkäse
1 Mandarine, geschält und in
    Schnitze geteilt

Vollkornbrot mit körnigem Frischkäse bestreichen und den Mandarinenschnitzen belegen.

Tomatenbrot

1 große oder 2 kleine Scheiben
    Vollkornbrot
1 TL Butter
1 Tomate, in dünne Scheiben
    geschnitten
Kräutersalz

Vollkornbrot mit Butter bestreichen, mit Tomatenscheiben belegen und mit Kräutersalz würzen. (Für das Schulbrot die Kerne aus den Tomatenscheiben waschen.)

Apfel-Quark-Brot

1 große oder 2 kleine Scheiben
    Vollkornbrot
2 EL Quark
½ Apfel, in dünne Spalten
    geschnitten

Vollkornbrot mit Quark bestreichen und den Apfelscheiben belegen.

Rosinen-Möhren-Brot

2 EL körniger Frischkäse
1 kleine Möhre, fein geraspelt
1 TL Rosinen
1 große oder 2 kleine Scheiben
    Vollkornbrot

Körnigen Frischkäse gut abtropfen lassen, mit Möhrenraspeln und Rosinen mischen und auf die Brotscheiben streichen.

Gourmetsprossenbrot

1 große oder 2 kleine Scheiben
    Vollkornbrot
1 EL Butter oder Margarine
3 – 4 EL Gourmetsprossenmischung

Brotscheiben mit Butter oder Margarine bestreichen, Sprossen aufstreuen und etwas festdrücken.

Pasteten-Sandwich

2 Scheiben Vollkorntoastbrot
2 EL vegetarische Pastete
4 Gurkenscheiben

Brotscheiben dick mit der Pastete bestreichen, Gurkenscheiben dazwischenlegen und zuklappen.

Frischkäse-Kresse-Brot

2 Scheiben Vollkorntoastbrot
2 EL Frischkäse
1 EL Kressesprossen

Brotscheiben dick mit Frischkäse bestreichen, Kressesprossen dazwischenstreuen und zuklappen.

Veggie-Sandwich

2 Scheiben Vollkorntoastbrot
1 EL Mayonnaise
2 Scheiben Seitan-Aufschnitt
1 Blatt Eisbergsalat

Brotscheiben mit Mayonnaise bestreichen und mit je einer Scheibe Seitan-Aufschnitt belegen. Salatblatt dazwischenlegen und zuklappen.

Avocado-Sprossen-Brot

2 Scheiben Vollkorntoastbrot
½ reife Avocado
etwas Zitronensaft
Salz
Pfeffer
1 EL frische Sprossen

Avocado mit der Gabel zerdrücken und mit Salz, Pfeffer und Zitronensaft abschmecken. Brotscheiben mit Avocadomus bestreichen, die Sprossen dazwischenstreuen und zuklappen.

Schnittlauch-Radieschen-Brot

2 Scheiben Vollkorntoastbrot
1 TL Butter oder Margarine
½ TL Hefeextrakt
½ Bund Schnittlauch,
   klein geschnitten
½ Ei, hart gekocht und
   in Scheiben geschnitten
1 großes Radieschen,
   in dünne Scheiben geschnitten

Brotscheiben mit Butter oder Margarine und Hefeextrakt bestreichen und mit den Schnittlauchröllchen bestreuen. Mit Ei- und Radieschenscheiben belegen und zuklappen.

Käse-Nuss-Brot

Das Lieblingsbrot meiner Schulzeit!

2 Scheiben Vollkorntoastbrot
sahniger Schmelzkäse
½ Apfel,
   in dünne Spalten geschnitten
1 Handvoll Haselnüsse,
   grob gehackt

Brote dick mit Schmelzkäse bestreichen und mit den Apfelspalten belegen. Die gehackten Haselnüsse dazwischenstreuen und zuklappen.

Bananen-Erdnuss-Brot

2 Scheiben Vollkorntoastbrot
2 EL Erdnussmus
1 reife Banane
etwas Zitronensaft

Brotscheiben mit dem Erdnussmus bestreichen. Die Banane der Länge nach durchschneiden, auf einem der Brote verteilen und mit dem Zitronensaft beträufeln. Das andere Brot darüberklappen.

Möhrenbrot

100 g Möhren, sehr fein gerieben
50 g Butter
1 EL Honig
1 TL Orangensaft
2 Scheiben Vollkornbrot
1 EL Kressesprossen

Möhren mit Butter, Honig und Orangensaft vermischen und einige Zeit durchziehen lassen. (Im Kühlschrank ist die Möhrenbutter eine gute Woche haltbar.) Die Brote mit der Möhrenbutter bestreichen, die Kressesprossen dazwischenstreuen und zuklappen.

Suppen und Salate

Ebenso wie bei den Hauptgerichten sind die Rezepte für Suppen und Salate für vier Personen berechnet. Die Suppen eignen sich gut zum Aufwärmen, falls sich Ihr Kind mittags öfter allein verköstigen muss. Die Salate lassen sich in einer verschlusssicheren Dose auch mit zur Schule geben.

Nudelsuppe mit Zucchini und Champignons

Falls Ihr Kind Gemüse lieber in versteckter Form isst, können Sie die Suppe und die Nudeln auch extra kochen und die Suppe pürieren, ehe Sie die Nudeln zufügen.

1 große Zwiebel, gehackt
1 EL Öl
*400 g kleine Zucchini,
   in Scheiben geschnitten*
*100 g Champignons,
   in Scheiben geschnitten*
1 TL Kräuter der Provence
1 l Gemüsebrühe
4 EL Tomatenmark
*100 g kurze Vollkorn-
   Röhrchennudeln*

Zwiebel im Öl andünsten, Zucchini- und Champignonscheiben dazugeben und einige Minuten mitdünsten lassen. Gemüsebrühe angießen, Kräuter und Tomatenmark einrühren und zum Kochen bringen. Nudeln zufügen und je nach Angabe auf der Packung so lange köcheln lassen, bis die Nudeln gar sind.

Kürbiscremesuppe

1 kg Kürbisfleisch
1 l Wasser
2 TL Gemüsebrüheextrakt
100 ml Schlagsahne
Salz
Pfeffer
1 TL Vollrohrzucker

Kürbis grob in Stücke schneiden, im Wasser etwa 20 Minuten köcheln lassen und im Mixer oder mit dem Pürierstab pürieren. Schlagsahne einrühren und mit Salz, Pfeffer und Zucker abschmecken.

Möhrensuppe

1 Zwiebel, klein geschnitten
1 Knoblauchzehe, zerdrückt
2 EL Butter
1 Stück Sellerie, fein gewürfelt
800 g Möhren,
   grob in Scheiben geschnitten
1 EL Weizenvollkornmehl
500 ml Gemüsebrühe
500 ml Milch
100 ml Schlagsahne

Zwiebel und Knoblauch in der Butter andünsten, Sellerie und Möhren dazugeben und einige Minuten mitdünsten lassen. Mehl unterrühren. Brühe und Milch angießen und 20 Minuten köcheln lassen. Die Suppe je nach Geschmack mit dem Pürierstab leicht anpürieren. Sahne steif schlagen und unter die Suppe ziehen.

Linseneintopf

Einer der größten Hits für Kids ist bei uns immer noch die ganz einfache, klassische Linsensuppe – natürlich nicht aus der Konserve!

250 g braune Linsen,
   über Nacht eingeweicht
1 große Zwiebel, grob gehackt
1 l Gemüsebrühe
2 Bund Suppengrün,
   klein geschnitten
4 Kartoffeln, geschält und
   grob gewürfelt
1 Packung vegetarische
   Mini-Krakauer
Salz
Pfeffer
½ Bund Petersilie, fein gehackt
Tamari-Sojasauce
Apfelessig

Die eingeweichten Linsen abgießen und mit der Zwiebel in der Gemüsebrühe etwa 45 Minuten garen lassen. Suppengrün und Kartoffeln einrühren und weitere 20 Minuten kochen. Bei Bedarf noch weitere Gemüsebrühe hinzufügen. Mini-Krakauer zugeben und mit Salz und Pfeffer abschmecken. Am Tisch kann dann jede/r die Suppe je nach persönlichem Geschmack mit Petersilie bestreuen und mit Sojasauce und/oder Apfelessig abschmecken.

Grüne Suppe

*250 g Kartoffeln, geschält und
  in Würfel geschnitten
1 große Zwiebel, grob gehackt
100 g grüne Bohnen
1 l Gemüsebrühe
100 g saure Sahne
Salz
Pfeffer
1 großes Bund Petersilie,
  fein gewiegt*

Kartoffeln, Zwiebel und Bohnen in der Brühe etwa 20 Minuten garen. Saure Sahne zugeben, im Mixer oder mit dem Pürierstab pürieren und mit Salz und Pfeffer abschmecken. Zum Schluss die Petersilie unterrühren und nicht mehr kochen lassen, sondern gleich servieren.

Körnersuppe mit Haselnüssen

*1 Zwiebel, fein gehackt
1 Knoblauchzehe, zerdrückt
1 EL Sonnenblumenöl
125 g »7-Corn-Equilina«
  (aus dem Reisregal)
1 l Gemüsebrühe
100 g Frischkäse
100 g saure Sahne
50 g Haselnüsse
Salz
Pfeffer
Muskat*

Zwiebel und Knoblauch in dem Öl glasig dünsten. Körner einrühren. Gemüsebrühe zufügen und 25 Minuten garen. Käse in der Suppe schmelzen lassen, Sahne und Nüsse unterziehen. Mit Salz, Pfeffer und Muskat abschmecken.

Tomaten-Zucchini-Suppe

Eine ganze einfache, leichte Suppe, die bisher noch alle Kinder gerne ausgelöffelt haben.

1 Zwiebel, gehackt
1 Knoblauchzehe, zerdrückt
1 EL Olivenöl
600 g reife Tomaten, überbrüht, geschält und gewürfelt
500 ml Gemüsebrühe
400 g Zucchini, grob geraspelt
100 ml Milch
Tomatenmark
Salz
Pfeffer
Vollrohrzucker

Zwiebel und Knoblauch im Öl glasig dünsten, Tomaten zugeben und einige Minuten schmoren lassen. Gemüsebrühe und Zucchini zugeben, etwa 15 Minuten leise köcheln und im Mixer oder mit dem Pürierstab pürieren. Milch einrühren und die Suppe mit Tomatenmark, Salz, Pfeffer und einer Prise Zucker abschmecken. Dazu Knoblauchbaguette!

Erbsensuppe

2 Zwiebeln, fein gehackt
2 EL Butter
500 g junge, ausgepalte Erbsen
1 l Gemüsebrühe
100 ml Schlagsahne
Salz
Pfeffer

Zwiebeln in der Butter andünsten, Erbsen zugeben und kurz mitdünsten lassen. Mit der Gemüsebrühe angießen, etwa 15 – 20 Minuten kochen lassen und die Suppe pürieren oder durch ein Sieb streichen. Sahne steif schlagen und unter die Suppe ziehen. Mit Salz und Pfeffer abschmecken.

Rohkostplatte mit Dip

750 g frisches Gemüse, z. B.:
  Möhren in schmalen Stiften
  Brokkoliröschen
  Blumenkohlröschen
  Selleriestangen
  Kohlrabistücke
  Tomatenviertel
  Gurkenstifte
  Spinat- oder Salatblätter
  Weißkohl
  Zucchinischeiben ...
2 EL Magerquark
2 EL Kräuterfrischkäse
etwas Milch
Pfeffer
Kräutersalz

Rohkost auf einer Platte appetitlich anrichten. Quark und Kräuterfrischkäse mit etwas Milch verrühren, mit Pfeffer und Kräutersalz abschmecken – fertig!

Quinoasalat

Ein ungewöhnlich leichter und milder Salat, wie ihn Kinder ganz besonders mögen.

250 g Quinoa
500 ml Wasser
2 Bund Radieschen, klein gewürfelt
150 g milder Schafskäse,
  klein gewürfelt
je ½ Bund Schnittlauch und Dill,
  fein gehackt
1 Salatgurke, grob geraffelt
150 g saure Sahne
150 g Joghurt
Salz
Pfeffer

Quinoa im Wasser aufkochen, etwa 20 Minuten quellen und anschließend auskühlen lassen. Mit Radieschen, Schafskäse, Kräutern und Gurke mischen. Sahne mit Joghurt verrühren, mit Salz und Pfeffer würzen und unter den Salat ziehen.

Schneller Möhren-Apfel-Salat

Ein knackiger Blitzsalat, der bei Kindern gut ankommt.

4 große Möhren, geraspelt
2 große Äpfel, geschält und geraspelt
1 EL Olivenöl
1 EL Tamari-Sojasauce
1 EL Balsamico-Essig

Möhren- und Apfelraspel mischen. Öl mit Sojasauce und Essig verrühren und unter den Salat ziehen.

Scheibensalat

400 g Salatgurke,
 in Scheiben geschnitten
400 g Zucchini,
 in Scheiben geschnitten
2 möglichst dicke Möhren,
 in dünne Scheiben geschnitten
2 EL Tahin (Sesammus)
1 Knoblauchzehe, zerdrückt
Saft einer Zitrone
4 EL Wasser
Salz
Pfeffer

Gurken-, Zucchini- und Möhrenscheiben mischen. Tahin mit Knoblauch, Zitronensaft und Wasser verrühren, mit Salz und Pfeffer abschmecken und unter den Salat ziehen.

Reissalat

1 Tasse Vollkornreis
2½ Tassen Wasser
1 TL Gemüsebrüheextrakt
1 Lorbeerblatt
1 TL Fenchelsamen, zerstoßen
250 g gelbe und grüne Zucchini,
 grob geraspelt
1 Bund Radieschen,
 in feine Stifte geschnitten
1 kleine Zwiebel, gehackt
1 TL Senf
1 EL Essig
1 EL Öl
3 EL Tomatensaft

Reis mit dem Wasser, Gemüsebrüheextrakt, Lorbeerblatt und Fenchelsamen 40 Minuten oder nach Packungsangabe garen, abkühlen lassen und mit Zucchini und Radieschen mischen. Alle übrigen Zutaten zu einem Dressing verrühren, unter den Salat heben und einige Stunden durchziehen lassen.

Gurkensalat

Manche Kinder mögen es lieber, wenn die Gurke geschält und grob geraspelt wird. In dem Fall sollten Sie die geraspelte Gurke in einem Sieb gut abtropfen lassen.

1 große Gurke,
    in dünne Scheiben geschnitten
1 EL Zitronensaft
2 EL Öl
½ Bund Dill, fein gehackt
Salz
Pfeffer
4 EL Joghurt
1 Knoblauchzehe, zerdrückt

Gurkenscheiben in eine Schüssel geben. Die restlichen Zutaten zu einer Sauce verrühren und unterziehen.

Möhrensalat mit Haselnüssen

500 g junge Möhren, fein geraspelt
2 säuerliche Äpfel, fein geraspelt
5 EL Haselnüsse, gemahlen
Saft einer Zitrone
3 EL Öl
2 EL Honig
etwas Salz

Möhren, Äpfel und Haselnüsse vermischen und mit dem Zitronensaft beträufeln. Aus Öl, Honig und einer Prise Salz eine Marinade herstellen und den Salat darin gut durchziehen lassen.

Eier-Tofu-Salat

4 hart gekochte Eier,
    geschält und gewürfelt
2 Äpfel, entkernt, geschält und
    fein gewürfelt
100 g Tofu, fein gewürfelt
50 g Joghurt
75 g Mayonnaise
Salz
Pfeffer
Currypulver
einige große Salatblätter
1 Tomate, in Scheiben geschnitten
½ Bund Petersilie, fein gehobelt

Eier-, Apfel- und Tofuwürfel mischen. Joghurt und Mayonnaise verrühren, mit Salz und Pfeffer sowie einer Prise Currypulver abschmecken und unter die Ei-Tofu-Mischung ziehen. Auf Salatblättern anrichten und mit Tomatenscheiben und Petersilie verzieren.

Rapunzelsalat

Unser liebster Wintersalat. Die schnell zusammengerührte, äußerst gesunde und pikante Sauce schmeckt Kindern besonders gut.

1 EL Tamari-Sojasauce
1 EL Olivenöl
1 EL Balsamico-Essig
1 EL Gomasio (Sesamsalz)
250 g Rapunzel (Feldsalat),
    gründlich gewaschen

Sojasauce, Öl, Essig und Gomasio verrühren und unter den Rapunzelsalat ziehen.

Chinakohlsalat

Alle, die es mögen, mischen unter diesen Salat zusätzlich eine Handvoll ganze Mandeln und die Schnitze von zwei geschälten Mandarinen.

150 g Joghurt oder Schwedenmilch
2 EL Apfelessig
1 EL Vollrohrzucker
500 g Chinakohl,
 in feine Streifen geschnitten
1 Päckchen Kressesprossen

Joghurt oder Schwedenmilch mit Essig und Zucker verrühren und unter den Chinakohl ziehen. Mit den Kressesprossen bestreuen.

Grüner Salat

Die leichte, süßsaure Sauce schmeckt an einem heißen Sommertag besonders erfrischend.

1 Kopfsalat, gründlich gewaschen
 und in mundgerechte Stücke
 gezupft
150 g saure Sahne oder
 Schwedenmilch
2 EL Apfelessig
1 EL Vollrohrzucker
1 Bund Schnittlauch,
 fein geschnitten

Kopfsalat in eine Schüssel geben. Saure Sahne oder Schwedenmilch mit Essig, Zucker und Schnittlauch mischen und unter den Salat ziehen.

Nudelsalat

250 g Hörnchennudeln
400 g geräucherter Tofu, gewürfelt
1 Bund Radieschen,
 in dünne Scheiben geschnitten
1 Stange Lauch,
 in dünne Ringe geschnitten
2 Äpfel, entkernt,
 geschält und fein gewürfelt
1 Bund Schnittlauch,
 fein geschnitten
150 g Joghurt
5 EL Schlagsahne
1 EL Ketchup
Salz
Pfeffer
Vollrohrzucker

Nudeln in reichlich Salzwasser bissfest garen. Mit Tofu, Radieschen, Lauch, Äpfeln und Schnittlauch mischen, mit Joghurt, Sahne und Ketchup verrühren, mit Salz, Pfeffer und einer Prise Zucker abschmecken und unter den Salat ziehen.

Hauptgerichte: bewährte Leib- und Königsspeisen

Rice & Roni

Italienische Einwanderer, die in San Francisco eine kleine Pastafabrik betrieben, eigentlich aber am liebsten von den pikanten Reispfannen ihrer armenischen Nachbarn naschten, kamen auf die Idee, Reis und feine Makkaroni mit herzhaften Saucen zu mischen, und landeten damit einen Verkaufsschlager, den viele amerikanische Kinder bis heute als Erstes mit San Francisco verbinden. Die Idee ist gut, denn die weichen Nudeln machen den Reis flutschiger und verhelfen auch körnerskeptischen Kindern zu einer ordentlichen Portion Vollkornreis.

150 g Vollkorn-Fadennudeln
Salz
80 g Langkorn-Naturreis
2½ Tassen Wasser
1 Zwiebel, fein gehackt
1 EL Sonnenblumenöl
150 ml Wasser
150 ml Milch
1 TL Gemüsebrüheextrakt
100 g Kräuterfrischkäse
Kräutersalz
Pfeffer

Nudeln in reichlich Salzwasser bissfest garen und abgießen. Reis in das kochende Wasser einstreuen und nach Angabe auf der Packung im köchelndem Wasser garen. Anschließend mit den Nudeln mischen. Zwiebel im Öl glasig dünsten, erst das Wasser, dann die Milch zugießen und zum Kochen bringen, vom Herd nehmen und Gemüsebrüheextrakt und Frischkäse einrühren. Die Sauce mit Kräutersalz und Pfeffer abschmecken und zu der Nudel-Reis-Mischung servieren.

Knusprige Tofubällchen

500 g Tofu, mit der Gabel zerdrückt
60 g Parmesan, frisch gerieben
60 g Vollkornbrösel
2 EL Petersilie, fein gehackt,
2 EL Olivenöl
2 EL Sojasauce
1 Knoblauchzehe, zerdrückt
6 EL Sesamsamen
Fett zum Ausbacken

Alle Zutaten außer dem Sesam im Mixer oder mit dem Pürierstab vermengen. Mit nassen Händen kleine Bällchen formen, im Sesam wälzen und in reichlich heißem Fett knusprig goldbraun ausbacken. Dazu passen z. B. Kartoffeln und grünes Quarkgemüse.

Grünes Quarkgemüse

Kräuterquark und Lauchzwiebeln geben diesem Gemüse einen frischen, leichten Geschmack.

500 g Zucchini,
*   in Scheiben geschnitten*
2 EL Butter oder Margarine
300 g Erbsen
125 ml Gemüsebrühe
½ Bund Lauchzwiebeln,
*   in schmale Ringe geschnitten*
200 g Kräuterquark
Salz
Pfeffer
½ Bund Petersilie, fein gehackt

Zucchinischeiben in der Butter oder Margarine andünsten. Erbsen zugeben, Gemüsebrühe zugießen und leise köchelnd garen lassen. Das Gemüse von der Kochstelle nehmen, Zwiebeln und Quark unterrühren, mit Salz und Pfeffer abschmecken, mit Petersilie bestreuen und sofort servieren.

Backofen-Pommes mit Ketchup, beides selbst gemacht

Nicht in mehrfach wieder verwendetem Frittierfett dubioser Herkunft schwimmend und mit unbekannten Zusatzstoffen aufgepeppt, sondern aus ganzen Kartoffeln frisch geschnitten, sind Pommes frites besser als ihr Ruf. Probieren Sie es mit dieser selbst gemachten Variante aus dem Backofen. Wer es mag, kann auch ungeschälte Kartoffeln nehmen. Der schnell zusammengerührte Ketchup ist im Kühlschrank fünf Tage haltbar.

1½ kg Kartoffeln, geschält
3 EL Olivenöl
½ TL Salz
150 g ungesüßtes Tomatenmark
100 ml Apfelsaft
1 EL Apfelessig
1 EL Honig
Salz
Pfeffer
Paprikapulver

Kartoffeln in Stäbchen schneiden, Öl mit Salz mischen, die Kartoffelstäbchen damit bepinseln und auf einem leicht gefetteten Blech ausbreiten. Bei 200 – 220 °C etwa 40 Minuten backen, bis sie knusprig gebräunt sind (dabei mehrmals vorsichtig wenden). Tomatenmark mit Apfelsaft, Essig und Honig verrühren, mit Salz, Pfeffer und Paprika würzen und zu den Pommes servieren.

Kartoffelpuffer mit Apfelmus

Nach einer Grundregel meiner Großmutter schmeckt Apfelmus am besten, wenn man es aus möglichst verschiedenen Sorten Fallobst kocht.

150 g rohe Kartoffeln,
geschält und grob gerieben
2 Zwiebeln,
geschält und fein gerieben
3 Eier
3 EL Vollkornmehl
1 TL Salz
Öl zum Braten
1 kg Äpfel,
geschält, geviertelt und entkernt
etwa 100 ml Wasser
etwas Vollrohrzucker oder Honig

Kartoffeln, Zwiebeln, Eier, Vollkornmehl und Salz zu einem Teig verrühren. Löffelweise in sehr heißem Fett von jeder Seite 3 – 4 Minuten knusprig braten. Äpfel mit dem Wasser weich kochen und durch ein Sieb passieren. Nach Bedarf mit etwas Zucker oder Honig süßen.

Spaghetti Napoli

Nudeln mit Tomatensauce lieben alle Kinder. Es muss aber nicht immer eine Fertigsauce aus dem Glas oder aus der Tüte sein. Aus sonnengereiften Tomaten frisch zubereitet, schmeckt sie hundertmal besser. Kaufen Sie außerdem ein Stück echten Parmesan und ersparen Sie sich und Ihren Kindern den Tütenkäse, dessen Geschmack Alfred Biolek zu Recht mit »geraspelten Regenschirmgriffen« verglich.

500 g Vollkornspaghetti
1 Zwiebel, gehackt
1 Knoblauchzehe, zerdrückt
2 EL Butter oder Margarine
1 kg reife Tomaten,
  gehäutet und gewürfelt
1 Zweig Thymian
Salz
Pfeffer
Vollrohrzucker
50 g Parmesan, frisch gerieben

Nudeln in reichlich Salzwasser bissfest garen. Zwiebel und Knoblauch in Butter oder Margarine glasig dünsten, Tomaten und Thymianblättchen dazugeben und etwa 15 Minuten einkochen lassen. Sauce mit Salz, Pfeffer und Zucker abschmecken und mit Spaghetti und Parmesan servieren.

Eier mit Senfsauce

Das Standardgericht meiner Großmutter schmeckt am besten mit einem Riesenklacks Kartoffelbrei, in den man mit dem Löffel eine Mulde drückt und Sauce und Ei hineingibt.

4 EL Butter oder Margarine
4 EL Weizenvollkornmehl
200 ml kalte Gemüsebrühe
200 ml Milch
4 EL mittelscharfer Senf
  (oder mehr – je nach Geschmack!)
1 Prise Vollrohrzucker
Salz
Pfeffer
4 Eier, hart gekocht und geschält

Mehl in der Butter oder Margarine anschwitzen, vom Herd nehmen und mit dem Schneebesen die kalte Gemüsebrühe unterrühren. Anschließend die Milch zugießen und unter ständigem Rühren noch einmal zum Kochen bringen.
Den Senf unterziehen und die Sauce mit Zucker, Salz und Pfeffer abschmecken. Zusammen mit den Eiern servieren.

Hafer-Spinat-Bratlinge

400 g Hafer, grob geschrotet
150 ml Milch
300 g Spinat
2 EL Olivenöl
2 Eier
4 EL Magerquark
Salz
Pfeffer
Öl zum Braten

Hafer in die heiße Milch einrühren und ausquellen lassen. Spinat im Öl andünsten und zusammenfallen lassen. Eier trennen. Eigelb mit Quark verrühren und mit dem Spinat in die Hafermasse rühren. Eiweiß sehr steif schlagen und vorsichtig unterziehen. Mit Salz und Pfeffer würzen und in heißem Öl löffelweise ausbraten.

Käse-Spinat-Cannelloni

250 g Spinat
1 Knoblauchzehe, zerdrückt
250 g körniger Frischkäse
200 g Emmentaler, geraspelt
Kräutersalz
1 Zwiebel, gehackt
1 EL Öl
500 g Tomaten,
 gehäutet und klein geschnitten
2 EL Tomatenmark
Salz, Pfeffer, Paprika, Oregano
1 EL Butter oder Margarine
2 EL Vollkornweizenmehl
200 ml Milch
Muskat
8 – 12 Cannelloni

Spinat mit wenig Wasser gar dünsten und abkühlen lassen. Knoblauch, körnigen Frischkäse und die Hälfte des Emmentalers unterrühren, mit Kräutersalz abschmecken. Für die rote Sauce Zwiebel im Öl glasig dünsten, Tomaten zugeben und mit Tomatenmark, Salz, Pfeffer, Paprika und Oregano abschmecken. Für die weiße Sauce Butter oder Margarine mit Mehl anschwitzen, Milch zugießen und unter Rühren aufkochen lassen. Mit Salz und Muskat würzen. Die Tomatensauce in eine Auflaufform gießen. Die Cannelloni mit der Spinat-Käse-Mischung füllen und nebeneinander in die Tomatensauce legen. Mit der weißen Sauce begießen und dem restlichen Emmentaler bestreuen. Bei 180 – 200 °C etwa 30 Minuten backen.

Bananenreis

1 große Zwiebel, gehackt
2 Tassen Vollkornreis
4 EL Butter oder Margarine
5 Tassen Gemüsebrühe
1 Tasse Erbsen
2 Möhren, klein geschnitten
4 reife Bananen
Paprikapulver
Currypulver
½ Bund Petersilie, fein gehackt

Zwiebeln und Reis in zwei Esslöffeln Butter oder Margarine glasig dünsten, mit der Gemüsebrühe angießen und nach der Zeitangabe auf der Reispackung bei geringer Hitze garen lassen. 15 Minuten vor Ende der Garzeit Erbsen und Möhren zugeben. Die Bananen der Länge nach halbieren und zuerst die Schnittflächen, dann die runden Seiten in der restlichen Butter oder Margarine anbraten. Schnittflächen mit etwas Paprika- und Currypulver bestreuen. Gemüsereis in eine Schüssel geben, Petersilie unterheben. Die gebratenen Bananen mit den Schnittflächen nach oben auf dem Reis verteilen.

Erbsen-Nudel-Soufflee

100 g feine Vollkorn-Suppennudeln
3 EL Butter oder Margarine
2 EL Weizenvollkornmehl
250 ml Milch
10 ml Schlagsahne
300 g Erbsen
1 Bund Petersilie, fein gehackt
1 TL Kräutersalz
Pfeffer
4 Eier
200 g Emmentaler, frisch gerieben
Fett für die Auflaufform

Nudeln in reichlich Salzwasser bissfest garen. Butter oder Margarine zerlassen, Mehl darin anschwitzen, Milch unterrühren und aufkochen lassen. Abgetropfte Nudeln, Sahne, Erbsen und Petersilie untermischen. Mit Kräutersalz und Pfeffer würzen. Eier trennen. Eigelb und Käse unterrühren. Eiweiß sehr steif schlagen und vorsichtig unter die Masse heben. In eine gefettete Auflaufform geben, bei 180 – 200 °C etwa 35 Minuten backen und sofort servieren.

Bunte Nudelpfanne

250 g bunte Vollkornnudeln
2 EL Butter oder Margarine
50 g Parmesan, frisch gerieben
100 ml Sahne
100 ml Milch
1 Tasse Maiskörner
1 Tasse Erbsen
1 rote Paprika, klein gewürfelt
2 Zweige frisches Basilikum,
   fein geschnitten

Nudeln in reichlich Salzwasser bissfest garen. Butter oder Margarine in einer Pfanne erhitzen und den Parmesan vorsichtig darin schmelzen lassen. Mit Milch und Sahne verrühren. Gemüse dazugeben und leise köcheln lassen. Mit den Nudeln vermischen und mit Basilikum bestreuen.

Lauchbratlinge

4 kleine Stangen Lauch,
   in feine Ringe geschnitten
1 Knoblauchzehe, zerdrückt
2 EL Butter oder Margarine
4 gehäufte EL Weizenvollkornmehl
2 Eier
Salz
Pfeffer
½ Bund Petersilie oder Schnittlauch,
   gehackt
50 g Parmesan, frisch gerieben
Öl zum Braten

Lauch und Knoblauch in der Butter oder Margarine dünsten und abkühlen lassen. Mit Mehl und Eiern zu einem Teig verrühren, mit Salz und Pfeffer würzen. Kräuter und Parmesan unterrühren. In reichlich Öl aus jeweils einem Esslöffel Teig kleine knusprige Bratlinge ausbacken.

Bauklötze (Steckrübeneintopf)

Den feinen, süßlichen Geschmack von Steckrüben mögen Kinder ganz besonders gern. Die großen gelben, orangen und roten Gemüsewürfel gaben diesem beliebten Familienklassiker den Spitznamen »Bauklötze«.

750 g Steckrüben, gewürfelt
3 große Kartoffeln, gewürfelt
3 große Möhren,
    in Scheiben geschnitten
300 ml Gemüsebrühe
1 TL getrockneter Majoran
250 g geräucherter Tofu,
    in dicke Scheiben geschnitten
Senf

Steckrüben, Kartoffeln und Möhren mischen, mit Gemüsebrühe angießen und mit Majoran bestreuen. Den Tofu darüberlegen, Topf schließen und etwa 20 Minuten kochen lassen. Mit einem großen Klecks Senf an jedem Tellerrand servieren.

Zucchinibuletten

350 g Zucchini,
    in Scheiben geschnitten
1 kleine Zwiebel, gehackt
1 EL Olivenöl
½ Tasse Vollkornsemmelbrösel
½ Bund Petersilie, fein gehackt
70 g Parmesan, frisch gerieben
1 Ei
Salz
Pfeffer
einige EL Weizenvollkornmehl
Olivenöl zum Braten

Zucchini in Salzwasser etwa 10 Minuten weich kochen, gut abtropfen lassen und im Mixer oder mit dem Pürierstab pürieren. Zwiebel im Öl glasig dünsten. Zucchinimasse mit Zwiebel, Petersilie, Käse und Ei vermischen und mit Salz und Pfeffer würzen. Nach Bedarf Mehl hinzufügen, bis ein weicher, formbarer Teig entsteht. Einige Zeit ruhen lassen. Mit nassen Fingern (sonst klebt's!) Buletten formen, in Mehl wälzen und in heißem Olivenöl von beiden Seiten goldbraun braten.
Dazu schmecken frisch gekochte Maiskolben und Tomatensalat gut.

Gelbe Knabberkolben

Frisch gekochte Maiskolben sind ein toller Knabberspaß. Zuckermais ist übrigens ganz einfach im eigenen Garten anzubauen. Seit einigen Jahren findet man ihn im Sommer auch auf dem Wochenmarkt. Bauernhöfe, die Zuckermais anbauen und frisch vom Feld verkaufen, inserieren in Tageszeitungen – ein lohnendes Ziel für eine sommerliche Fahrradtour!

4 Kolben Zuckermais, von den Außenblättern und den braunen »Barthaaren« befreit
etwas Butter
Salz

Maiskolben im geschlossenen Topf mit wenig Wasser etwa 20 Minuten garen. Bei Tisch an beiden Seiten jeweils eine Kuchengabel hineinstecken, damit sie sich besser halten lassen. Mit Butter bestreichen und mit Salz bestreuen.

Sesamkartoffeln

1 kg Kartoffeln, geschält und in dünne Scheiben geschnitten
Fett für das Backblech oder die Auflaufform
50 g Butter, zerlassen
Salz
100 g Parmesan, frisch gerieben
40 g Sesamsamen

Kartoffeln dachziegelartig auf einem gefetteten Backblech oder in einer breiten, gefetteten Auflaufform anordnen und Butter darüberträufeln. Mit etwas Salz, Parmesan und Sesam bestreuen. Bei 180 – 200 °C etwa 30 Minuten backen.

Gemüsemix mit Kohlrabisauce

Gemüsemix mit Sauce ist unser typisches Alltagsgericht. Je nach Saison und persönlichen Vorlieben lassen sich die verwendeten Gemüsearten frei variieren. Statt mit Gewürz-Hefeflocken können Sie das Ganze auch mit gerösteten Sonnenblumenkernen oder Sesamsamen bestreuen. Dazu passen alle Salate sowie bei großem Hunger Bratlinge, Räuchertofu oder Sojawurst.

250 g Kartoffeln,
  geschält und gewürfelt
250 g Möhren, in dicken Scheiben
250 g Pastinaken, in dicken Scheiben
250 g Brokkoli, in mittelgroße
  Röschen geteilt

Für die Sauce:
250 g Kohlrabi,
  geschält und grob gewürfelt
1 EL Butter
125 ml Milch
50 g Kräuterfrischkäse
Salz
Pfeffer
Würz-Hefeflocken

Kartoffeln, Möhren, Pastinaken und Brokkoli über wenig Wasser im Dampf garen. Kohlrabi in der Butter andünsten, Milch dazugeben und etwa 15 Minuten köcheln lassen. Kräuterfrischkäse dazugeben und im Mixer oder mit dem Pürierstab pürieren. Die Sauce mit Salz und Pfeffer abschmecken und mit dem Gemüse servieren. Am Tisch kann jede/r nach persönlichem Geschmack Würz-Hefeflocken darüberstreuen.

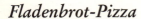

Fladenbrot-Pizza

Wenn es einmal besonders schnell gehen soll, ist diese Blitz-Pizza genau das Richtige. Sie dauert nicht länger als das Tiefkühl-Pendant, schmeckt aber viel knuspriger und frischer. Beteiligen Sie Ihre Kinder je nach Alter beim Schnipseln und Belegen. Die Gemüsearten können Sie natürlich je nach Vorratslage und persönlichem Geschmack frei variieren und, wenn Sie es mögen, den Emmentaler durch Mozzarella oder andere Käsesorten ersetzen. Auf diese Weise schmeckt die Fladenbrot-Pizza jedes Mal ein bisschen anders.

1 großes Fladenbrot
2 EL Olivenöl
6 EL Tomatenmark
6 EL Tomatenketchup
1 Zwiebel, klein gehackt
1 Knoblauchzehe, zerdrückt
½ TL getrockneter Oregano
1 TL getrocknete Kräuter der Provence
1 rote Paprika, in feine Streifen geschnitten
50 g Champignons, in dünne Scheiben geschnitten
2 große Tomaten, in Scheiben geschnitten
100 g Emmentaler, fein geraspelt

Fladenbrot quer aufschneiden. Öl mit Tomatenmark, Ketchup, Zwiebel, Knoblauch und Gewürzen mischen und das Fladenbrot damit bestreichen. Gemüse darüber verteilen und mit geriebenem Käse bestreuen. Bei 180 – 200 °C etwa 15 Minuten backen.

Falafel-Fladi

Für die Falafel:
200 g gekochte Kichererbsen
1 Zwiebel, fein gehackt
1 Knoblauchzehen, zerdrückt
1 Prise Koriander, gemahlen
1 Prise Kreuzkümmel, gemahlen
1 Prise Kurkuma
1 Prise scharfer Rosenpaprika,
   gemahlen
Salz
Pfeffer
3 EL Petersilie, fein gehackt
1½ EL Speisestärke
Öl zum Braten

Für das Zaziki:
½ Salatgurke
Salz
250 g Joghurt
½ Knoblauchzehe, zerdrückt
1 Zweig Dill, fein gehackt
Pfeffer
1 TL Olivenöl

1 Fladenbrot, frisch aufgebacken
   und geviertelt
½ Eisbergsalat, fein geschnitten

Gekochte Kichererbsen abtropfen lassen und in eine Schüssel geben. Mit einem Kartoffelstampfer zu Brei drücken. Zwiebel, Knoblauch, Gewürze und Petersilie untermischen. Zuletzt die Speisestärke einarbeiten und den Teig 30 Minuten lang kalt stellen. Kleine Bällchen formen, in reichlich Öl knusprig goldbraun braten und auf Küchenkrepp abtropfen lassen.
Salatgurke fein reiben, salzen, eine Weile stehen lassen und ausdrücken. Anschließend Joghurt und Gurke mischen, mit Knoblauch, Dill, Salz und Pfeffer würzen und mit Olivenöl verfeinern.
Fladenbrotviertel an der Spitze tief aufschneiden, mit Eisbergsalat, Falafel und Zaziki füllen und leicht zusammendrücken.
Als Alternative zu Falafel gewürfelten Schafskäse verwenden.

Pizza-Wraps

Wraps kann man heute in gut sortierten Lebensmittelläden fertig kaufen. Sie können sie aber auch ganz leicht selbst zubereiten – das Ausrollen macht besonders Kindern Spaß!
(Der Teig muss eine Stunde ruhen, deshalb für selbst gemachte Wraps entsprechend Zeit einplanen.)

Für 4 Wraps:
250 g Weizenvollkornmehl
1 TL Backpulver
½ TL Salz
30 ml Rapsöl
175 ml Wasser, warm
Mehl für die Arbeitsfläche

Mehl, Backpulver, Salz und Öl verrühren. Nach und nach das warme Wasser zugeben und die Masse zu einem glatten Teig verkneten. (Falls der Teig klebt, noch etwas Mehl zugeben.) Abgedeckt etwa 1 Stunde ruhen lassen.
Den Teig in vier gleich große Stücke aufteilen, zu Kugeln formen und mit dem Nudelholz auf einer bemehlten Fläche zu flachen Fladen mit etwa 23 Zentimeter Durchmesser ausrollen.
Die Fladen nach und nach in eine ohne Fett erhitzte Pfanne legen und von jeder Seite etwa 1 Minute braten, bis der Teig Blasen schlägt. Abgedeckt auf einem Teller sammeln.

Für den Belag der Pizza-Wraps:
½ Zwiebel, fein gehackt
1 EL Olivenöl
4 reife Tomaten,
  überbrüht und gehäutet
½ TL Oregano, getrocknet
Salz
Pfeffer
4 TL Basilikumpesto
50 g Parmesan, frisch geraspelt

Zwiebel im Olivenöl glasig dünsten, Tomaten und Oregano zugeben und etwa 10 Minuten leise köcheln lassen. Mit Salz und Pfeffer würzen. Wraps auf ein großes Backblech legen, mit der Tomatensauce bestreichen, das Pesto in Klecksen aufsetzen und mit dem Käse bestreuen. Bei 180 °C etwa 10 Minuten backen und die Wraps zusammenrollen.

Bratnudeln

100 g Shiitake-Pilze
4 – 6 EL Sesamöl, geröstet
1 mittelgroßer Lauch,
  fein geschnitten
100 g frische Sojabohnenkeime,
  grob geschnitten
100 g Zuckerschoten
250 g Spaghetti, bissfest gegart
3 – 6 EL Sojasauce
Salz
Pfeffer

Pilze in 4 EL Sesamöl anbraten. Nach und nach Lauch, Sojabohnenkeime, Zuckerschoten und Spaghetti zugeben und mitbraten lassen. Je nach Geschmack mit dem restlichen Sesamöl, der Sojasauce sowie Salz und Pfeffer abschmecken.

Nudeln mit Pünktchensauce

Mit seinem hohen Gehalt an Mineralstoffen wie Kalzium, Kalium, Magnesium, Eisen und Zink ist Mohn ein wahres Kraftpaket. Dass sein nussiger Geschmack nicht nur Kuchen und Süßspeisen, sondern auch herzhafte Gerichte bereichern kann, beweist die bei uns äußerst beliebte Pünktchensauce.

250 g Vollkornnudeln
1 Zwiebel, fein gehackt
1 EL Olivenöl
125 ml Gemüsebrühe
125 ml Milch
200 g Frischkäse
3 EL Mohn
Salz
Pfeffer

Nudeln in reichlich Wasser bissfest garen. Zwiebel im Olivenöl glasig dünsten, Brühe und Milch angießen und zum Kochen bringen. Frischkäse vorsichtig darin schmelzen lassen. Zum Schluss den Mohn einrühren, die Sauce mit Salz und Pfeffer abschmecken und zu den Nudeln servieren.

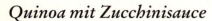

Quinoa mit Zucchinisauce

2 Zwiebeln, gehackt
2 EL Olivenöl
250 g Quinoa
500 ml Gemüsebrühe
1 Knoblauchzehe, zerdrückt
1 EL Butter
400 g Zucchini, grob geraspelt
250 ml Milch
100 g Kräuterfrischkäse
Salz
Pfeffer

Eine Zwiebel im Olivenöl glasig dünsten. Quinoa dazugeben und mit der Gemüsebrühe angießen, zum Kochen bringen und auf kleiner Flamme etwa 20 Minuten ausquellen lassen. Die andere Zwiebel und Knoblauch in der Butter glasig dünsten, Zucchiniraspel dazugeben und einige Minuten mitdünsten. Milch zugießen, zum Kochen bringen und etwa 10 Minuten garen lassen. Die Sauce im Mixer oder mit dem Pürierstab pürieren. Zum Schluss den Kräuterfrischkäse unterziehen und mit Salz und Pfeffer abschmecken. Die Sauce zur Quinoa servieren.
Dazu schmeckt ein frischer Möhren-Apfel-Salat.

Käsehörnchen

500 g Vollkorn-Hörnchennudeln
Salz
200 ml Milch
100 ml Schlagsahne
200 g mittelalter Gouda, grob geraspelt
1 Eigelb
Pfeffer

Nudeln in Salzwasser bissfest garen. Milch und Schlagsahne erhitzen, Käse unter ständigem Rühren vorsichtig darin schmelzen und zum Schluss das Eigelb unterziehen. Mit den Nudeln vermengen, mit Salz und Pfeffer abschmecken und sofort servieren.

Gnocchi mit Lieblingskräutern

Gnocchi kann man fertig kaufen, aber durchaus auch mal selber machen. Beim Formen der Teigrollen, beim Abschneiden der Stücke und beim Abschöpfen der aufgestiegenen Gnocchi helfen Kinder gern.

Für die Gnocchi:
750 g mehligkochende Kartoffeln,
   gekocht und geschält
120 g Weizenmehl
30 g Parmesan, frisch gerieben
1 Ei
Salz
Pfeffer
Muskat
etwa 50 g Hartweizengrieß

2 EL Butter oder Margarine
1 Knoblauchzehe,
   in feine Scheiben geschnitten
1 Bund gemischte Lieblingskräuter
   (z. B. Oregano, Thymian,
   Petersilie, Basilikum),
   fein gehackt

Kartoffeln durch die Kartoffelpresse drücken. Mit Mehl, Parmesan und Ei vermischen, mit den Gewürzen abschmecken und zu einem Teig verkneten. Von dem Grieß nach Bedarf so viel zugeben, bis der Teig glatt und nur noch leicht klebrig ist. Auf einem bemehlten Blech fingerdicke Rollen formen. Etwa 2 cm breite Stücke abschneiden, mit dem Gabelrücken Rillen eindrücken und in kochendem Salzwasser wenige Minuten gar ziehen lassen, bis die Gnocchi nach oben steigen. Mit einem Schaumlöffel abschöpfen und in einem Seiher abtropfen lassen. Butter oder Margarine in einer Pfanne erhitzen, Knoblauch und Kräuter dazugeben und die Gnocchi darin kräftig rösten, bis sie schön goldbraun geworden sind.

Überbackener Kartoffelbrei

10 – 12 mehligkochende, mittelgroße Kartoffeln
250 g saure Sahne
200 g Frischkäse
1 TL Salz
¼ TL Knoblauchpulver
1 Prise Pfeffer
1 EL Butter oder Margarine
Schnittlauchröllchen und -blüten
Fett für die Auflaufform

Kartoffeln in der Schale kochen, etwas abkühlen lassen und pellen. Gekochte Kartoffeln mit einem Stampfer gut zerdrücken. Restliche Zutaten außer Butter oder Margarine und Schnittlauch zugeben und in der Küchenmaschine glatt schlagen. In eine gefettete Auflaufform geben und glatt streichen.
Butter oder Margarine in Flöckchen aufsetzen und den Kartoffelschnee bei 180 – 200 °C etwa 30 Minuten überbacken. Mit Schnittlauchröllchen und -blüten bestreuen.

Kartoffelbrei mit Erbsensauce

4 EL Sesamsamen
1 kg Kartoffeln
125 ml Milch
½ TL Gemüsebrüheextrakt
Salz
Pfeffer
Muskat
1 EL Sonnenblumenöl
1 Zwiebel, gehackt
1 Knoblauchzehe, zerdrückt
100 ml Gemüsebrühe
100 ml Milch
50 ml Schlagsahne
300 g Erbsen

Sesamsamen ohne Fett in einer Pfanne leicht anrösten und zur Seite stellen. Kartoffeln in der Schale über wenig Wasser gar dämpfen, schälen und in eine Schüssel geben. Milch erwärmen, mit Gemüsebrüheextrakt, Salz, Pfeffer und Muskat würzen und zu den Kartoffeln geben. Kartoffeln und Milch mit dem Kartoffelstampfer zu einem geschmeidigen Brei verarbeiten. Für die Sauce Zwiebel und Knoblauch in dem Öl glasig dünsten. Brühe, Milch, Sahne und Erbsen zugeben und etwa 10 Minuten garen lassen. Anschließend im Mixer oder mit dem Pürierstab pürieren und zum Kartoffelbrei servieren. Wer mag, bestreut das Ganze am Tisch mit den gerösteten Sesamsamen. Eine gute Ergänzung sind Grünkernbratlinge.

Grünkernbratlinge

300 g Grünkern, grob geschrotet
250 ml Gemüsebrühe
2 Zwiebeln, gehackt
1 Knoblauchzehe, zerdrückt
2 EL Butter oder Margarine
2 Eier
100 g Räucherkäse,
    in feine Würfel geschnitten
½ Bund Petersilie, gehackt
Öl zum Braten

Grünkernschrot in der Brühe mindestens 30 Minuten einweichen. Unter Rühren aufkochen und auf der abgeschalteten Platte ausquellen und abkühlen lassen. Zwiebeln und Knoblauch in der Butter oder Margarine glasig dünsten. Grünkern mit Eiern, Zwiebeln, Käse und Kräutern mischen und zu Bratlingen formen. In reichlich Öl von beiden Seiten knusprig braun ausbacken.

Country Fries

Kinder lieben Country Fries, die sie meist nur aus dem Fast-Food-Restaurant oder als Fertigprodukt aus der Tiefkühltruhe kennen. Versuchen Sie es mit dieser selbst gemachten Variante in Kombination mit einem frischen Salat. Statt Grillgewürz können Sie die Kartoffeln z.B. auch mit zwei Teelöffeln Kräuter der Provence und einem Teelöffel Salz würzen.

6 EL Olivenöl
1 Knoblauchzehe, zerdrückt
2 TL Grillgewürz
1 kg Kartoffeln,
    geviertelt oder geachtelt

Öl, Knoblauch und Gewürz in einer großen Schüssel mischen, Kartoffeln dazugeben, gut in der Ölmischung wenden und 5 – 10 Minuten ziehen lassen. Kartoffeln mit dem Schaumlöffel herausnehmen, auf einem mit Backpapier ausgelegten Backblech verteilen und bei 220 – 250 °C etwa 45 Minuten knusprig braun backen.

149

Bunte Hülsenfrüchte

Die bunte Mischung aus roten Kidneybohnen, schwarzen Bohnen, Pintobohnen, Sojabohnen, weißen Bohnen, braunen Linsen, grünen Linsen und Kichererbsen macht diesen Eintopf auch für Kinder interessant. Bestaunen Sie gemeinsam die Trockenmischung und machen Sie ein Wettspiel daraus, wer die meisten Bestandteile richtig benennen kann. Jüngeren Kindern macht es Spaß, aus den bunten Früchten Muster zu legen oder gar ein kleines Wandbild zu kleben. Verfolgen Sie gemeinsam das Einweichen und Aufquellen der Bohnen und Linsen. Bei uns heißen die bunten Bohnen und Linsen »Cowboymischung«. Wir stellen uns vor, ein Cowboy hätte sie tagsüber während seiner Arbeit bei den Pferden eingeweicht und abends in einem verbeulten Kochtopf über dem Lagerfeuer gar gebrodelt.

250 g »Bunte Hülsenfrüchte«, über Nacht in reichlich Wasser eingeweicht und abgegossen
1 l Gemüsebrühe
1 Bund Suppengrün, klein geschnitten
4 Kartoffeln, geschält und grob gewürfelt
Salz
Pfeffer
Tamari-Sojasauce
½ Bund Petersilie, fein gehackt

Eingeweichte Hülsenfrüchte in der Gemüsebrühe 45 Minuten kochen. Suppengrün und Kartoffeln zugeben und weitere 15 Minuten kochen lassen. Mit Salz, Pfeffer und einem kräftigen Schuss Sojasauce abschmecken und mit der Petersilie bestreuen.
Am liebsten essen wir dazu eine Stange Knoblauchbaguette.

Knoblauchbaguette

Eine beliebte Beigabe zu Suppen und anderen Gerichten. Kinder können beim Anrühren und Einfüllen der Butter sehr gut mit Hand anlegen.

1 Baguettestange
125 g zimmerwarme Butter
2 Knoblauchzehen, zerdrückt
½ Bund Dill, fein gehackt

Die Baguettestange in Abständen von 2 cm mit einem Brotmesser tief einritzen. Butter mit Knoblauch und Dill verrühren und mit einem Teelöffel in die Ritzen streichen. Bei 180 – 200 °C etwa 10 Minuten im Ofen backen (das Baguette sollte schön kross und die Butter geschmolzen sein).

Käse-Pfannentoast

8 große Scheiben Vollkorntoast
Butter oder Margarine
4 EL rotes oder grünes Pesto
4 dicke Scheiben Gouda, pikant

Toastbrotscheiben mit Butter oder Margarine bestreichen, vier Scheiben mit je 1 TL Pesto bestreichen und mit Käse belegen und die anderen Scheiben darüberklappen. Die Klappbrote auch von außen mit Butter oder Margarine bestreichen und in einer heißen Pfanne von beiden Seiten goldbraun anrösten.

Sauerkraut mit Sojawürstchen und Kartoffelbrei

500 g Sauerkraut
100 ml Gemüsebrühe
1 Lorbeerblatt
einige Wacholderbeeren
8 Sojawürstchen
1 kg Kartoffeln
125 ml Milch
½ TL Gemüsebrüheextrakt
Salz
Pfeffer
Muskat
Senf

Sauerkraut mit Gemüsebrühe, Lorbeerblatt und Wacholderbeeren etwa 20 Minuten leise kochen. In den letzten 5 Minuten die Sojawürstchen zugeben und mitkochen lassen. Kartoffeln in der Schale garen, pellen und zerstampfen. Milch mit Gemüsebrüheextrakt, Salz, Pfeffer und Muskat würzen und unter die Kartoffeln rühren, bis ein glatter Brei entsteht. Sauerkraut, Sojawürstchen und Kartoffelbrei mit Senf servieren.

Ofenkartoffeln mit grüner Sauce

Die erste grüne Sauce des Jahres gibt es bei uns am Gründonnerstag. Suchen Sie gemeinsam mit Ihren Kindern im Garten oder auf dem Wochenmarkt nach den ersten frischen Frühlingskräutern. Gerade bei einem Anflug von Frühjahrsmüdigkeit kommt dieser leckere Vitaminstoß gerade recht.

1 kg große Kartoffeln
4 Eier, hart gekocht
2 EL Sonnenblumenöl
2 EL Senf
Pfeffer
Salz
150 g saure Sahne
1 l Schwedenmilch oder Kefir
3 Tassen sehr fein gewiegte Kräuter, und zwar sieben verschiedene Arten (z. B. Schnittlauch, Dill, Petersilie, Borretsch, Kerbel, Zitronenmelisse und Pimpinelle)

Kartoffeln im Ofen bei 180 – 200 °C etwa 50 Minuten backen. Eier pellen und in der Mitte durchschneiden, die Eigelbe herauslösen, mit der Gabel zerdrücken, mit Öl und Senf zu einer cremigen Masse verrühren und mit Salz und Pfeffer würzen. Saure Sahne und Schwedenmilch zugeben, die Eiweiße in kleine Stücke schneiden und ebenfalls unterrühren. Zum Schluss Kräuter unterziehen und die Sauce einige Stunden, besser einen ganzen Tag, im Kühlschrank durchziehen lassen.

Grünspargel mit Räuchertofu und Käsesauce

Statt Grünspargel können Sie je nach Saison natürlich auch jedes andere Gemüse verwenden, z. B. Brokkoli oder grob geschnittenen Wirsingkohl.

1 kg Grünspargel
1 EL Butter
250 ml Milch
80 g Parmesan, frisch gerieben
Salz
Pfeffer
Muskat
150 g Räuchertofu, klein gewürfelt

Beim Spargel die holzigen Enden abschneiden. Spargel über wenig Wasser gar dämpfen. Butter zerlassen, Milch dazugeben und erhitzen (nicht kochen lassen), Parmesan einrühren und unter Rühren vorsichtig auflösen. Mit Salz, Pfeffer und Muskat abschmecken. Spargel mit Tofuwürfeln bestreuen und der Sauce begießen.
Dazu am besten Pellkartoffeln.

Maistaler

Die goldgelben Maistaler sind eine beliebte Kinderwährung. Sie sind einfach herzustellen, sodass ältere Kinder hier schon kräftig mitmischen können. Dazu essen wir Kartoffelpüree und eine sahnige Kräutersauce.

2 frische Maiskolben oder
  1 Glas Maiskörner
  (Abtropfgewicht 285 g)
100 g Weizenvollkornmehl
2 Eier
Salz
Pfeffer
Öl zum Ausbacken

Die geschälten Maiskolben in kochendem Wasser etwa 15 Minuten garen und die Körner von den Kolben lösen. Maiskörner abtropfen lassen. Mehl mit den Eiern und etwas Maiswasser zu einem dickflüssigen Teig verrühren. Maiskörner zufügen und mit Salz und Pfeffer würzen.
In heißem Öl von beiden Seiten zu kleinen Talern ausbacken.

Kräuterquarkfladen

Die Kräuterquarkfladen sind schnell gemacht und schmecken am besten mit selbst hergestelltem Tomatenketchup und einem frischen grünen Salat.

200 g Kräuterquark
100 g Weizenvollkornmehl
2 Eier
Öl zum Braten

Quark, Mehl und Eier verkneten und den Teig etwas ruhen lassen. In heißem Öl in Form von vier Fladen von beiden Seiten goldbraun braten.

Tofu-Käse-Hörnchen

250 g Vollkorn-Hörnchennudeln
1 kleiner Apfel, geviertelt, entkernt und geschält
150 g Tofu
200 g saure Sahne
120 ml Milch
½ TL getrocknete Kräuter der Provence
1 TL Senf
Salz
1 Prise Muskat
1 Zwiebel, gehackt
1 TL Olivenöl
100 g Emmentaler, fein gerieben
3 EL Weizenkeime
3 EL Petersilie, fein gehackt

Hörnchennudeln in reichlich Wasser bissfest garen. Apfelviertel mit wenig Wasser weich kochen, zusammen mit Tofu, saure Sahne, Milch, Kräutern und Senf im Mixer oder mit dem Pürierstab pürieren und mit Salz und Muskat würzen. Zwiebel im Olivenöl glasig dünsten. Mit der Tofumischung und dem Käse verrühren. In eine Auflaufform geben und mit den Nudeln gut vermischen. Bei 170 – 190 °C etwa 20 Minuten backen. Weizenkeime mit Petersilie mischen und zum Bestreuen in einer kleinen Schüssel dazu servieren. Dazu schmeckt z. B. ein Apfel-Möhren-Salat.

Mehrkorntaler mit Möhren-Käse-Sauce

Für die Sauce:
250 g Möhren, in Stücke geschnitten
1 Zwiebel, gehackt
1 Knoblauchzehe, gehackt
125 ml Gemüsebrühe
2 EL Haselnüsse, gemahlen
50 g Frischkäse
50 ml Schlagsahne
1 Spritzer Zitronensaft
Salz
Pfeffer
Muskat

Für die Mehrkorntaler:
125 ml Milch
125 g Mehrkornflocken
  (z. B. Weizen, Hafer, Roggen)
2 EL Hirseflocken
1 EL Butter
1 Zwiebel, fein gehackt
1 Ei
½ Bund Petersilie, fein gehackt
Salz
Pfeffer
Muskat
Öl zum Ausbacken

Möhren, Zwiebel und Knoblauch in der Gemüsebrühe gar dünsten. Andere Zutaten dazugeben und im Mixer oder mit dem Pürierstab pürieren. Mit Salz, Pfeffer und Muskat abschmecken.

Für die Mehrkorntaler Milch aufkochen lassen, Mehrkorn- und Hirseflocken einstreuen und unter Rühren quellen lassen. Zwiebel in Butter glasig dünsten, mit Petersilie und Ei unter die Flockenmasse rühren. Mit Salz, Pfeffer und Muskat würzen. Mit nassen Händen flache Taler formen (auch wenn sie etwas bröckeln, in der Pfanne halten sie) und in Öl vorsichtig von beiden Seiten knusprig ausbacken.
Dazu gibt's Pellkartoffeln.

Herzhafter Spaghettikuchen

Eine gute Möglichkeit zur Verwertung von Spaghettiresten.

250 g Vollkornspaghetti
100 ml Milch
2 Eier
125 g Mozzarella,
    sehr fein gewürfelt
50 g Parmesan, frisch gerieben
1 Knoblauchzehe, gepresst
Salz
Pfeffer
1½ TL getrockneter Oregano
Fett für die Springform

Für die »Schlagsahne«:
500 g Tomaten,
    gehäutet und gewürfelt
150 g saure Sahne
1 TL getrockneter Thymian

Spaghetti in reichlich Wasser bissfest garen. Milch mit Eiern verquirlen. Mozzarella und Parmesan unterrühren, mit Knoblauch, Salz, Pfeffer und Oregano würzen und mit den Spaghetti mischen. In eine gefettete Springform geben, flachdrücken und bei 160 – 180 °C etwa 25 Minuten backen, bis der Kuchen goldbraun aussieht und sich in der Mitte bei leichtem Drücken fest anfühlt. Vorsichtig lösen, auf eine Kuchenplatte stürzen und in vier oder acht Tortenstücke schneiden. Tomaten, saure Sahne und Thymian im Mixer oder mit dem Pürierstab pürieren und als »Schlagsahne« zum Kuchen servieren.

Selbst gemachte Kroketten

500 g mehlige Kartoffeln, in der
    Schale gekocht und gepellt
50 g Hafer, fein gemahlen
1 EL saure Sahne
6 EL Vollkornsemmelbrösel
Öl zum Braten

Kartoffeln mit einem Kartoffelstampfer oder einer Gabel zerdrücken und auskühlen lassen. Hafer und saure Sahne zugeben und kräftig kneten. Längliche Kroketten in Semmelbröseln wälzen und in reichlich Öl von allen Seiten goldgelb ausbacken.

Dazu schmecken selbst gemachter Ketchup (siehe »Backofen-Pommes«) und Rapunzelsalat.

Toast Hawaii

Wenn Ihre Pfanne für vier Toastbrotscheiben zu klein ist, können Sie den Toast Hawaii natürlich auch im Backofen oder unter dem Grill zubereiten.

4 Scheiben Vollkorntoast
2 EL Butter
4 Bananen,
  geschält und längs halbiert
4 Scheiben frische Ananas,
  in Stücke geschnitten
4 Scheiben Gouda, mittelalt

Toastbrot in der Butter bei mittlerer Hitze in einer großen Pfanne leicht anrösten. Bananenhälften in der Mitte durchschneiden und je vier Stücke auf einen Toast legen. Ananasstücke darauf häufeln und mit je einer Käsescheibe bedecken. Pfannendeckel auflegen und Käse schmelzen lassen.

Spiralnudeln mit Schafskäsecreme

250 g Vollkorn-Spiralnudeln
100 ml Schlagsahne
150 ml Milch
100 g milder Schafskäse,
  in Stücke geschnitten
2 EL Wal- oder Haselnüsse,
  gemahlen
½ Bund Schnittlauch,
  klein geschnitten

Nudeln in reichlich Salzwasser bissfest garen. Sahne mit Milch zum Kochen bringen, Schafskäse vorsichtig darin schmelzen lassen und Nüsse zufügen. Vor dem Servieren Schnittlauch unterrühren.

Seitangeschnetzeltes

*200 g Seitan, in mundgerechte
Stücke geschnitten*
Bratöl
Salz
Pfeffer
1 große Zwiebel, fein gehackt
*100 g Champignons,
blättrig geschnitten*
100 ml Milch
100 ml Schlagsahne
1 TL Gemüsebrüheextrakt

Seitan in wenig Öl kräftig anbraten, mit Salz und Pfeffer würzen, aus der Pfanne nehmen und zur Seite stellen. Zwiebeln mit Champignons andünsten, Milch, Schlagsahne und Gemüsebrüheextrakt zugeben und bei geringer Hitze etwas einkochen lassen. Seitan wieder dazugeben und die Sauce mit Salz und Pfeffer abschmecken.

Rote Kichererbsenpfanne

*200 g getrocknete Kichererbsen,
über Nacht in reichlich Wasser
eingeweicht*
1 EL Sonnenblumenöl
1 Zwiebel, gehackt
1 Knoblauchzehe, zerdrückt
1 Stange Lauch, in Ringe geschnitten
*2 große Möhren,
in Scheiben geschnitten*
*750 g Tomaten, überbrüht, gehäutet
und grob gewürfelt*
1 EL Gemüsebrüheextrakt
*1 TL getrocknete Kräuter
der Provence*
½ Bund Petersilie, fein gehackt

Kichererbsen im Einweichwasser etwa 60 Minuten leise köcheln lassen. In einer großen Pfanne Zwiebel, Knoblauch, Lauch und Möhren in dem Öl andünsten. Tomaten und Kichererbsen unterrühren, mit Gemüsebrüheextrakt und Kräutern der Provence würzen und bedeckt noch einmal 20 Minuten köcheln lassen. Zum Schluss mit der Petersilie bestreuen.

Sieben-Körner-Cremetopf

»7-Corn-Equilina«, eine in der Garzeit angepasste Mischung aus Natur-Reis, Dinkel, Hafer, Gerste, Wildreis, Weizen und Roggen, gibt es im Supermarkt-Reisregal. Natürlich können Sie sich auch Ihre eigene Mischung zusammenstellen, müssen dann aber die auf den Packungen angegebenen Garzeiten berücksichtigen.

Mit ihren vielen Vitaminen, Mineralstoffen, Spurenelementen und Ballaststoffen bilden die sieben Körner eine ideale Grundlage für viele Gerichte. Die Konsistenz und der Geschmack dieser Mischung sind vielen Kindern angenehmer als die eines reinen Weizen- oder Roggengerichts. Bei uns jedenfalls stehen die sieben Körner auf der Wunschliste immer ganz oben.

Hier eine supercremige Zubereitungsvariante:

200 g 7-Corn-Equilina
500 ml Wasser
2 EL Olivenöl
1 Bund Frühlingszwiebeln,
  in dünne Ringe geschnitten
je 1 kleine grüne, rote und gelbe
  Paprikaschote oder
  250 g Brokkoli, klein geschnitten
½ TL getrockneter Thymian
125 ml heiße Gemüsebrühe
200 g Frischkäse
Salz
Pfeffer

Körnermischung in dem Wasser 20 Minuten kochen und weitere 10 Minuten ausquellen lassen. Weiße Zwiebelteile und Paprika mit dem Thymian in Öl anbraten und etwa 5 Minuten garen. Körner und grüne Zwiebelringe dazugeben. Gemüsebrühe und Frischkäse zu einer glatten Sauce verrühren und unterziehen. Mit Salz und Pfeffer abschmecken.

Tipp: Viele Kinder mögen es lieber, wenn Körner, Gemüse und Sauce getrennt serviert werden und sie den Cremetopf in tiefen Tellern selbst zusammenrühren können. Probieren Sie, welche Version in Ihrer Familie am besten ankommt.

Seitan Crossies

Die superknusprigen Seitan Crossies begeistern selbst eingefleischte Fans der Geflügelvariante. Für die vegetarische Beköstigung einer Horde vom Spielen hungriger Nachbarskinder sind sie deshalb bestens geeignet.

250 g Seitan
2 Eier
1 TL Tahin (Sesammus)
1 EL Gomasio
  (gerösteter Sesam mit Meersalz)
100 g Weizenvollkornmehl
100 g Sesamsamen
Bratöl zum Ausbacken

Seitan in ½ cm dicke Scheiben schneiden, in einem tiefen Teller Eier mit Tahin und Gomasio verquirlen, Mehl und Sesam in zwei weitere tiefe Teller geben. Seitanstücke zuerst im Ei, dann im Mehl und zum Schluss in Sesamsamen wälzen. In reichlich heißem Bratöl goldbraun ausbacken. Dazu schmecken ein frischer Salat und Kartoffelpüree.

Gemüsepüree mit Sahnesauce

Wenn Gemüse in fester Form bei Ihrem Kind nicht so recht rutschen will, tut's vielleicht dieses Gemüsepüree mit einer feinen Sahnesauce. Das Püree können Sie natürlich je nach Vorratslage frei variieren.

300 g Kartoffeln, gewürfelt
200 g Möhren in dicken Scheiben
100 g Sellerie, gewürfelt
100 g Pastinaken, gewürfelt
1 Stange Lauch,
  in dicke Ringe geschnitten
Salz
Pfeffer
Muskat
1 große Zwiebel, fein gehackt
1 Knoblauchzehe, zerdrückt
1 TL Butter oder Margarine
100 ml Milch
100 ml Schlagsahne
100 ml Gemüsebrühe
1 Eigelb

Das Gemüse über wenig Wasser gar dämpfen und mit dem Mixer oder dem Pürierstab pürieren. Dabei so viel von dem Dämpfwasser zugeben, dass ein geschmeidiges Püree entsteht. Für die Sauce Zwiebel und Knoblauch in der Butter oder Margarine glasig dünsten, Milch, Sahne und Gemüsebrühe dazugeben und etwa 5 Minuten einkochen lassen. Etwas Sauce abnehmen, mit dem Eigelb verrühren und dann wieder zufügen. Nicht mehr kochen! Zum Gemüsepüree servieren.

Nörten-Harden-Burger

Gehen Sie auf die Geschmacksvorlieben Ihrer Kinder mit einem selbst gemachten Vegiburger ein und vermeiden Sie damit so manchen Gang ins Fast-Food-Restaurant. Inzwischen gibt es vegetarische Fertigbratlinge zu kaufen, die in ihrem Geschmack von der üblichen Hamburger-Bulette kaum zu unterscheiden sind. Vollwertiger essen Sie natürlich, wenn Sie auch die Bratlinge selbst zubereiten. Beim Zusammensetzen unseres Zucchini-Burgers können selbst kleine Kinder schon mit Hand anlegen. Wer einen Orts- oder Familiennamen hat, der auf »-berg« oder »-burg« endet, macht es wie wir und stiftet die Kinder an, dem Burger einen neuen Namen zu geben.

2 Eier
70 g Weizenkeime
50 g mittelalter Gouda, gerieben
2 Champignons, fein gewürfelt
1 mittelgroße Zwiebel, fein gehackt
1 TL Kräuter der Provence
150 g Zucchini, grob geraspelt
Salz
Pfeffer
Öl zum Braten
4 extragroße, weiche Sesambrötchen
Ketchup
Senf
8 Blätter Eisbergsalat
1 große Gewürzgurke,
 in Scheiben geschnitten
1 große Tomate,
 in Scheiben geschnitten

Eier schaumig rühren, Weizenkeime, Käse, Pilze, Zwiebeln, Kräuter und Zucchini untermischen und mit Salz und Pfeffer abschmecken. Vier gleich große Fladen formen und in Öl von beiden Seiten goldbraun braten. Brötchen aufschneiden, untere Hälften mit je einem großen Klecks Senf und Ketchup bestreichen und mit Salat, Gewürzgurke, Tomate und Zucchinifladen belegen. Zuletzt die oberen Brötchenhälften darüberklappen.

Pizza

Die Alternative zur Fertigpizza aus dem Tiefkühlregal! Lassen Sie Ihre Kinder beim Belegen helfen. Die Käse- und Gemüsesorten des Belags sind frei variierbar. Je nach Wunsch kann auch jedem Familienmitglied ein Stück zugewiesen und mit dessen Lieblingszutaten belegt werden, sodass auf dem Pizzablech eine bunte Landkarte entsteht.

500 g Weizenvollkornmehl
1 Päckchen Trockenhefe
1 Ei
5 EL Olivenöl
1 TL Vollrohrzucker
1 TL Salz
250 ml lauwarmes Wasser
Fett für das Backblech
500 g Tomaten, gehäutet und püriert
Oregano, Kräutersalz
verschiedene Gemüsearten
  als Belag, z. B.:
  300 g Brokkoli,
  in Röschen zerteilt
  200 g Zucchini,
  in Scheiben geschnitten
  200 g Maiskörner
  (oder: Champignons, Zwiebeln,
  Tomatenscheiben, Paprika,
  Ananas, Ei, Paprika, Peperoni,
  Oliven, Artischocken,
  Blattspinat ...)
50 g Emmentaler, frisch geraspelt
  (oder Mozzarella,
  Gorgonzola ...)
50 g Parmesan, frisch geraspelt

Mehl und Hefe mischen. Mit Ei, Öl, Zucker und Salz sowie dem lauwarmen Wasser zu einem geschmeidigen Teig verkneten. An einem warmen Ort zugedeckt eine Stunde gehen lassen und anschließend auf einem gefetteten Backblech ausrollen. Tomaten mit Oregano und Kräutersalz verrühren und auf den Teig streichen. Gemüse darauf verteilen und mit Käse bestreuen. Im leicht angewärmten Ofen noch einmal 30 Minuten gehen lassen, anschließend bei 200 – 250 °C etwa 30 Minuten backen und sofort servieren.

Süßes und Desserts

Wer sich vegetarisch-vollwertig ernährt, braucht auf süßes Zungenflimmern nicht zu verzichten. Im Gegenteil: Für Kinder, die Süßes lieben, können wir in Kuchen und Desserts jede Menge gesunde Zutaten unterbringen. Jenseits von Weißmehl, Fettteig und Tortenguss lässt sich in der Vollwertbäckerei so richtig aus dem Vollen schöpfen. Weitere Rezepte für Kuchen, Waffeln und Kekse finden Sie im Kapitel »Kindergeburtstag«.

Spiralnudeln mit Trockenobst

Eine gute Idee zur Verwendung von Nudelresten.

150 g gemischtes Trockenobst
250 ml Apfelsaft
250 ml Wasser
1 TL geriebene Zitronenschale
250 g Vollkorn-Spiralnudeln
Salz
2 EL Vollrohrzucker
½ TL Zimt, gemahlen
250 g Joghurt oder Schwedenmilch

Trockenobst im Apfelsaft etwa eine Stunde einweichen. Wasser zugießen, Zitronenschale hineingeben und 15 Minuten kochen. Spiralnudeln in reichlich Salzwasser bissfest garen und mit dem Trockenobstkompott servieren. Zucker und Zimt mischen.
Auf jede Portion einen großen Klecks Joghurt oder Schwedenmilch geben und mit Zimtzucker bestreuen.

Mohn-Hirse-Pudding mit Pflaumenkompott

80 g Hirse, gemahlen
100 ml Milch
100 ml Wasser
80 g Mohn, gemahlen
6 Datteln, klein geschnitten
1 EL Ahornsirup
1 TL Agar-Agar

Für das Pflaumenkompott:
500 g Pflaumen, entsteint
2 EL Vollrohrzucker
½ TL Zimt, gemahlen
500 ml Wasser

Hirse mit kalter Milch verrühren. Das Wasser zum Kochen bringen, Mohn, Hirse, Datteln, Ahornsirup und Agar-Agar einrühren, zusammen aufkochen und anschließend abkühlen lassen. Pflaumen, Zucker und Zimt im Wasser einige Minuten kochen und gut durchziehen lassen. Zu dem Pudding servieren.

Hirsecreme mit Sauerkirschen

125 g Hirse, fein gemahlen
300 ml Milch
2 EL Mandeln, frisch gemahlen
2 EL Ahornsirup
100 ml Schlagsahne
250 g Sauerkirschen (aus dem Glas)

Von der Milch 100 ml abnehmen und mit der Hirse verrühren. Die restliche Milch zum Kochen bringen und den kalten Hirsebrei einrühren, etwa 15 Minuten ausquellen und abkühlen lassen. Mandeln und Ahornsirup unterrühren, Sahne steif schlagen und vorsichtig unterheben. Mit den Sauerkirschen servieren.

Pancakes mit Ahornsirup

In den USA gibt es Pancakes mit Ahornsirup zum Frühstück. Sie schmecken aber auch zu jeder anderen Tageszeit ganz hervorragend. Bei uns ist es besonders beliebt, die Pancakes zu dicken »Zigarren« zusammengerollt aus der Hand zu essen und vor jedem Biss in einen dicken Klecks Ahornsirup zu stippen.

125 g Weizenvollkornmehl
2 TL Backpulver
½ TL Salz
1 TL Vollrohrzucker
2 Eier
125 ml Buttermilch
2 EL flüssige Butter
Öl zum Ausbacken
1 Fläschchen Ahornsirup

Mehl, Backpulver, Salz und Zucker in einer Rührschüssel mischen. Nach und nach Eier, Milch und Butter zugeben, zu einem glatten Teig verarbeiten. Löffelweise in eine Pfanne mit heißem Öl geben und zu kleinen Pfannkuchen von etwa 10 cm Durchmesser verstreichen. Wenn der Teig Blasen wirft, umdrehen und von der anderen Seite goldbraun ausbacken. Noch warm mit einem Fläschchen Ahornsirup servieren. Am Tisch kann sich dann jede/r die Pfannkuchen je nach Geschmack mit Ahornsirup beträufeln.

Süßer Hirseauflauf

250 g Hirse
500 ml Wasser
3 Eier
50 g Butter oder Margarine
50 ml Milch
100 g Honig
½ TL Zimt, gemahlen
50 g Haselnüsse, gemahlen
Fett für die Auflaufform

Hirse im Wasser aufkochen und 15 Minuten quellen lassen. Eier trennen. Butter oder Margarine mit Milch, Honig, Zimt und Eigelb schaumig rühren. Nüsse und Hirse einrühren. Eiweiß sehr steif schlagen und vorsichtig unterziehen. In einer gefetteten Auflaufform bei 180 – 200 °C etwa 55 Minuten backen. Dazu schmeckt ein frisches Obstkompott.

Bread Pudding

4 Scheiben altbackenes Vollkorntoastbrot
2 EL Butter
30 g Vollrohrzucker
30 g Rosinen
Fett für die Auflaufform
2 Eier
200 ml Milch
1 Prise Salz
½ TL Vanille, gemahlen
1 Messerspitze Zimt, gemahlen

Brotscheiben auf beiden Seiten buttern und in Würfel schneiden. Mit Zucker und Rosinen mischen und in eine gefettete Auflaufform geben. Andere Zutaten verrühren und darübergießen. Bei 180 – 200 °C etwa 25 Minuten backen. Dazu schmeckt eine Vanillesauce (siehe »Rote Grütze«) oder ein frisch gekochtes Kompott (z. B. »Pflaumen-Apfel-Kompott«).

Pflaumen-Apfel-Kompott

Mit zwei, drei Handvoll Brombeeren statt der Pflaumen schmeckt das Kompott im Spätherbst ebenso lecker.

250 g Pflaumen,
  halbiert und entsteint
4 Äpfel, geschält,
  entkernt und in Spalten
  (nicht Viertel!) geschnitten
3 EL Vollrohrzucker
1 TL Zimt, gemahlen
500 ml Wasser

Pflaumen, Äpfel, Zucker und Zimt in dem Wasser aufkochen und gut durchziehen lassen. Allein oder mit Plinsen, Pfannkuchen oder Keksen ein Genuss!

Apfel im Schlafrock

Der Lieblingsnachtisch meiner Kindheit ist etwas aufwendig, aber jede Mühe wert!

4 mittelgroße Äpfel
150 g Weizenvollkornmehl
1 TL Backpulver
30 g Vollrohrzucker
70 g Butter oder Margarine
1 Ei
2 EL Vollkornsemmelbrösel
2 EL Marmelade oder Rosinen

Äpfel schälen und Kerngehäuse ausstechen. In wenig Wasser etwa zehn Minuten garen. Mehl, Backpulver, Zucker, Butter oder Margarine und Ei zu einem Teig verkneten. Den Teig ausrollen und in vier gleiche Vierecke teilen. In die Mitte der Vierecke etwas Semmelbrösel streuen und jeweils einen Apfel aufsetzen. Die Höhlung der Äpfel mit Marmelade oder Rosinen füllen. Die vier Ecken des Teigstücks nach oben schlagen, die Ränder zusammendrücken und obenauf einen flachen Teigknopf setzen. Bei 180 – 200 °C etwa 15 – 20 Minuten backen. Dazu eine reichliche Portion warme Vanillesauce – ein Genuss!

Gebackene Birnen

50 g Vollrohrzucker
1 TL Zimt, gemahlen
4 EL Vollkornsemmelbrösel
4 reife Birnen, geschält,
  entkernt und längst halbiert
Fett für die Auflaufform
50 g Butter

Zucker, Zimt und Semmelbrösel vermischen. Birnenhälften darin wenden, bis sie vollständig bedeckt sind. Mit den flachen Seiten nach unten in eine gefettete Auflaufform geben. Butter zerlassen und darüberträufeln. Bei 180 – 200 °C etwa 20 Minuten backen. Dazu Vanille-Joghurt oder Vanilleeis.

Bratäpfel

An der Zubereitung von Bratäpfeln können selbst ganz kleine Kinder schon aktiv teilnehmen.

4 große Äpfel
4 TL Rosinen
4 TL Nüsse oder Mandeln
4 TL Honig
1 EL Butter oder Margarine
Fett für das Backgefäß

Aus den Äpfeln die Kerngehäuse ausstechen. Äpfel mit Rosinen, Nüssen oder Mandeln und Honig füllen. Zum Schluss auf jeden Apfel ein Butterflöckchen aufsetzen. In einer gefetteten, feuerfesten Schale bei 180 – 200 °C etwa 50 Minuten backen.

Erdbeerquark

250 g Quark
50 ml Buttermilch
2 EL Ahornsirup
1 – 2 TL Zitronensaft
200 g Erdbeeren

Quark, Buttermilch, Sirup und Zitronensaft mit dem Schneebesen gut verrühren. Die Hälfte der Erdbeeren im Mixer oder mit dem Pürierstab pürieren und unter den Quark rühren. Die restlichen Erdbeeren halbieren und den Quark damit verzieren.

Dattelcreme

125 Datteln, entsteint
Saft einer Orange
250 g Magerquark
150 g Joghurt
1 TL Zimt, gemahlen

Datteln im Orangensaft einige Stunden einweichen lassen und pürieren. Quark, Joghurt und Zimt zugeben und mit dem Schneebesen zu einer glatten Creme verschlagen.

Himbeer-Buttermilch-Creme

250 g Himbeeren
250 ml Buttermilch
Saft einer halben Zitrone
1 EL Honig
3 – 4 TL Johannisbrotkernmehl

Die Hälfte der Himbeeren im Mixer oder mit dem Pürierstab pürieren. Mit Buttermilch, Zitronensaft, Honig und Johannisbrotkernmehl verrühren. In kleine Schälchen oder in eine Schüssel füllen und stocken lassen. Mit den restlichen Beeren verzieren.

Rote Grütze

Eine Rote Grütze ohne Kochen, bei der schon ganz kleine Kinder gut mithelfen können. Fruchtig und erfrischend an einem heißen Sommertag.

250 ml Apfelsaft
250 ml Kirschsaft
4 TL Johannisbrotkernmehl
500 g gemischte Beeren
200 g Vanille-Joghurt
250 ml Buttermilch

In einer großen Schüssel Apfel- und Kirschsaft mit dem Johannisbrotkernmehl glatt rühren, Beeren untermischen und andicken lassen. Vanille-Joghurt und Buttermilch mit dem Schneebesen verrühren und in einem Krug dazu servieren.

Arme Ritter

250 ml Milch
2 Eier
etwas Vanille, gemahlen
4 Scheiben altbackenes
   Vollkorntoastbrot
80 – 100 g Vollkornsemmelbrösel
Butter zum Ausbacken

Milch, Eier und Vanillemark verquirlen. Brot so lange in der Milch einweichen, bis es sich vollgesaugt hat, vorsichtig herausheben und von beiden Seiten in Semmelbröseln wälzen. In reichlich Butter von beiden Seiten goldgelb ausbacken. Dazu ein frisches Obstkompott.

Schnelles Eis

300 g tiefgefrorene Früchte
   (z. B Erdbeeren, Himbeeren,
   Johannisbeeren)
125 ml Milch
125 ml Schlagsahne
1 TL Vollrohrzucker

Alle Zutaten in einen Mixbecher geben und eine Viertelstunde ruhen lassen. Mit dem Mixer auf höchster Schaltstufe verschlagen und eventuell mit etwas zusätzlichem Zucker abschmecken. In Gläser füllen und sofort servieren.

Buttermilchwaffeln mit Schneegestöber

Waffeln sind die ideale Verköstigung für unvorhergesehene Gäste und hungrige Kinderscharen. Leider sind sie oft auch sehr fetthaltig – die meisten Waffelrezepte fangen bei 200 g Butter gerade erst an. Hier unser fettsparendes Alltagsrezept (unsere festlicheren »Bananenwaffeln« finden Sie im Kapitel »Kindergeburtstag«):

3 Eier
3 EL Vollrohrzucker
250 g Weizenvollkornmehl
1 TL Backpulver
200 ml Buttermilch
etwas Puderzucker

Eier schaumig schlagen, Zucker, Mehl und Backpulver mischen. Abwechselnd Mehlmischung und Buttermilch unterrühren und den Teig etwa 20 Minuten ruhen lassen. Im Waffeleisen nach Gebrauchsanleitung goldbraune Waffeln backen und von den Kindern durch ein Sieb mit Puderzucker berieseln lassen.

Rosinenbrötchen

Mit den leckeren Rosinenbrötchen lassen sich vollkorn-ungeübte Kinder meiner Erfahrung nach am ehesten ködern. Das Rezept reicht für etwa 20 Brötchen, die sich auch gut einfrieren lassen und sich zu Hause ebenso gut mümmeln lassen wie unterwegs.

100 g ungeschwefelte Rosinen
500 g Weizenvollkornmehl
1 Päckchen Trockenhefe
250 g Magerquark
150 g weiche Butter
2 Eier
2 – 3 EL Honig
½ TL Zimt, gemahlen
1 Prise Salz
4 – 5 EL lauwarmes Wasser
Fett für das Backblech
1 Eigelb
1 EL Milch

Rosinen in heißem Wasser etwas einweichen lassen. Mehl mit Hefe mischen, alle Zutaten außer dem Fett für das Blech, dem Eigelb und der Milch zugeben, zu einem glatten Teig verkneten und an einem warmen Ort zugedeckt etwa eine Stunde gehen lassen. Rosinen zugeben, nochmals gut durchkneten, zu etwa 20 Brötchen formen und auf ein gefettetes Backblech legen. Im leicht angewärmten Ofen nochmals etwa eine Stunde gehen lassen. Eigelb mit Milch verquirlen und die Brötchen damit bestreichen. Bei 180 – 200 °C etwa 20 Minuten backen.

Rosinen-Zimt-Bagel

Bagels (ursprünglich *Beygel*) sind eine Spezialität der aus Osteuropa stammenden Juden in New York. Mittlerweile sind sie überall in den USA, vereinzelt aber auch bei uns zu haben. Ihre Zubereitung (erst kochen, dann backen) ist ungewöhnlich und etwas aufwendig, dafür schmecken sie aber auch einzigartig, sind ein idealer Proviant für Pause oder Reise und immer dann gefragt, wenn man etwas Trockenes zum Knabbern braucht. Hier die Variante mit Rosinen und Zimt.

225 ml Milch
50 g Butter
25 g Vollrohrzucker
2 TL Trockenhefe
1 Ei
1 Prise Salz
1 EL Zimt, gemahlen
400 g Weizenvollkornmehl
100 g Rosinen
Fett für das Backblech
2 EL Milch

Milch zum Kochen bringen, in eine Schüssel geben, Butter und Zucker unterrühren, dann alles etwas abkühlen lassen. Hefe einstreuen und an einem warmen Ort so lange ruhen lassen, bis sie schäumt. Ei trennen. Eiweiß, Salz und Zimt unter die Hefemischung rühren, nach und nach Mehl zugeben, bis ein weicher Teig entsteht. Die Rosinen dazugeben und unter den Teig kneten.

Auf bemehlter Arbeitsfläche etwa 5 Minuten kneten, wieder in die Schüssel zurückgeben und etwa 1 Stunde an einem warmen Ort gehen lassen, bis er etwa das Doppelte seiner ursprünglichen Größe erreicht hat. Nochmals kräftig kneten und in 16 gleich große Stücke teilen. Zu Schlangen formen, um die Finger einer Hand wickeln und zu Ringen zusammenführen. Auf ein gefettetes Backblech legen und im warmen Ofen (etwa 40 °C) erneut 10 Minuten gehen lassen. Einen großen Topf mit Wasser zum Kochen bringen, bei verminderter Hitze sieden lassen und einen Bagel nach dem anderen in das Wasser geben, 30 Sekunden eintauchen, mit dem Schaumlöffel wieder aus dem Wasser fischen und auf das Backblech zurücklegen. Eigelb und Milch in einer Tasse mischen, die Bagels damit gleichmäßig bestreichen und etwa 20 Minuten bei 180 °C backen, bis sie aufgegangen sind. Auf einem Kuchengitter abkühlen lassen.

Buchteln

Buchteln sind die idealen Ausflugbegleiter. Sie sind leicht einzupacken und schmecken immer locker und saftig. Verwenden Sie verschiedenfarbige Marmeladen, dann gibt es beim Hineinbeißen eine kleine Überraschung. Das Spiel »Wer hat rot? Wer hat gelb?« macht Appetit auf mehr!

500 g Weizenvollkornmehl
1 Päckchen Trockenhefe
125 g Vollrohrzucker
½ TL Vanille, gemahlen
1 Prise Salz
1 Ei
200 ml lauwarme Milch
175 g weiche Butter
12 TL Marmelade

Mehl mit Hefe mischen, Zucker, Vanille, Salz, Ei, Milch und die Hälfte der Butter hinzufügen und zu einem glatten Teig verkneten. An einem warmen Ort zugedeckt etwa eine Stunde gehen lassen. Den Teig nochmals gut durchkneten, zu einer Rolle formen, in 12 gleich große Stücke teilen und zu Bällchen formen. Mit dem Daumen jeweils ein Loch eindrücken, mit 1 TL Marmelade füllen und wieder schließen. Restliche Butter in einem kleinen Topf zerlassen, die Buchteln von allen Seiten darin wenden und nicht zu dicht aneinander in eine Springform legen. Nochmals an einem warmen Ort gehen lassen, bis sie sich deutlich vergrößert haben. Bei 180 – 200 °C 20 – 30 Minuten backen.

Kindergeburtstag

Der eigene Geburtstag ist für jedes Kind ein ganz besonderes Erlebnis. Nutzen Sie die Gelegenheit, schöne Erinnerungen zu schaffen. Dafür brauchen Sie keine teure und aufwendige Animation. Ein paar alte, bewährte Kinderspiele wie Sackhüpfen, Eierlaufen, Tauziehen, Reise nach Jerusalem usw. genügen völlig, um eine vergnügte Kinderschar bei Laune zu halten. Setzen Sie sich selbst nicht unter Stress und begrenzen Sie die Anzahl der kleinen Gäste. Ein guter Anhaltspunkt: Die Zahl der eingeladenen Kinder sollte der Anzahl der Kerzen auf der Geburtstagstorte entsprechen. Und treiben Sie nicht allzu viel Aufwand mit dem Essen. Meist haben die Kinder weniger Hunger als erwartet, und es bleiben massenweise Reste übrig. Beschränken Sie sich auf einige kleine Essattraktionen. Die gemeinsame Mahlzeit mit Singen und Auspusten der Geburtstagskerzen sollte nicht allzu lange dauern. Stellen Sie danach lieber ein kleines Büfett bereit; das hat den Vorteil, dass die Kinder nicht über längere Zeit stillsitzen müssen. Suchen Sie aus den folgenden Rezepten einige passende heraus. Beteiligen Sie die kleinen Gäste an der Zubereitung z. B. von Pizza-Gesichtern, Popcorn, Keksen oder Bowle. Und versteifen Sie sich nicht allzu sehr auf Perfektion: Viel wichtiger ist, dass Mama und Papa an diesem Tag ganz für die Geburtstagsgesellschaft da und zu jedem ausgelassenen Blödsinn bereit sind. Alles andere kommt dann ganz von selbst.

Kartoffelsalat mit Sojawürstchen

Der Kindergeburtstagsklassiker in seiner vegetarischen Variante.

1 kg Pellkartoffeln, gewürfelt
2 Äpfel, gewürfelt
3 Gewürzgurken, fein gewürfelt
1 kleine Zwiebel, fein gehackt
150 g Mayonnaise
150 g Joghurt
1 Schuss Gurkenwasser
Salz
Pfeffer
1 Bund Petersilie, gehackt
8 vegetarische Wiener
Senf

Kartoffeln, Äpfel, Gurken und Zwiebel mischen. Mayonnaise, Joghurt, Gurkenwasser verrühren, mit Salz und Pfeffer abschmecken und unter den Salat rühren. Einige Stunden durchziehen lassen und mit Petersilie bestreuen. Würstchen in Wasser erwärmen und mit Senf zu dem Kartoffelsalat servieren.

Lustige Pizza-Gesichter

Die Mini-Pizza-Böden können auch kleine Kinder schon selbst belegen. Vergessen Sie nicht, jede Pizza mit einem kleinen Zeichen zu versehen, damit nach dem Backen tatsächlich auch jedes Kind seine eigene Mini-Pizza bekommt.

250 g Tomatenmark
1 kleine Zwiebel, gehackt
1 Knoblauchzehe, zerdrückt
Salz
Pfeffer
Oregano
6 Mini-Pizza-Böden
500 g gemischtes Gemüse, darunter z. B. Ananas, Lauch, Oliven, Paprika und Minimaiskolben
200 g Edamer, frisch gerieben

Tomatenmark mit Zwiebel und Knoblauch verrühren, mit Salz, Pfeffer und Oregano würzen und auf die Pizza-Böden streichen. In Form von Gesichtern belegen, z. B. Ananasringe als Augenringe, Lauchringe als Iris, schwarze Oliven als Pupillen, gelbe Paprikastreifen als Haare, Minimaiskolben als Nasen, rote Paprikastreifen als Lippen verwenden. Mit geriebenem Käse verzieren und bei 180 – 200 °C etwa 10 – 15 Minuten backen.

Popcorn

2 – 3 EL Bratöl
50 g Popcornmaiskörner
Salz oder Vollrohrzucker

Den Boden einer großen Pfanne mit dem Bratöl bedecken und die Maiskörner hineinstreuen (sie sollten nicht übereinanderliegen). Deckel schließen und erhitzen. Wenn die ersten Körner knallend springen, die Pfanne etwas hin- und her ruckeln, damit die restlichen Maiskörner ins heiße Fett fallen. Sobald das Knallen beendet ist, die Pfanne vom Herd nehmen und das fertige Popcorn (Vorsicht: heiß!) in eine große Schüssel kippen und je nach Geschmack leicht salzen oder zuckern.

Stockbrot

Vielleicht haben Sie die Möglichkeit, mit den Kindern ein Lagerfeuer zu machen. Das Holzsammeln, -stapeln und -anzünden ist ein Vergnügen für sich. Brennt das Feuer, sucht sich jedes Kind einen langen Stock. Ältere Kinder können schon selbst die Rinde abschälen, kleinere brauchen dabei die Hilfe der Erwachsenen (bei ganz kleinen Kindern die Stöcke vorher zurechtschnitzen). Den Teig für das Stockbrot können Sie von langer Hand vorbereiten.
Ebenso lecker schmecken im Lagerfeuer gegarte Kartoffeln (in große Rhabarber- oder Wirsingblätter eingewickelt) und Maiskolben (in den Blättern, vorher vorsichtig die Fäden herauslösen). Nehmen Sie zum Bestreichen ein Töpfchen Kräuterbutter mit.

500 g Vollkornmehl
1 Päckchen Trockenhefe
2 TL Salz
5 – 6 EL Olivenöl
200 ml lauwarmes Wasser

Mehl mit Hefe mischen, mit Salz, Öl und Wasser verkneten und an einem warmen Ort etwa eine Stunde gehen lassen. Nochmals kneten, ausrollen und in lange, schmale Streifen schneiden. Die Teigstreifen um geschälte Äste wickeln (nicht zu dick, damit das Garen nicht zu lange dauert) und an den Stöcken ins Feuer halten, bis sie gut durchgebacken sind.

Bunte Muffins

Wenn Sie kein spezielles Muffinblech besitzen, können Sie sich behelfen, indem Sie mehrere Papierförmchen ineinander stecken, um sie stabiler zu machen. Das folgende Rezept reicht für sechs Muffins.

125 g Weizenvollkornmehl
2 TL Backpulver
3 EL Vollrohrzucker
40 g Möhren, fein geraspelt
40 g Zucchini, fein geraspelt
1 EL Mohn
3 EL Butter oder Margarine
1 Ei
4 EL Milch
Fett für das Muffinblech

Mehl und Backpulver mischen, mit Zucker, Mohn, Möhre und Zucchini vermischen. Butter oder Margarine, Ei und Milch zugeben und rasch zu einem Teig verrühren.
In ein gefettetes Muffinblech verteilen und bei 180 – 200 °C etwa 20 Minuten backen.

Bananenwaffeln mit Schokoraspeln

Einige Eltern bestreiten die süße Kindergeburtstagsmahlzeit sehr erfolgreich allein mit Waffeln. Versuchen Sie es mit unserem allseits beliebten Bananenwaffelrezept.

50 g Butter oder Margarine
70 g Vollrohrzucker
½ Vanilleschote, ausgekratzt
3 Eier
2 EL Joghurt
200 g Weizenvollkornmehl
1 TL Backpulver
50 g Mandeln, gemahlen
50 ml Mineralwasser
3 reife Bananen (etwa 300 g), mit der Gabel zerdrückt
50 g Schokolade, grob geraspelt

Butter, Zucker und Vanillemark schaumig rühren, Eier und Joghurt zugeben. Mehl, Backpulver und Mandeln mischen. Abwechselnd Mehlmischung und Mineralwasser unterrühren, bis ein geschmeidiger Teig entstanden ist. Nach einer Ruhezeit von etwa 20 Minuten die Bananen unterheben. Im Waffeleisen nach Gebrauchsanleitung goldbraune Waffeln backen und mit den Schokoraspeln bestreuen.

Bodenloser Käsekuchen

Kinder lieben Käsekuchen! Diese unaufwendige Variante ohne Boden ist so einfach zuzubereiten, dass sie dabei kräftig selbst mit Hand anlegen können.

4 Eier
125 g weiche Butter oder Margarine
150 g Vollrohrzucker
1 Vanilleschote, ausgekratzt
1 Prise Salz
Saft und abgeriebene Schale einer halben unbehandelten Zitrone
1 kg Magerquark
6 EL Vollkorngrieß
Fett für die Springform

Eier trennen, Eiweiß zu einem sehr steifen Eischnee schlagen und zur Seite stellen. Butter oder Margarine schaumig rühren, nach und nach Zucker, Vanille, Salz, Eigelb und Zitrone zufügen. Dann den Quark und zuletzt den Grieß unterrühren. Eischnee vorsichtig unterheben. In eine gefettete Springform geben und glatt streichen. Bei 170 – 190 °C etwa 50 – 60 Minuten backen.

Bananenkuchen

Droht im Obstkorb ein Überhang
an allzu reifen Bananen, gibt es
Bananenmilch (siehe »Getränke«)
oder Bananenkuchen – ein beliebter
Kindergeburtstagskuchen, in seiner
Kastenform aber auch ein idealer
Picknickbegleiter.

125 g Butter oder Margarine
100 g Vollrohrzucker
2 Eier, verquirlt
3 reife Bananen (etwa 300 g),
    mit der Gabel zerdrückt
200 g Weizenvollkornmehl
1 Päckchen Backpulver
1 Vanillepuddingpulver
2 EL Mandeln, grob gemahlen
Fett für die Backform

Butter oder Margarine mit dem
Zucker schaumig rühren. Nach und
nach Eier, Bananen, Mehl, Backpulver, Puddingpulver und Mandeln
unterrühren. In eine gefettete Kastenform geben und bei 160 – 180 °C
etwa 60 Minuten backen.

Mohnstriezel

500 g Vollkornmehl
1 Päckchen Backpulver
2 Eier
100 g Vollrohrzucker
250 g Magerquark
100 g Mandeln, gemahlen
125 g weiche Butter oder Margarine

Für die Füllung:
125 ml Milch
250 g Mohn, gemahlen
2 Eier
100 g Honig
65 g Mandeln, gehackt
½ TL Zimt, gemahlen
Fett für die Backform

Mehl mit Backpulver mischen und
mit Eiern, Zucker, Quark, Mandeln
und Butter oder Margarine zu einem
festen Teig verkneten. Den Teig zu
einem Viereck ausrollen (die Breite
richtet sich nach der Länge Ihrer
Kastenform). Milch erhitzen, Mohn,
Eier, Honig und Mandeln einrühren
und mit Zimt würzen. Die Füllung
gleichmäßig auf dem Teigviereck
verstreichen. Das Viereck nun von
beiden Seiten aufrollen, bis sich die
beiden Rollen in der Mitte treffen. Den Striezel vorsichtig in die
gefettete Kastenform setzen und
bei 160 – 180 °C etwa 45 Minuten
backen.

Energiebällchen

200 g Datteln, entsteint
etwas heißes Wasser
120 g Mandeln, gemahlen
30 g Sesamsamen

Datteln mit wenig heißem Wasser im Mixer oder mit dem Pürierstab pürieren, mit den Mandeln verkneten, mit nassen Händen zu kleinen Bällchen formen und rundherum im Sesam wälzen.

Kokosmakronen

2 Eiweiß
125 g Vollkornweizenmehl
80 g Vollrohrzucker
100 g Kokosraspel
1 Spritzer Zitronensaft
50 g weiche Butter
2 EL Weizenkeime
Fett für das Backblech

Eiweiß sehr steif schlagen, restliche Zutaten mischen und vorsichtig unter den Einschnee heben.
Mit einem in heißes Wasser getauchten Teelöffel Makronen auf ein gefettetes Backblech setzen. Bei 150 – 170 °C etwa 15 – 20 Minuten backen.

Brownies

1 kleinerer Apfel, geschält,
   entkernt und geviertelt
1 TL Sonnenblumenöl
150 g Vollrohrzucker
400 g Magerquark oder Seidentofu
200 g Weizenvollkornmehl
2 geh. TL Backpulver
50 g Kakaopulver
½ TL Zimt, gemahlen
1 TL Vanille, gemahlen
Fett für die Auflaufform
2 EL Walnüsse, gehackt

Apfel in wenig Wasser im geschlossenen Topf etwa 10 Minuten kochen, abgießen und durch ein Sieb streichen. Mit Öl, Zucker und Quark oder Tofu in der Rührmaschine zu einer Creme verarbeiten. Mehl mit Backpulver, Kakao und Gewürzen vermischen und nach und nach unterrühren. Den Teig in eine große, flache, gut eingefettete Auflaufform geben und glatt streichen. Mit den gehackten Walnüssen bestreuen und bei 180 °C etwa 20 – 25 Minuten backen. Nach dem Abkühlen in schmale Streifen schneiden und diese vorsichtig aus der Form heben.

Schneewittchenspeise

Weiß wie Schnee, rot wie Blut,
schwarz wie Ebenholz ...
Am besten servieren Sie diese märchenhafte Köstlichkeit in einer transparenten Glasschüssel.

2 Scheiben Pumpernickel oder
   schwarzes Vollkornbrot
50 g Schokolade, grob geraspelt
750 g Süßkirschen, entsteint
250 g Magerquark
125 ml Milch
1 Vanilleschote
1 EL Honig
1 EL Vollrohrzucker

Pumpernickel oder Vollkornbrot fein zerbröseln, mit Schokoraspeln vermischen und in eine Glasschüssel geben oder auf vier Glasschälchen verteilen. Kirschen auf die Brotmischung geben. Quark mit Milch, ausgekratztem Vanillemark und Honig zu einer glatten Creme verrühren und über die Kirschen streichen. Mit dem Vollrohrzucker bestreuen.

Mousse aus Trockenpflaumen

Eine ausgefallene Leckerei, die sich gut von langer Hand vorbereiten lässt.

200 g Trockenpflaumen,
    über Nacht in Wasser eingeweicht
1 EL Vollrohrzucker
½ Vanilleschote, ausgekratzt
150 ml Sahne

Trockenpflaumen abtropfen lassen, entsteinen und klein schneiden. Mit zwei Esslöffel Einweichwasser, Zucker und Vanille im Mixer oder mit dem Pürierstab pürieren. Sahne steif schlagen und vorsichtig unter die Pflaumenmasse heben. Zwei bis drei Stunden in den Kühlschrank stellen, damit die Masse fest wird. Mit einem Eiskugelstecher oder Löffel Kugeln abstechen und sofort servieren.

Obst-Fondue

250 g Magerquark
125 ml Milch
3 EL Vollrohrzucker
50 g feines Haferschrot
Saft einer Zitrone
jede Menge frisches Obst in
    mundgerechten Stücken,
    z. B. Erdbeeren,
    Bananenscheiben,
    entkernte Kirschen,
    Weintrauben,
    Mandarinenschnitze,
    Apfelstücke,
    Melonenstücke usw.
(Obst, das sich leicht verfärbt,
mit Zitronensaft beträufeln)

Quark mit Milch, Zucker und Haferschrot anrühren und einige Stunden quellen lassen. In einer hübschen Schale in die Mitte des Tisches stellen. Obst auf Zahnstocher oder bunte Cocktailspieße stecken und durch die Creme ziehen.

Bunte Eiswürfel

Eine lustige kleine Erfrischung zum Lutschen im Sommer oder als Zugabe zu Mineralwasser, Saft oder Eistee.

3 – 4 verschiedenfarbige Säfte
  (z. B. Apfel-, Orangen-,
  Kirsch- und Pampelmusensaft)
1 Eiswürfelform
Zahnstocher oder Partysticks

Säfte schichtweise in die Eiswürfelform gießen und jeweils einige Stunden anfrieren lassen. Nach der zweiten Schicht die Zahnstocher oder Partysticks hineinstecken. Vor Gebrauch kurz unter warmes Wasser halten, dann vorsichtig herausbrechen und sofort verteilen.

Eis am Stiel

Ungeheuer praktisch – auch für den Alltag mit Kindern – sind die kleinen, immer wieder verwendbaren Eisförmchen mit Stiel, die es in Haushaltswarengeschäften zu kaufen gibt. Mit Säften und frischem Fruchtmus lässt sich darin ein preiswertes und kalorienarmes Eis ohne Zusatzstoffe herstellen. Bereiten Sie schon am Vortag für jedes Kind ein Stieleis vor. Hier einige Vorschläge zum Befüllen der Förmchen:

KiBa: Je zur Hälfte Kirsch- und Bananensaft.

Traube/Apfel: Je zur Hälfte Trauben- und Apfelsaft.

Banane/Mandel: 1 Banane zerdrücken und mit etwas Wasser sowie 1 TL Mandelmus und 1 TL Honig verquirlen.

Banane/Melone: 1 Banane sowie ein Stück Wassermelone zerdrücken und mit etwas Sojadrink verrühren.

Aprikose/Hagebutte: 200 g getrocknete Aprikosen mit frisch gebrühtem Apfeltee übergießen, einweichen lassen, pürieren und mit 100 g Hagebuttenmark mischen.

Milch-Shakes

Milch-Shakes sind ein schöner Ausnahmegenuss nach hitzigem Spielen draußen im Sommer. Am besten schmecken sie aus hohen, mit Früchten, Minzblättern oder kleinen Papierschirmchen dekorierten Gläsern. Die Rezepte reichen jeweils für vier Gläser.

Erdbeer-Shake:
200 g Erdbeeren
4 Kugeln Vanille-Eis
300 ml Buttermilch
2 EL Vollrohrzucker

Bananen-Shake:
2 Bananen
500 ml Milch
4 Kugeln Vanille-Eis

Himbeer-Shake:
200 g Himbeeren
4 Kugeln Vanille-Eis
100 ml Milch
350 ml Kefir oder Schwedenmilch

Alle Zutaten im Mixer schaumig schlagen und mit einem dicken Trinkhalm servieren.

Kinderbowle

Sehr festlich wirkt auch eine in einem großen Bowlegefäß etwas angerührte Fruchtbowle für Kinder.

Erdbeerbowle:
400 g Erdbeeren, geviertelt
250 ml Apfelsaft
250 ml Kirschsaft
500 ml Mineralwasser

Melonenbowle:
250 ml Früchtetee
250 ml roter Traubensaft
500 ml Mineralwasser
mit dem Kugelausstecher aus einer Honigmelone herausgelöste Melonenkugeln

Alle Zutaten miteinander vermischen und einige Zeit durchziehen lassen.

Durstlöscher und Schlürfgetränke

Ausreichendes Trinken ist lebensnotwendig. Dennoch trinken viele Kinder eher zu wenig. 800 – 900 ml pro Tag sollten es laut Dortmunder Forschungsinstitut für Kinderernährung bei 4- bis 9-jährigen Kindern schon sein, die meisten kommen aber nur auf 500 – 700 ml. Je jünger ein Kind ist, desto empfindlicher reagiert es auf eine unzureichende Flüssigkeitszufuhr. An heißen Tagen sowie bei Sport und Spiel kann der Wasserbedarf leicht auf mehr als das Doppelte ansteigen.

Zu wenig Flüssigkeit macht schlapp und auch die Konzentration und die geistige Leitungsfähigkeit nehmen ab. Langfristig muss mit einem erhöhten Risiko für Harnsteine, Darmerkrankungen, Harnwegsinfekte u. Ä. gerechnet werden. Bieten Sie deshalb immer etwas Gesundes zu trinken an.

Wie beim Hunger kommt es beim Durst darauf an, das Gespür für natürliche Signale zu stärken. Auf keinen Fall sollten Sie deshalb, was leider oft genug zu beobachten ist, einem durstigen Kind das Trinken verbieten oder Getränke rationieren (»Du hattest doch schon ein Glas«), auch wenn das Quengeln nervt oder als unpassend empfunden wird, weil z.B. die Getränke in dem Restaurant, in dem Sie gerade sitzen, so teuer sind oder Sie nichts zu trinken dabei haben.

Packen Sie, egal wohin Sie gehen, immer eine wieder befüllbare Flasche mit Getränken ein und rücken Sie diese grundsätzlich bei jeder Nachfrage widerspruchslos heraus. Verbieten Sie auch nicht das Trinken am Abend in der Hoffnung, Ihr Kind würde dann schneller trocken. Die Unterdrückung des natürlichen Durstgefühls hat für die spätere Gesundheit Ihres Kindes möglicherweise fatale Folgen.

Der ideale Durstlöscher ist Wasser, und zwar Trinkwasser oder Mineralwasser (möglichst mit geringem Kohlensäuregehalt). Befassen Sie sich bei dieser Gelegenheit einmal mit der Qualität Ihres heimischen Trinkwassers. Bei Ihrer Gemeinde bzw. Ihrem zuständigen Wasserwerk können Sie die Analysewerte für Ihr Trinkwasser erfragen. Wasser, das Sie Säuglingen und Kleinkindern geben, sollte weniger als 20 mg Nitrat und weniger als 20 mg Natrium pro Liter enthalten (die gesetzlichen Grenzwerte liegen höher). Außerdem sollte das Wasser einen pH-Wert von mindestens 7,1 aufweisen, da bei saurerem Wasser vermehrt Schwermetalle wie Kadmium, Blei und Kupfer aus den Leitungsrohren freigesetzt werden. (Deshalb sollten Sie Ihr Trinkwasser auch vor allem morgens zuerst eine Weile laufen lassen, ehe Sie davon trinken, denn beim Stehen des Wassers über Nacht werden die

meisten Schwermetalle aus den Leitungen herausgelöst.) Vielleicht haben Sie Glück und Ihr Trinkwasser ist so gut, dass Sie gar keine teuren Getränke kaufen müssen. Liegen die Werte Ihres Trinkwassers in einem der genannten Punkte allerdings nicht in den angegebenen Bereichen, sollten Sie auf ein nitrat- und natriumarmes Mineralwasser ausweichen. Zu erkennen ist ein solches Mineralwasser an einer aufgedruckten Babyflasche und/oder dem Zusatz »für die Säuglingsernährung geeignet«.
An der zweiten Stelle der Getränke-Hitliste folgen ungesüßte Kräuter- und Früchtetees. Reine Fruchtsäfte enthalten Vitamine und Mineralstoffe, aber auch Zucker aus den verwendeten Früchten, deshalb sollten sie stets verdünnt getrunken werden. Nicht als Durstlöscher geeignet sind Fruchtsaftgetränke, Fruchtnektare, Brausen, Colagetränke, Limonaden und Malzbier, die viel Zucker, aber keine wichtigen Nährstoffe enthalten. (In einer Flasche Limo steckt so viel Zucker wie in bis zu 25 Stück Würfelzucker.) Extra Kindersäfte mit Vitaminzusätzen sind überflüssig. Bohnenkaffee, Schwarztee und Colagetränke sind wegen des Koffeingehaltes für Kinder nicht geeignet. (Vorsicht auch bei fertigen Eistees aus dem Supermarkt, die ebenfalls recht viel Koffein enthalten können.)
Als klassischer Kalziumlieferant ist Milch für die Ernährung von Kindern besonders geeignet. Weil Sie eine ganze Menge Kalorien enthält, sollte Milch jedoch nicht als Durstlöscher, sondern als eigenständige Zwischenmahlzeit angesehen werden. Bevorzugen Sie Vollmilch in der normalen Fettstufe von 3,5 %, da im Fettanteil viel Vitamin A und E enthalten ist.
Wenn Kinder den Milchgeschmack ablehnen, wird allzu rasch zum Kakao gegriffen. Manche Eltern meinen auch, Kinder müssten Kakao trinken, und bieten deshalb gleich von vornherein nur mit Pulver verrührte Milch an. Die handelsüblichen Instantpulver enthalten jedoch sehr viel Zucker. Mag Ihr Kind keine Milch, versuchen Sie es daher erst einmal mit verschiedenen Milchmischgetränken (siehe Rezeptteil).
Wenn Sie Wert auf Kalzium legen, können Sie auch bei Mineralwasser solche Marken auswählen, die viel Kalzium enthalten.
Eine andere Alternative ist Sojadrink. z. B. mit Vanille und Kalzium.

Ayran

Das türkische Joghurt-Getränk ist eine herrliche Erfrischung und liefert gleichzeitig wertvolle Nährstoffe wie Proteine und Kalzium. Wer möchte, kann zusätzlich fein geschnittene Kräuter (z. B. Dill oder Pfefferminze) unterrühren.

250 g Joghurt
100 ml Mineralwasser

Joghurt mit Mineralwasser verquirlen, kalt stellen und vor dem Servieren mit dem Schneebesen schaumig rühren.

Joghurt-Orangen-Drink

250 g Joghurt
Saft einer Orange
1 TL Honig
1 TL Mandeln, gemahlen

Joghurt mit Orangensaft verquirlen, Honig und Mandeln unterrühren.

Ananas-Buttermilch

2 Scheiben frische Ananas
200 ml Buttermilch

Ananas mit Buttermilch im Mixer oder mit dem Pürierstab pürieren.

Schwedenmilch mit Möhre und Orange

150 g Schwedenmilch
50 ml Orangensaft
50 ml Möhrensaft
1 TL Honig

Schwedenmilch mit Orangen- und Möhrensaft verrühren und mit Honig süßen.

Sonnenblumen-Sesam-Drink

Ein milchfreier Drink mit gesunden pflanzlichen Fetten und Spurenelementen.

1 Tasse Sonnenblumenkerne
2 EL Sesamsamen
50 g Rosinen
5 Tassen Wasser
etwas Zitronensaft

Sonnenblumenkerne, Sesamsamen und Rosinen im Wasser etwa 4 Stunden einweichen. Anschließend im Mixer pürieren und eventuell mit etwas Zitronensaft abschmecken.

Dattelmilch

4 Datteln, entsteint
250 ml Wasser
½ TL Mandelmus

Datteln im Wasser einweichen und pürieren, mit dem Mandelmus verquirlen.

Bananenmilch

1 reife Banane
500 ml Milch
etwas Mandelmus

Banane und Milch im Mixer verquirlen und mit etwas Mandelmus verfeinern.

Mandelmilch

1 TL Mandelmus
½ TL Honig
250 ml Wasser

Mandelmus und Honig mit dem Wasser verquirlen. Für eine reichhaltigere Variante Wasser durch Milch ersetzen und mit einer Prise Zimt würzen.

Fruchtiger Eistee

Gekühlte Früchte- und Kräutertees sind ausgezeichnete Durstlöscher für den Sommer. In einer Thermoskanne bleiben sie kühl und lassen sich so gut zu Ausflügen mitnehmen. Hier eine fruchtige Variante mit Apfelsaft:

500 ml roter Früchtetee, abgekühlt
500 ml klarer Apfelsaft

Früchtetee und Apfelsaft mischen und kühl stellen, eventuell mit Eiswürfeln servieren.

Erdbeer-Eistee

6 TL Früchtetee
600 ml Wasser, kochend
3 EL Vollrohrzucker
Eiswürfel
200 g Erdbeeren,
    halbiert oder geviertelt

Tee mit dem kochenden Wasser überbrühen, 5 Minuten ziehen lassen und in einen 1-Liter-Krug abgießen. Zucker in den Tee rühren, mit Eiswürfeln auffüllen und im Kühlschrank abkühlen lassen. Erdbeeren mit frischen Eiswürfeln in Gläser füllen und mit dem Tee aufgießen.

Minz-Eistee

1 Bund frische Minze
600 ml Wasser, kochend
2 unbehandelte Zitronen
    oder Limetten
3 EL Vollrohrzucker
Eiswürfel

Minze mit dem kochenden Wasser überbrühen, 10 Minuten ziehen lassen und in einen 1-Liter-Krug abgießen. Eine Zitrone oder Limette auspressen, den Saft mit dem Zucker in den Tee rühren, mit Eiswürfeln auffüllen und im Kühlschrank abkühlen lassen. Die zweite Zitrone oder Limette in Scheiben schneiden, mit frischen Eiswürfeln in Gläser füllen und mit dem Tee aufgießen.

Traubentee

500 ml Früchtetee, abgekühlt
500 ml roter Traubensaft
4 Holzspieße
200 g rote Trauben

Früchtetee und Traubensaft mischen und kühl stellen. Eiswürfel in Gläser füllen und mit dem Tee aufgießen. Trauben auf die Spieße stecken und auf die Gläser legen.

Sommer-Kinderpunsch

*10 Scheiben Ananas,
 in kleine Stücke geschnitten
500 g Wassermelone, gewürfelt
Saft von 4 Orangen
2 Passionsfrüchte*

Ananas und Melone im Mixer verquirlen und mit dem Orangensaft mischen. Passionsfrucht halbieren, Fruchtmark herauslöffeln und in den Punsch rühren.

Winter-Kinderpunsch

*1 l Hagebuttentee
1 kleine Zimtstange
½ TL Gewürznelken, gemahlen
1 – 2 EL Vollrohrzucker
Saft von 6 Orangen*

Alle Zutaten mischen und in einem großen Topf erhitzen. Mit einer Kelle in Teegläser schöpfen und genüsslich schlürfen.

Die Autorin

Wenn **Irmela Erckenbrecht** zuhause in Göttingen nicht gerade kocht, gärtnert oder mit ihren Lieben köstliche neue Gerichte ausprobiert, schreibt sie Koch- und Gartenbücher oder übersetzt Sach- und Kinderbücher, vor allem aber literarische Werke aus England, Irland und Nordamerika.
(Internet: www.erckenbrecht.de)

Sie ist Autorin folgender pala-Bücher:
- Vegetarisch und gesund durch die Schwangerschaft
- Das vegetarische Baby – Schwangerschaft, Stillzeit, Erstes Lebensjahr
- Querbeet – Vegetarisch kochen rund ums Gartenjahr
- Zucchini – Ein Erste-Hilfe-Handbuch für die Ernteschwemme
- Erbsenalarm!
- Das Wechseljahrekochbuch
- Die Kräuterspirale – Bauanleitung, Kräuterporträts, Rezepte
- Wie baue ich eine Kräuterspirale?
- Neue Ideen für die Kräuterspirale
- Rosmarin und Pimpinelle – Das Kochbuch zur Kräuterspirale
- Sichtschutz im lebendigen Garten (mit Rainer Lutter)
- American Veggie – Vegetarische Streifzüge durch die USA

Register

Agar-Agar.................................... 71
Alkohol 59
Amarant 71
Anorexie.............................. 106, 114
Aromastoffe................................ 57

Baby-Gläschenkost 58, 67
Ballaststoffe.............. 9, 21, 34, 36
Bio-Lebensmittel................ 54, 71
Bioaktive Substanzen................ 34
Blutdruck 17
Brechsucht 114
Bulimie.............................. 106, 114

Cholesterin.......... 9, 12, 16, 17, 34

Diät............................... 110, 113
Dogmatismus............................. 83

Eier.. 70
Einkauf..................................... 54
Eisen............... 14, 30, 38, 43, 60
Eiweiß........................ 13, 24, 42
Ernährungserziehung.............. 73, 87
Ernährungsgewohnheiten.... 17, 19, 46, 75
Ernährungspyramide 60, 110
Ernährungsverhalten............. 17
Essen im Restaurant............. 101
Essen zu Hause....................... 90
Esskultur 18, 90
Essstörungen.......... 47, 74, 99, 106
Esssucht.................................. 114
Essverhalten.......................... 106
Eurotoques............................. 87

Fertiggerichte.................. 18, 20
Fett............ 13, 19, 26, 27, 35, 42, 110
Fleischersatzprodukte............. 78
Fluor....................................... 38
Folsäure............................ 29, 42
Freizeitverhalten................... 17
Freude am Essen................ 20, 22
Frühstück............................... 91

Gemüse.................................. 67
Genuss.......... 21, 22, 44, 45, 52, 76, 84

Geschmackserinnerungen......... 80
Geschmacksnivellierung......... 57
Getränke............................... 111
Gewichtsprobleme............. 99, 106
Gläschenkost..................... 58, 67
Gomasio.......................... 35, 72

Hefeflocken.............................. 72
Honig...................................... 70
Hülsenfrüchte................... 65, 110
Hummus.................................. 72

Jod...................................... 37, 43

Kalzium............................. 35, 43
Kindergarten..................... 82, 95
Kinderlebensmittel........... 36, 60
Kochen lernen......................... 88
Koffein................................... 59
Kohlenhydrate.............. 9, 23, 42
Körbchentheorie.................. 107
Körpergefühl....................... 108
Küche, Mithilfe in der........... 86

Lebensmittelindustrie............. 57

MacDonald's........................ 101
Magersucht........................... 114
Magnesium...................... 37, 43
Milchprodukte....................... 69
Mineralstoffe.................. 16, 35
Miso...................................... 72
Mittagessen 95
Muttermilch............... 11, 44, 77

Nahrungsergänzungsmittel........ 24, 33, 36
Nitrat.................................... 68
Nüsse..................................... 68

Obst....................................... 65

Pausenbrot................ 52, 93, 115
Pflanzenöle............................ 69
Phosphor......................... 37, 43
Prinzip der positiven Verstärkung.......... 22
Proteinpräparate.................... 24

189

Quinoa...... 26

Restaurant...... 101, 103
Rituale 96

Samen...... 68
Schadstoffe...... 11, 54, 66
Schlankheitswahn...... 110
Schule 93
Seitan 26
Sekundäre Pflanzenstoffe 9, 12, 34
Shoyu...... 72
Spielküche...... 87
Spurenelemente 35
Süßigkeiten...... 44, 70, 110
Süßstoff 46
Süßwaren...... 70

Tahin...... 34, 37, 42, 72
Tamari...... 72
Taschengeld...... 51
Tischregeln für Eltern 98
Tischregeln für Kinder...... 99
Tofu 14, 25

Übergewicht 9, 16, 17, 74, 109, 113
Untergewicht...... 109, 111, 113

Vitamin A...... 31, 43
Vitamin B 30, 42
Vitamin B_1 ...... 30, 42
Vitamin B_2 ...... 30, 42
Vitamin B_6 42
Vitamin B_{12} 30, 43
Vitamin C 29, 42
Vitamin D...... 31, 43
Vitamin E 31, 43
Vitamine 16, 21, 29, 32
Vitaminpräparate...... 33
Vollkornprodukte...... 62, 110
Vollwertkost 110
Vorbildfunktion der
    Eltern.... 19, 45, 52, 59, 79, 86, 90, 110

Werbung...... 47, 61, 74

Zink...... 37, 43
Zucker 13, 44, 70

Rezepte von A bis Z

Ahorn-Walnuss-Müsli 116
Ananas-Buttermilch 184
Apfel im Schlafrock 166
Apfel-Möhren-Salat 129
Apfelmus 134
Apfel-Pflaumen-Kompott 166
Apfel-Quark-Brot 121
Aprikosen-Feigen-Bällchen 119
Aprikosen-Mandel-Mus 119
Arme Ritter 168
Avocadocreme 120
Avocado-Sprossen-Brot 122
Avocado-Tofu-Aufstrich 120
Ayran 184

Backofen-Pommes mit Ketchup,
  beides selbst gemacht 134
Bananen-Erdnuss-Brot 123
Bananenkuchen 176
Bananenmilch 185
Bananenreis 137
Bananenschaum-Müsli 117
Bananenwaffeln mit Schokoraspeln 175
Bauklötze (Steckrübeneintopf) 139
Bircher-Müsli 116
Birnen, gebackene 167
Bodenloser Käsekuchen 175
Bratäpfel 167
Bratnudeln 145
Bread Pudding 165
Brownies 178
Buchteln 171
Bunte Eiswürfel 180
Bunte Hülsenfrüchte 150
Bunte Muffins 174
Bunte Nudelpfanne 138
Buttermilch-Himbeer-Creme 168
Buttermilch-Müsli 117
Buttermilchwaffeln
  mit Schneegestöber 169

Chinakohlsalat 131
Cornflakes-Müsli 117
Country Fries 149

Dattelcreme 167
Dattelmilch 185

Dattelmus 119
Dinkel-Frischkornbrei 116

Eier mit Senfsauce 135
Eier-Tofu-Salat 130
Ei-Joghurt-Creme 120
Eis am Stiel 180
Eis, schnelles 168
Eistee mit Minze 186
Eistee, fruchtiger 186
Energiebällchen 177
Erbsen-Nudel-Soufflee 137
Erbsensauce 148
Erbsensuppe 127
Erdbeer-Eistee 186
Erdbeer-Müsli 117
Erdbeerquark 167
Erdnuss-Bananen-Brot 123
Falafel-Fladi 143
Feigen-Aprikosen-Bällchen 119
Fladenbrot-Pizza 142
Frischkäse-Kresse-Brot 122
Frischkornbrei 116
Frischkornmüsli 115
Fruchtiger Eistee 186

Gebackene Birnen 167
Gelbe Knabberkolben 140
Gemüsemix mit Kohlrabisauce 141
Gemüsepüree mit Sahnesauce 160
Geschnetzeltes aus Seitan 158
Gnocchi mit Lieblingskräutern 147
Gourmetsprossenbrot 121
Grüne Sauce 152
Grüne Suppe 126
Grüner Salat 131
Grünes Quarkgemüse 133
Grünkernaufstrich 120
Grünkernbratlinge 149
Grünspargel mit Räuchertofu
  und Käsesauce 153
Gurkensalat 130

Hafer-Spinat-Bratlinge 136
Herzhafter Spaghettikuchen 156
Himbeer-Buttermilch-Creme 168
Hirseauflauf, süßer 165

Hirsebrei, warmer	118
Hirsecreme mit Sauerkirschen	164
Hirse-Mohn-Pudding mit Pflaumenkompott	163
Joghurt-Ei-Creme	120
Joghurt-Müsli	116
Joghurt-Orangen-Drink	184
Kartoffelbrei mit Erbsensauce	148
Kartoffelbrei, überbackener	148
Kartoffelpuffer mit Apfelmus	134
Kartoffelsalat mit Sojawürstchen	172
Käsehörnchen	146
Käsekuchen ohne Boden	175
Käse-Nuss-Brot	123
Käse-Pfannentoast	151
Käsesauce	153
Käse-Spinat-Cannelloni	136
Käse-Tofu-Hörnchen	154
Ketchup, selbst gemachter	134
Kichererbsenpfanne	158
Kinderbowle	181
Kinderpunsch	187
Knabberkolben	140
Knoblauchbaguette	151
Knusprige Tofubällchen	133
Kohlrabisauce	141
Kokosmakronen	177
Körnersuppe mit Haselnüssen	126
Kräuterquarkfladen	154
Kresse-Frischkäse-Brot	122
Kroketten, selbst gemachte	156
Kürbiscremesuppe	124
Lauchbratlinge	138
Linseneintopf	125
Lustige Pizza-Gesichter	173
Maistaler	153
Mandarinenbrot	121
Mandel-Aprikosen-Mus	119
Mandelmilch	185
Mehrkorntaler mit Möhren-Käse-Sauce	155
Milchreis mit Obst und Mandeln	118
Milch-Shakes	181
Minz-Eistee	186
Mohn-Hirse-Pudding mit Pflaumenkompott	163

Mohnstriezel	176
Möhren-Apfel-Salat	129
Möhrenbrot	123
Möhren-Käse-Sauce	155
Möhren-Rosinen-Brot	121
Möhrensalat mit Haselnüssen	130
Möhrensuppe	125
Mousse aus Trockenpflaumen	179
Muffins, bunte	174
Nörten-Harden-Burger	161
Nudel-Erbsen-Soufflee	137
Nudeln mit Pünktchensauce	145
Nudelpfanne, bunte	138
Nudelsalat	131
Nudelsuppe mit Zucchini und Champignons	124
Nuss-Käse-Brot	123
Obst-Fondue	179
Ofenkartoffeln mit grüner Sauce	152
Orangen-Joghurt-Drink	184
Pancakes mit Ahornsirup	164
Pasteten-Sandwich	122
Pfannentoast	151
Pflaumen-Apfel-Kompott	166
Pflaumenkompott	163
Pflaumenmus, rohes	119
Pizza	162
Pizza-Gesichter	173
Pizza-Wraps	144
Pommes mit Ketchup, beides selbst gemacht	134
Popcorn	173
Porridge	118
Pünktchensauce	145
Quark-Apfel-Brot	121
Quinoa mit Zucchinisauce	146
Quinoasalat	128
Radieschen-Schnittlauch-Brot	122
Rapunzelsalat	130
Reissalat	129
Rice & Roni	132
Rohes Pflaumenmus	119
Rohkostplatte mit Dip	128
Rosinenbrötchen	169
Rosinen-Möhren-Brot	121

Rosinen-Zimt-Bagel	170	Stockbrot	174
Rote Grütze	168	Süßer Hirseauflauf	165
Rote Kichererbsenpfanne	158	Süßer Sesamaufstrich	120

Sauerkraut mit Sojawürstchen
und Kartoffelbrei 152
Schafskäsecreme zu Spiralnudeln 157
Scheibensalat 129
Schneewittchenspeise 178
Schneller Möhren-Apfel-Salat 129
Schnelles Eis 168
Schnittlauch-Radieschen-Brot 122
Schwedenmilch mit
Möhre und Orange 184
Seitan Crossies 160
Seitangeschnetzeltes 158
Selbst gemachte Kroketten 156
Sesamkartoffeln 140
Sesam-Sonnenblumen-Drink 185
Sieben-Körner-Cremetopf 159
Sommer-Kinderpunsch 187
Sonnenblumen-Sesam-Drink 185
Spaghetti Napoli 135
Spaghettikuchen 156
Spinat-Hafer-Bratlinge 136
Spinat-Käse-Cannelloni 136
Spiralnudeln mit Schafskäsecreme 157
Spiralnudeln mit Trockenobst 163
Sprossen-Avocado-Brot 122
Steckrübeneintopf 139

Toast Hawaii 157
Tofu-Avocado-Aufstrich 120
Tofubällchen, knusprige 133
Tofu-Eier-Salat 130
Tofu-Käse-Hörnchen 154
Tomatenbrot 121
Tomaten-Zucchini-Suppe 127
Traubentee 186
Trockenobst mit Spiralnudeln 163
Trockenpflaumenmousse 179

Überbackener Kartoffelbrei 148

Veggie-Sandwich 122

Waffeln mit Bananen
und Schokoraspeln 175
Walnuss-Ahorn-Müsli 116
Warmer Hirsebrei 118
Warmer Weizenbrei 118
Winter-Kinderpunsch 187

Zimt-Rosinen-Bagel 170
Zucchinibuletten 139
Zucchinisauce 146
Zucchini-Tomaten-Suppe 127

Rezepte nach Sachgruppen

Müsli und Getreidebreie
Bananenschaum-Müsli............................ 117
Bircher-Müsli.. 116
Buttermilch-Müsli................................... 117
Cornflakes-Müsli 117
Dinkel-Frischkornbrei............................ 116
Erdbeer-Müsli... 117
Frischkornmüsli 115
Joghurt-Müsli 116
Milchreis mit Obst und
   gehackten Mandeln 118
Porridge... 118
Walnuss-Ahorn-Müsli 116
Warmer Hirsebrei.................................... 118
Warmer Weizenbrei 118

Süße und herzhafte Brotaufstriche
Aprikosen-Feigen-Bällchen 119
Aprikosen-Mandel-Mus.......................... 119
Avocadocreme 120
Avocado-Tofu-Aufstrich 120
Dattelmus.. 119
Ei-Joghurt-Creme 120
Grünkernaufstrich................................... 120
Rohes Pflaumenmus................................ 119
Süßer Sesamaufstrich 120

Brote für Zuhause, Kindergarten und Schule
Apfel-Quark-Brot.................................... 121
Avocado-Sprossen-Brot.......................... 122
Bananen-Erdnuss-Brot............................ 123
Frischkäse-Kresse-Brot 122
Gourmetsprossenbrot.............................. 121
Käse-Nuss-Brot....................................... 123
Mandarinenbrot....................................... 121
Möhrenbrot.. 123
Pasteten-Sandwich 122
Rosinen-Möhren-Brot............................. 121
Schnittlauch-
   Radieschen-Brot................................ 122
Tomatenbrot 121
Veggie-Sandwich 122

Suppen
Erbsensuppe... 127
Grüne Suppe.. 126

Körnersuppe mit Haselnüssen 126
Kürbiscremesuppe................................... 124
Linseneintopf.. 125
Möhrensuppe... 125
Nudelsuppe mit Zucchini
   und Champignons.............................. 124
Tomaten-Zucchini-Suppe....................... 127

Salate
Chinakohlsalat... 131
Eier-Tofu-Salat 130
Grüner Salat.. 131
Gurkensalat.. 130
Möhrensalat mit Haselnüssen 130
Nudelsalat.. 131
Quinoasalat.. 128
Rapunzelsalat... 130
Reissalat... 129
Rohkostplatte mit Dip............................ 128
Scheibensalat... 129
Schneller Möhren-Apfel-Salat................ 129

Hauptgerichte
Backofen-Pommes mit Ketchup,
   beides selbst gemacht........................ 134
Bananenreis... 137
Bauklötze (Steckrübeneintopf)............... 139
Bratnudeln 145
Bunte Hülsenfrüchte 150
Bunte Nudelpfanne................................. 138
Country Fries 149
Eier mit Senfsauce 135
Erbsen-Nudel-Soufflee........................... 137
Falafel-Fladi 143
Fladenbrot-Pizza..................................... 142
Gelbe Knabberkolben............................. 140
Gemüsemix mit Kohlrabisauce 141
Gemüsepüree mit Sahnesauce 160
Gnocchi mit Lieblingskräutern.............. 147
Grünes Quarkgemüse.............................. 133
Grünkernbratlinge 149
Grünspargel
   mit Räuchertofu und Käsesauce 153
Hafer-Spinat-Bratlinge 136
Herzhafter Spaghettikuchen 156
Kartoffelbrei mit Erbsensauce 148

Kartoffelpuffer
mit Apfelmus 134
Käsehörnchen 146
Käse-Pfannentoast 151
Käse-Spinat-Cannelloni 136
Knoblauchbaguette 151
Knusprige Tofubällchen 133
Kräuterquarkfladen 154
Lauchbratlinge 138
Maistaler 153
Mehrkorntaler
mit Möhren-Käse-Sauce 155
Nörten-Harden-Burger 161
Nudeln mit Pünktchensauce 145
Ofenkartoffeln mit
grüner Sauce 152
Pizza 162
Pizza-Wraps 144
Quinoa mit Zucchinisauce 146
Rice & Roni 132
Rote Kichererbsenpfanne 158
Sauerkraut mit Sojawürstchen
und Kartoffelbrei 152
Seitan Crossies 160
Seitangeschnetzeltes 158
Selbst gemachte Kroketten 156
Sesamkartoffeln 140
Sieben-Körner-Cremetopf 159
Spaghetti Napoli 135
Spiralnudeln mit Schafskäsecreme 157
Toast Hawaii 157
Tofu-Käse-Hörnchen 154
Überbackener Kartoffelbrei 148
Zucchinibuletten 139

Süßes und Desserts
Apfel im Schlafrock 166
Arme Ritter 168
Bratäpfel 167
Bread Pudding 165
Buchteln 171
Buttermilchwaffeln
mit Schneegestöber 169
Dattelcreme 167
Erdbeerquark 167
Gebackene Birnen 167
Himbeer-Buttermilch-Creme 168
Hirsecreme mit Sauerkirschen 164

Mohn-Hirse-Pudding
mit Pflaumenkompott 163
Pancakes mit Ahornsirup 164
Pflaumen-Apfel-Kompott 166
Rosinenbrötchen 169
Rosinen-Zimt-Bagel 170
Rote Grütze 168
Schnelles Eis 168
Spiralnudeln mit Trockenobst 163
Süßer Hirseauflauf 165

Kindergeburtstag
Bananenkuchen 176
Bananenwaffeln mit Schokoraspeln 175
Bodenloser Käsekuchen 175
Brownies 178
Bunte Eiswürfel 180
Bunte Muffins 174
Eis am Stiel 180
Energiebällchen 177
Kartoffelsalat mit Sojawürstchen 172
Kinderbowle 181
Kokosmakronen 177
Lustige Pizza-Gesichter 173
Milch-Shakes 181
Mohnstriezel 176
Mousse aus Trockenpflaumen 179
Obst-Fondue 179
Popcorn 173
Schneewittchenspeise 178
Stockbrot 174

Durstlöscher und Schlürfgetränke
Ananas-Buttermilch 184
Ayran 184
Bananenmilch 185
Dattelmilch 185
Erdbeer-Eistee 186
Fruchtiger Eistee 186
Joghurt-Orangen-Drink 184
Mandelmilch 185
Minz-Eistee 186
Schwedenmilch
mit Möhre und Orange 184
Sommer-Kinderpunsch 187
Sonnenblumen-Sesam-Drink 185
Traubentee 186
Winter-Kinderpunsch 187

»Ich bin VEBU-Mitglied, weil die vegetarische Ernährung nicht nur gesund, sondern auch nachhaltig sowie richtig lecker ist.«

Prof. Dr. Claus Leitzmann, ehem. Leiter des Instituts für Ernährungswissenschaft der Justus-Liebig-Universität Gießen

VEBU-Mitglied werden.
Die vegetarische Idee stärken!

Rundum bestens informiert. Sie beziehen als Mitglied exklusiv unser Magazin »natürlich vegetarisch«.

Günstiger mit der VEBU-Card. Genießen Sie Rabatte bei unseren Partnern: Versand-Shops, Restaurants, Hotels und andere mehr.

Persönliche Beratung. Allen Mitgliedern stehen erfahrene ErnährungsberaterInnen am Infotelefon zur Seite.

Kongresse und Events. Nehmen Sie teil an großartigen Events, Seminaren und internationalen Treffen.

Aktiv mitwirken. Unterstützen Sie mit Ihrer Stimme unsere wertvolle Arbeit.

LEBEN UND
LEBEN LASSEN

Vegetarierbund
Deutschland

Jetzt weitere Informationen inklusive Probeheft anfordern.
Vegetarierbund Deutschland e.V. (VEBU) • Blumenstraße 3 • 30159 Hannover
Telefon 0511 3632050 • Fax 0511 3632007 • info@vebu.de • www.vebu.de

Andere Bücher von Irmela Erckenbrecht

Irmela Erckenbrecht:
Vegetarisch und gesund durch die Schwangerschaft
ISBN: 978-3-89566-231-7

Irmela Erckenbrecht:
Das vegetarische Baby
ISBN: 978-3-89566-143-3

Irmela Erckenbrecht:
Das Wechseljahrekochbuch
ISBN: 978-3-89566-212-6

Irmela Erckenbrecht:
American Veggie
ISBN: 978-3-89566-297-3

Ratgeber für die ganze Familie

Gerhild Mann:
**Neurodermitis
– was koche ich für mein Kind?**
ISBN: 978-3-89566-211-9

Beate Schmitt:
Ohne Milch und ohne Ei
ISBN: 978-3-89566-179-2

Nadja Schäfers:
**Histaminarm kochen
– vegetarisch**
ISBN: 978-3-89566-263-8

Roswitha Stracke:
Nickelallergie
ISBN: 978-3-89566-228-7

Vegetarisch, vollwertig, köstlich!

Irmela Erckenbrecht:
Querbeet
ISBN: 978-3-89566-279-9

Irmela Erckenbrecht:
Rosmarin und Pimpinelle
ISBN: 978-3-89566-256-0

Heike Kügler-Anger:
Vegetarisches aus der Klosterküche
ISBN: 978-3-89566-286-7

Jutta Grewe:
Vegetarisches aus Omas Küche
ISBN: 978-3-89566-294-2

Gesamtverzeichnis bei: pala-verlag, Rheinstraße 35, 64283 Darmstadt
www.pala-verlag.de, E-Mail: info@pala-verlag.de

© 2012: pala-verlag
4. überarbeitete und aktualisierte Auflage
Die erste Auflage dieses Buchs erschien 2001.
Rheinstr. 35, 64283 Darmstadt
www.pala-verlag.de

ISBN: 978-3-89566-304-8
Lektorat: Barbara Reis
Umschlaggestaltung und Bildmontage:
Daniel Kleimenhagen, Designer AGD, Hildesheim
Innenillustrationen: Margret Schneevoigt
Druck und Bindung: fgb • freiburger graphische betriebe
www.fgb.de
Printed in Germany

Dieses Buch ist auf Recyclingpapier aus 100 % Altpapier gedruckt und klimaneutral produziert.